西洋
法律哲學
導論

羅成典
——
著

自 序

　　本書係以編年史順序（Chronological order）探討西方自古希臘羅馬以來歷經中世紀及文藝復興時期，以迄二十世紀之法律哲學家所創立之法律理論。形式上類似西洋法律思想史之探究，惟就問題之重點與研究方法而論，卻不同於法律思想史。蓋法律思想史是在描述法律產生與發展之過程，以及法學家之思想，法律理論之建構或其學說主張之形成及其影響。而法律哲學之研究主要在法律概念之分析及法律理論之批判。換言之，法律哲學探討的範圍乃是法律有關的一些根本問題，例如法律之本質（the nature or essence of law），法律之目的（the end of law），法律存在之基礎（the basis for existence of law）以及法律之價值與理想問題（the value of law and legal ideal）。許多法律哲學或法律理論之著作，致力於說明一個特定法律體系的基本主張與原則（the basic doctrines and principles of a given legal system）。這些也都屬於哲學議題的探討，其研究方法可能需要借助於倫理學、政治學與社會學的調查和道德的推理（moral reasoning），同時法律哲學也會涵蓋哲學的其他部門，例如哲學的心理學（philosophical psychology）與精神哲學（philosophy of mind）等。然而最重要的還是法律概念的分析與批判，諸如法律是什麼（What is law?）？存在於社會中的一個法律體系又是什麼？法律與道德之間是否有一個必然的連結（Whether there is a neccessary link between law and morality?），法律評價的標準是否有一個道德的因素（a moral element）？一個不公正的法律可以是有效的法律嗎？這個問題同時也關涉到法律義務的概念分析，而人服從法律的動機是什麼？可能只是一個單純的力量問題嗎？人只是因為懼怕制裁才服從法

律嗎？服從法律是否有一個道德義務在？更根本的問題或許是，什麼是正當公正的法律？為什麼人類的社會必須要有法律？這些當然不只是法律哲學的問題，同時也是政治哲學與社會哲學的問題。

　　為了回答以上這些問題，法律哲學家有時求助於有關人性與社會關係的廣泛概念來理解，大多數學者同意沒有法律規範，就不可能有社會生活。法律作為生活的規範，其評價的基礎又是什麼？評價的方法如何進行？這些都是法律哲學的核心議題，也是一個關於公權力行使的規範問題。總結來說，法律哲學探求的問題與法律思想史或制度史最重要的不同，乃是法律哲學著重於法律規範的探討和法律概念的定義與分析，而思想史制度史則側重於法學家的思想觀念或學派主張的描述和詮釋。本書之撰寫即依此分際以探討自古希臘羅馬以來，中世紀、文藝復興時期以迄十八世紀末之自然法理論，以及十九世紀以後興起的法律實在主義（legal positivism），就其重要法律哲學家或法律學者之法學理論作重點的介述，並援引各時代法學家之見解予以分析評價。對有志於法學研究者而言，這僅是拋磚引玉的工作。作者深信法律作為社會科學的一部分，千百年來許多哲學家或法律實務家就其研究所得的學說理論，即使有其價值與貢獻，充其量也只是相對的真理。究實言之，每一哲學家或學派所發現或創造的理論，均有其侷限性，絕非放諸四海而皆準，歷經百代而不移的絕對真理，也因此法律哲學或法學理論之研究具有無限的可能，後來者得在前賢往哲所奠立之基礎上，繼續不斷發展而推陳出新，法學之生命乃得以延續不絕而益發揚光大。

　　本書各章節中所引述之法律哲學家或法律學者，無論古代或今代，在法學發展上均有其重要影響，值得進一步認識。然顧及各章篇幅之平衡，且論述內容不宜偏離主題過遠，故對許多重要

法學家與學者之介述，多略而不詳。為使讀者更深入瞭解這些哲學家與學者之背景與其重要著作或學說主張之梗概，爰於本書篇末另編製各哲學家與法律學者之小傳，以為附錄。讀者可以對照參閱，資為書中各章節之補充材料。

羅成典

2012.12.30

目　次

CHAPTER 1

緒　論

壹、法律是什麼

　　西元三世紀羅馬法學家阿爾比安（Domitus Ulpian, 170-228）曾給法學下定義謂：「法學乃通曉天人之理，認識公道與不公道之知識[1]」（Jurisprudence is the Knowledge of things divine and human, the Knowledge of What is just and what is unjust）。可見法學的古典定義乃在探求神與人，人與人之間的事理，這些事理不外乎人在社會生活中其行為的是非善惡標準如何確立，以及作為社會生活規範的法律，其內容是否合乎公道與公正的問題，此乃古代法學研究的主要課題。而人的行為如何才算合乎良善？依照古羅馬政治家與法學家西塞祿（Marcus Tillius Cicero, 106-43 B.C.）的說法，「依照自然而生活，即是最高的善」（to live according to nature is the highest good）。因此在希臘羅馬人的心中似乎認為在一切人類法律的背後，有一個主宰一切的自然法則或自然法存在，凡人定法（human law）合乎自然法的就是公正的法律，否則即是不公正。人類的行為亦然，人只要依循自然所揭示的原則行事，就是善行，就是道德。透過自然法，人可瞭解天人之理，認識什麼是公道與不公道的本質問題。

　　自希臘羅馬時期以來，法律與道德之關係，在法學研究上，具有先驗的重要性（of transcendent importance），換言之，法律之內容乃道德之一種（The content of the law is one of morality），因為法律必須在公正（just）與不公正（unjust）之間，在善（good）與惡（evil）之間做一區別。可見法律亦是一種辨別

---

[1] William Seal Carpenter, Foundation of Modern Jurisprudence (p.3) Part one: theories and system of Law, N. Y. 1958.

什麼是公平與正當的藝術，也就是阿爾比安所謂的良善與公道（justice）之藝術，由此可知，自古以來，法律即含有強烈的道德屬性，道德乃是非善惡，正當與不正當的價值判斷。在古希臘時代，法律與道德不分，古代的中國亦然，凡違反道德之事，通常亦是違反法律之行為，是以我們可以說，法律是道德一部分，更有人說，法律乃最起碼的道德。

　　公道（justice）可能是法律哲學與政治哲學中最歷久不衰的概念，希臘哲學家柏拉圖（Plato, 427-347 B.C.）的〈共和國篇〉（The Republic），一般認為是一種「公道」的研究（a study of justice），柏拉圖的《共和國》一書長期支配希臘人的思想，其對西方世界的影響，至今仍然存在。柏拉圖對希臘詭辯學派（The Sophist）所謂的「公道不過是強者的利益」（The justice is nothing else than the interest of the Strong）的邪說予以口誅筆伐。依照柏拉圖的學說，「公道」乃人類德性之一部分，（Justice is a part of human virtue）亦為道德之同義詞（and is therefore synomymous with morality）[2]。人類德性之極致，即為公道，此乃自制之本質（Which is the quality of self-restraint）。每一個人若想成就德性，必須為其身與其同胞之利益而發揮其才能，惟此才能之發揮必須有所節制。柏拉圖認為在良好教養的人類中是不會有非社會或反社會的事（There is nothing unsocial or anti-social in well-bred human beings）。他相信一個人在尋求發揮自己的權力時，同時也對他人的願望給予同情的注意，這樣才是一個公正的人[3]。柏拉圖在共和國篇裡所完成的真正工作，是他明白表示的「公道的定義，不能僅視為對於法律的服從，公道的原本定義是，使公正的行

---

[2]　W. S. Carpenter Ibid, p.29.
[3]　W. S. Carpenter Ibid, p.30.

為與合乎法律的行為合而為一」[4]（a crude definition of Justice which identifies just conduct with conduct in Conformity with Law）。

討論了古典的法律本質（公道的觀念）後，我們又要問法律為何而設？（What Law is for?），這個問題大致而言，隱存於法律是什麼這個觀念裡，而法律是什麼（What is Law?）或法律之本質（The nature of Law）為何？似乎也可以用來回答法律之目的（the end of Law）的問題。至於法律是什麼？美國法學家龐德（Roscoe Pound, 1870-1964）於其所著「法律哲學導論」裡（An Introduction to the philosophy of Laws），特別把古往今來的學說，歸納為十二點說明[5]：

① 將法律看成是一種或一套神意指示人類行動的規則（a divinely ordained rule or set of rules for human actions）：例如摩西的《法律》（The Mosai Law）或漢摩拉比的《法典》（Hammurapis Code），是由太陽神或曼諾（Manu，印度神話裡神意啟示的立法者）所創造而交給摩西和漢摩拉比的法典，由曼諾的兒子卜理古（Bhrigu）當著曼諾的面前，依其旨意口授予賢人的神意啟示。

② 有一種觀念是把法律看成是一種古老習俗的傳統（Law as a tradition of the old customs），此種傳統經證明為神所認可的（Which have proved acceptable to the Gods），因而它所指示的路，人可以安全的走過去（hence point the way in which man may, walk with safety）。初民時期，人畏懼自然的力量降禍，遷怒於他和他的族人，因而唯有依

---

[4] W. S. Carpenter Ibid.
[5] Roscoe Pound "An Introduction to the philosophy of Law" (New Haven: Yale university Press. 1956) Chapter 2.

照悠久的習慣所指示的方式去行事，至少不惹諸神生氣，而後才能得到普遍的安全，法律即是傳統的或記載下來的誡令之形體（Law is the traditional or recorded body of precepts），習慣即保存並表現於形體之中。

③ 把法律看做是古聖先賢所留下來的智慧（Law as conceived of the recorded wisdom of the Wise men of old），他們為人類的行為找到了安全的途徑或神所認可的行徑（who had learned the safe course or the divinely approved course for human conduct）。當一個傳統的裁判習慣與行動的習慣，已經由博而約的著為原始的法典時，亦可做如是觀。

④ 法律可視為哲學上所發現的原則體系（a philosophically discovered system of principles），此原則表現了事物之本性（Which express the nature of things），由是人應使其行為合乎事理之本性（to which therefore men ought conform his conduct），此乃羅馬法學家的法律觀念。

⑤ 前述概念到了哲學家的手裡，常採取另一種形式，亦即法律被尊崇為一種永恆不變的道德法典所確定並宣告的客體（Law is looked upon as a body of ascertainments and declarations of an eternal and immutable moral code）。

⑥ 又有一種觀念，把法律看成是人在政治社會中彼此相互關係的一種協定體（as a body of agreement of men in politically organized society as to their relations with each other），這是把法律與法律規則視為一體的民主政治的說法（這是社會契約說的法律觀點）。

⑦ 法律一直被視為神的理智統治宇宙的一種反映（Law has been thought of as a reflection of the divine reason govering the universe），此部分的反映，乃由神的理智決定人類

「應然」的行為，並視此「應然」為道德的實體，（a reflection of that part which determines the "ought" addressed by that reason to human being as moral entities）（這是中古時期神學家的法律觀念）。

⑧ 法律一直被認為是政治社會中主權權威的一種命令體（Law has been conceived as a body of commands of the sovereign authority in politically organized society），人應如何行事，最後即決定於此主權權威背後的基礎，羅馬共和時期的法學家及古典時期的法學家談到實在法律時即持此種思想，亦即皇帝的意志具有法律的力量（the emperor had the force of a law）。（十九世紀英國奧斯丁的主權命令說即為此說之代表）。

⑨ 把法律觀念視為一種由人類經驗所發現的誡令體系（a system of precepts discovered by human experience），依此體系個人意志可能實現最完全的自由，而且可能與他人同樣的意志自由取得一致，它假設法律原則所由發現的人類經驗，決定於某些無可避免的方式（the human experience by which legal principles where discovered was determined to some inevitable way），其過程或由權利與公道觀念的開展所決定，或由人類在司法行政方面實現自由的觀念，或由於生理的或心理的法則或種族的性格運作之結果，形成特定時期的法律體系，而成為人所爭論懷疑的問題。

⑩ 把法律視為一種原則的體系，此原則體系發現於哲學，其精密的發展則得力於法學的著作與司法的判決，由是人的外部生活，得由理性來衡斷（whereby the external life of man is measured by reason），易言之，由於此原則體系

之發展，個人行動的意志得於和他的同胞相和諧，這種思想形式出現於十九世紀的自然法理論之後。

⑪ 法律被視為是統治階級一時為了維護自身利益，有意無意的加諸於社會中人的一種規則體或規則體系（Law has been thought of as a body or system of rules imposed on men in society by the dominant class for the time being in furtherance, conscious or unconscious of its own interest），這種以經濟解釋法律的觀點，表現許多的形式。

⑫ 最後一種法律觀念，就是把法律看做是與社會中人行為有關的經濟或社會法則所構成的命令（there is an idea of law as made up of the dictates of economic or social law with respect to the conduct of men in society），此種命令可由觀察而發現，透過人類的經驗而以誡令來表現。

　　龐德對實在法律（positive Laws）作了許多不同的解釋所得到的結論，即實在法律表示了以下幾種定義：①法律信條（或法律戒令）（legal precepts）包括規則（rules）、原則（principles）、概念（conceptions）和標準（standars）。②法律秩序（legal order）。③司法與行政過程（the judicial and administrative process）。④一般公認的技術（received techniques）。⑤一般公認的埋想（received ideals）。以上這幾個具有法律意涵的法律術語，在本書以後各章節，將廣泛使用。

　　幾世紀以來，西方法律哲學家有關法律的定義與內涵，可謂紛繁多端。定義雖有多種，但法律作為人類行為的規範，則是無可否認之事實。而實在法所研究的對象，係指某時代某社會現在所實行之法，亦是不爭之事實，所謂現在所實行之法，乃指其「法」現實地存在。蓋法之存在離不開人類群居的社會，故法之

本質乃社會之實在，離群索居之人，無法律存在之必要，亦無存在之理由。無社會即不發生道德之問題，亦不生「法」之問題，拉丁法諺云：「有社會即有法」（Ubi Societas ibi ius）即是這個意思。人類在社會生活中，在某種程度內，實有其自由意思存在，意思為心智的活動，意思的外部表現即為行為，表現於外部的行為，若不基於意思，則非法所規範之對象，所以說「法者乃行為之規則，意思之規律」。反之，一個沒有意識的行為，不在法所規範之範圍，而法之作用，即在對人類意思行為與他人間之關係，在某種程度內提示其應為與不應為之標準[6]。

貳、法律存立之基礎是什麼

法律存立基礎何在的問題，學說極不一致，惟法律的具體內容和法之基礎毫無關係。無論內容如何，「法」乃是依著有造法之力量者的制定而成立，這是法律存立基礎的第一個傾向，這裡面包括兩種主張，其一是造法的權力來源，或法律成立之依據，在於強者的權力（the power of superior）（即實力說），其二是以國家之主權（the sovereign of the state）為法律存立之基礎，（即主權權力說）。另一種傾向著重於服從法律規範人的意思為法律存立之基礎，這又有幾種說法，①如盧梭（Jean-Jacques Rousseau, 1712-1778）所假設的「全意志」（General Will）（國

---

[6] 美濃部達吉著《法之本質》，p.19-20，林紀東譯，台北商務印書館出版，民60年9月，台三版。

民的全體意志）為法律存立之基礎。②對強者命令的服從或社會中人的承認，為法律存立之基礎。③社會中人對於法之確信（確信說）（Conviction of Law）為法律存立的基礎。此外又有根據法律的具體內容而定，認為法律之內容合乎自然法原則（the principles of natural law），合乎公道（Justice），又和社會生活條件相諧者，乃作為法律而成立。從法律史的觀點來看，自然法理論（the theories of natural law）及其附屬的學說，以及功利主義（Utilitarism）的學說，都屬於這種傾向，亦即視法律之內容而論其存立之基礎[7]。茲分別分析如下：

一、以法律的存立根據，在於強者之實力者，主張此種說法者，純粹從實力出發，強調法律乃強者對於弱者（inferior）的命令，英國法所謂「強權即公理」（might is right）即是實力說的例證。荷蘭哲學家斯賓諾莎（Baruch Spinoza, 1632-1677）即公認為實力說的代表，他認為「法和力」為同一物。他說「所有存在的事物，因為有力，故能存在」。自然的權力，「即不外自然之力」。斯賓諾莎同時也以國家構成之基礎，在於人民的社會契約之上，以國家的實力為各個人實力的綜合，而與人民主權之思想連繫[8]。主張法律之存立基礎在實力說者，也是社會主義者的普遍主張，他們從唯物史觀出發，認為經濟生產的形態為所有社會現象的原動力，人類的歷史都是一部階級鬥爭史，國家和法律無非是支配階級的武器。此類思想也在無政府主義者的主張裡出現，例如普魯東（Proudhou）、巴枯寧（Bakunin）、克魯泡特金（Peter Kropotkin）等，此類主張同時也是龔普洛維奇

---

[7] 美濃部達吉前揭書第53-54頁。
[8] 美濃部達吉前揭書第54-55頁。

（Gumplowicz）等社會學派之主張。

　　法律作為法而存立，很多場合，在某種程度內，確有實力的要素與必要，尤以戰勝國對戰敗國的處置，其實力要素，甚為明顯，但法和不法的暴力之所以不同，在於實力之外，仍有心理的要素存在。心理的要素才是法存在的真正基礎，也因此人們之服從法律，在很多場合，並不是畏懼實力，毋寧是由於心理上有服從為是的意識，在一個文明社會裡，人或基於良知，理性或傳統的信念，會認為自己的行為只有依照或符合法律之規範，才是正當的。因此，這種遵守法律的精神，才是法律之所以被遵守的基礎。

　　二、主張主權為法律之存立基礎者，以法律為主權者的命令，或法律是國家主權之表現，此派學說與實力說相類似，是以權力為法律的存立基礎。不過實力說者以物理的、事實上的力量為法之基礎，而主張主權說者，則以法律乃根據權威的主權者所發動，亦即法律乃主權者之命令。此派學說由英國的思想家霍布斯（Thomas Hobbes）所倡，後由奧斯丁（John Austine）繼承其餘緒，而流傳於世。霍布斯以國家具有無限制的絕對權力，得從其所欲而創法，依其命令而為法之規定，即成為法律。英國政治的發展，國會經過長期與英王的抗爭後，取得無限制的立法權，幾乎可以為所欲為的立法。因此英國法諺有所謂「國會（parliament）除了不能使女人變為男人，男人變為女人外，無不得為之事」。此後英國實在主義法學（Legal Positivism）的發展，如奧斯丁等法學家，其思想即與主權說相連結。惟此種理論，徵諸社會現實，並非圓滿而不可挑戰，良以法之概念並不以國家所立之法律為限，除此之外，一個社會仍有其既存之法，其存在與國家立法並無直接關係，此先存之法（pre-existing

Law），既不是依國家之主權意思而作成，而自存於社會之中，學者有謂此種法為社會中之活法（Living Law），諸如社會中既存的習慣（Custom），傳統的例規（Convention）等等皆具有法之約束力，由是英國梅茵爵士（Sir Henry Maine）指出國家之制定法（Statutes）依立法而作成乃是比較近代的事，即使稍古時期亦有國家之法專依習慣而支配之現象。即在現代，習慣法也不是不存在，習慣法（Customary Law）與制定法並存而成一個重要法源與法律體系，亦為不爭之事實。可見法律之存立基礎並非概歸於國家主權之發動。贊成奧斯丁法律乃主權者之命令之學說者，認為習慣法之所以成為法之根據，乃在於國家之承認，亦即依法院判決之承認始成為法律。此說在哈特（Hart）的概念法學裡進一步創立了所謂「承認規則」（rule of recognition），使習慣法及其他有拘束力之規則，取得法之地位。自另一方面言之，當法院將既存的習慣法適用於具體案件時，即不能不承認習慣法之存在。要之，習慣法係以自身之力量而成為法，並不是基於國家權力使其成為法律體系之一環。尤有甚者，國家之內一些社群亦有其法，同時成為國法之一部分，該社群所立之法，亦不是基於國家之權力，而是依所謂「私法上自治的原則」，亦即在私人相互關係上，依當事人間的意思，而自作之法，此時係以私人自為立法者，非依國家之權力，只要不違反，牴觸國家所立之法，亦應作為國法而受國家之承認與保護[9]。

---

[9] 美濃部達吉前揭書第56-58頁。

主權說的另一缺點是，不能說明國家之意思，何以得成為法律之根據。此說假定國家的立法權之上不可追溯之原理，亦即承認國家自身立於法的世界之外，只有依此假定，法律是基於國家意思而存在的主張始能成立，因而有以社會契約說（Social Contract），作為國法存立之基礎，此社會契約說主張國民基於社會契約而將自己一切權力交給主權者，然後服從主權之約束，而接受此主權者所發動之法律規則，但社會契約之拘束當事人，其自身亦是法，這也不能說明法之存在根據在於法自身，猶之於說國家的來源在於國家一樣，這在邏輯上不通。因此國法存在之基礎不能不於法律之外，求之於更高的來源，作為法律存在之終局基礎，直到自然而然無可再追溯之事實，才能說明法律存在之基礎。

　　三、主張法律之存立基礎在民族之習慣者，這是與奧斯丁一派以法律為國家主權之表現者不同調之主張，此派學說以德國法學家薩維尼（Friedrich Karl Von Savigny, 1779-1861）為代表，薩維尼在法學領域被許多人奉為法學歷史學派的主要創立者，他主張從歷史和民族的特性研究一國的法律，從一般和普遍的原理中推演出法律理論，而摒棄流行的理性主義理論。他宣稱：法律是民族共同的感受或公眾意見的表達，其表現方式與該民族語言和憲法一樣，是民族精神的表現，法律決不是由立法者的創作而成，而是歷史的慣行無意識地自己作成，自己發展，與語言之自然興起一樣。立法者不過是在民族精神（national spirit）作為歷史的習慣法表現而發展之後，將這種習慣成文化而已。此派學說以習慣法為法律的唯一淵源（only source of law），習慣法為民族精神和國民對法的確信之表現。此說雖多少言之成理，惟因過度重視歷史，過於重視各民族的特性，把民族精神神秘化，轉而輕視依理性而發的普遍正義（公道），又過度重視習慣為法律之淵源，

而不當地輕視了立法者的權威與制定法之功能。也因此使德國直到1900年才有一部民法，這不能不說是歷史法學派之觀念，阻礙了一個國家制定法的發展。

　　四、法律存立基礎的另一種說法是，法律乃基於事理的自然法則（law of Nature）或普遍的公道而存在，這種思想一兩千年來始終被倡導著，其核心概念是法律必須包含公正（Just）與良善（Good）的要素，所謂自然法即是立基於這種道德原則（the principles of morality）之上的理論。這個自然法理論從遠古的希臘到現代，連綿不斷，代代有傑出之學說主張者。不過我們觀察許多現實存在且仍有效施行的法律，其具體內容因國而異，很難發現統一的原理，現實法律之內容，其違反公平正義，不合於自然原理或法則者，所在多有，但在國家權力之貫徹下，仍不失為法律。故主張法律乃國家權力說者，認為法律依附權力而成，否認法之背後有普遍的正義公理存在。反之，自然法學說則深信基於普遍正義的自然法則，仍然存在於每一社會，現實的法律應以遵循自然法則為其理想。但由於自然法內涵的多義性，自古以來，眾說紛紜，各個時代有各自的主張，在古希臘時代，詭辯學派（Sophistes）與懷疑學派（sceptics）的哲人並不認為有自然正義存在，而認為國家與法律之理論，係建築於個人主張之上，每一個人各有獨立觀念，人為萬物之尺度，否認法律之一切客觀性，此派學說以波達哥拉斯（Protagoras, 490-420 B.C.）為代表，他們認為國家與法律皆由於功利而產生，係人為所創造，隨人意而變遷，法律是否包含正義，胥視其是否合乎權力者的意見而定，正義與否，乃純由人為而定[10]。另外，蘇格拉底（Socrate, 469-399

---

[10] 李肇偉《法理學》，第56頁，民國65年台北出版。

B.C.）、柏拉圖（Plato, 428-348 B.C.）與亞里士多德（Aristotle, 384-322 B.C.）則反對詭辯學派之主張，認為個人之外，尚有國家秩序，並有世界秩序，人固為國家秩序之一部分，亦為世界秩序之一部分，各人對於國家固應盡力參與，履行其應盡之義務，對於國家法律，亦須絕對服從，在國家秩序之上，更有世界秩序，在世界秩序中，個人之行為必須依客觀理性之標準，而人之理性即是正義公道。要而言之，蘇格拉底、柏拉圖與亞里士多德等之主張，承認法律應含有正義公道之要素，其法理原則可因時因地之變化而適用於實在法，使亙古不易的自然法成為實在法的內涵。

　　羅馬從事於實務的法律專家，受希臘哲學思想的影響，在市民法與萬民法之外，承認自然法的存在，以其為較市民法與外國人適用的萬民法為優越的普遍法則，並作為實在法而應用於實際生活。到了中世紀，自然法與基督教教義相結合，而有聖奧古斯丁（Saint Augustine, 354-430）與聖托瑪斯阿奎那（Saint Thomas Aquinas, 1225-1274）先後倡行的自然法思想，為中古時期最重要的法律淵源。十六世紀文藝復興以後，以迄十八世紀末了，倡導自然法思想的傑出思想家輩出，如十六世紀荷蘭的格老秀斯（Hugo Grotius, 1583-1645），英國的霍布斯（Thomas Hobbes, 1588-1679），德國哲學家普芬道夫（Samuel Von Pufendorf, 1632-1694），英國的洛克（John Locke, 1632-1704）。十八世紀的法國思想家盧梭（Rousseau, 1712-1778）和德國的康德（Immanuel Kant, 1724-1804）等。十九世紀是歷史法學和實在法（Positive Law）的全盛時期，自然法學說，一時有被廢棄之虞。但十九世紀末以迄二十世紀初，自然法思想再為學者所重視，而有所謂「自然法之復興」的學說。總之，自然法思想兩千年來支配了許多偉大法律哲學家的思想，在各國法律史上亦有重要影響。惟現今各國只有國會所制定的實在法，此外，別無性質相異的法律存

在之理由，所謂自然法只是法律的理想，其所蘊含的法理原則，在施行普通法的國家如英國、美國等國家法院有時亦參酌自然法中的道德原則（principles of morality）來判決，使法律內容更合乎公平正義，但若謂自然法為法律之存立基礎，則仍有爭論。

參、法律哲學的範圍

哲學的許多問題多與人的事務，密切相關，其分門別類亦甚為複雜，研究的對象涉及事物之根本問題。希臘哲人柏拉圖（Plato, 428-348 B.C.）在其對話錄（Plato's Dialogue）〈克里特〉（Crito）篇裡談到一個法律哲學的根本問題，蘇格拉底（Socrates, 469-399 B.C.）被控傳播對神不敬的學說，腐蝕了雅典青年人，而被判飲鴆而死。當他在監獄中等待執行時，其學生克里特來探視他，告以已為他安排好逃獄的計劃，並提出許多各種必須逃走的理由，蘇格拉底卻反問：「但那樣做對嗎？」（But is it right?）。蘇格拉底的意思是說，對於一些被判罪的人，即使他相信判決是不公正的，但逃避法律制裁是對的嗎？這裡面觸及到一個根本問題，即人在政治社會中，尤其是民主的社會（當時雅典已實行民主政治），法律既是由人民或其代表參與制定的，則人民有遵守法律的義務，即使他認為判決不公正，也不能逃避法律的制裁。這似乎暗示法院判決是否公正，可能是當事人的主觀看法，很多時候，敗訴的一方，常會認為判決不公，當你已循司法救濟途徑後，就必須遵守法院的判決，否則就會破壞法律制度，整個社會也將陷入如霍布斯（Hobbes）所假設的「無政府的

恐怖狀態」，人人必然訴諸自力救濟，以解決爭端。

　　許多法學著作致力於說明一個特定法律體系的基本主張與原則（the basic doctrines and principles of a given legal system），這些著作的旨趣在哲學議題的探討，惟其共同的基礎則屬倫理，政治和社會哲學，大部分著重於法律的調查與道德推理的研究（the study of moral reasoning）因而法律哲學所探求的問題有兩種，即規範的（normative）與分析的（analytic）（或概念的〔conceptual〕）。柏拉圖對話錄克里特篇提供了第一種範例，亦即某種行為或行為的類型（a certain act or type of act）是否對的（is right）行為。在對話錄「優息弗洛」（Euthyphro）篇裡，則提到第二種問題的處理，即蘇格拉底引入優息弗洛討論虔敬的定義問題（a discussion of the definition of piety），也就是對話者（interlocutors）並不考慮他們是否真正的虔敬問題，而是試圖以分析虔敬的概念（to analyze the concept of piety）來取代是否虔敬的討論。法律哲學家回答某些事情是否好的，對的，或公正的問題時（Whether something is good, right, or just）同時也試著對各種名詞的定義與概念作分析[11]（and also attempt to give analysis of concepts and definitions of Various terms）。

　　法律哲學的主要問題，最重要的就是法律概念的分析，此即法律是什麼？存在於社會中的一個法律體系又是什麼？其間涉及基本的爭論，即是法律與道德之間是否有一個必然的連結（Whether there is a necessary link between law and morality），法律存在的評價標準是否也包括一個道德的因素（Do the criteria for the existence of law also include a moral element?）一個不公正的法律可以

---

[11] Martin p. Golding, "Philosophy of Law"(pp.1-5), the Scope of Legal Philosophy, Prentice-Hall Ing. Englewood Cliffs , New Jersey, 1975.

是有效的法律嗎？（Can an unjust law be a valid law?）這些問題同時也關涉到法律義務概念的分析（the analysis of the concept of legal obligation），法律標準的說法，就是以某種方式對於行為或不行為課予義務（impose obligations to act or not act），然而法律義務應如何被理解？（How shall legal obligation be understood?）它只是一個單純的力量問題嗎？（is it simply a question of force?）這很快就回歸到規範的問題，是否有一個服從法律的道德義務？如果是的話，那在何種情況下，有一個服從法律的道德義務存在，而不服從法律是否曾被合理化？（Whether disobedience ever justified?）更根本的問題或許是，什麼是合理化的法律？為什麼一個社會中必須有法律？這些當然不只是法律哲學的問題，同時也是政治與社會哲學的問題，它觸及到政治組織社會的一個非常基本的功能問題（it touches the very basic functions of politically organized community），這個問題只有透過法律制度（instrumentality of law）才能理解，為了回答這個問題，法律哲學家求助於有關人性與社會關係的廣泛概念來理解。舉例言之，霍布斯就認為國家存在之必要，即在遏制人類天生的侵略性（the state is necessary in order to curb innate human aggressiveness），因此法律提供了行為的共同標準（the common standards of conduct），非如此則不可能有社會生活。然而法律評價之基礎是什麼？（What are the grounds for the evaluation of laws?）評價的方法如何進行？這終究是一個關於公權力行使的規範問題（a normative question about the exercise of public power），顯然不是法律哲學家專有的範圍。當一個人想要評價特定的法律，即使是特定的部分，很明顯的須要先有一種經驗的社會知識（presupposes social knowledge of an empirical kind）才是可靠的評價。這種知識如何適用在法律評價上，是困難的問題，而評價問題也引起更為普遍的問題，那就是法律的目的應

該是什麼（What the aim of the law should be?）任何具體的解決標準都需要一個檢驗個人與社會的不同利益的標準，例如安全的（security），經濟的（economic）福利的（wellfare）等。在這個關連上，法律哲學家勢必關注到制度設計的問題，尤其是法律制度與機構應如何設計以達到法律之目的，若法律哲學家關注到什麼法律目的應該達成，則必須同時關注到法律可允許的範圍與其限制，這些活動範圍皆屬法律之事。然而，我們可以規劃一個限制法律強制使用的制度嗎？由於法律評價的標準與法律制度在司法判決的研究上有其重要性，此即法官詮釋與適用法律的研究。因為法官在適用法律作出決定時也在造法，任何人可從判決書裡看到繫屬案件判決的正當理由，看到判決書多少代表一種精緻的推理過程（elaborate reasoning precess）。但什麼才是判決的好理由（What are good reasons for a decision?），什麼樣的見解形成好的理由（What make an opinion well-reasoned?），這就引起一個規範的與分析的複雜問題。司法推理（judicial reasoning）在許多方面就像道德的推理（moral reasoning），然而在法律體系與法律目的的特殊約制下，判決先例（precedent）在道德推理上可能扮演重要的角色，而且確實也在大多數甚或整個的體系上扮演一個司法推理的角色。判決先例有助於法律哲學家的分析工作，而同樣重要的是為什麼，以及到何種程度，判決先例應被遵循的規範問題。

　　法律在其法律規則與學說主張的形成中，許多著名的概念，經由司法推理而趨於完備，例如財產、個人、隱私、權利義務、契約與因果關係等概念，乃是法律哲學在分析方面的經典問題。同時法律哲學也會含蓋哲學的其他部門，如哲學的心理學（philosphical psychology）與精神的哲學（philosphy of mind），對於這些部門的問題是從一個特殊的觀點來處理的。舉例言之，在

民事法律裡，一個人可能為他的疏忽行為而負損害賠償的責任，在刑事法上，則一個人的犯過行為要看他是否故意而定。民事刑事法律對於行為觀念，懈怠（omission），動機（motive），意圖（intention）等等之分析，近年來已在追求更新的活力（renewed vigor）。

　　最後還有一個公道的主題（the subject of justice），公道問題有許多的刻面（There are so many facets），例如政治的公道（political justice），經濟的公道（economic justice），商業交易上的公道（justice in commercial dealings）。很明顯的，公道的主題並不是法律哲學家所能獨攬。雖然公道經常被認為是屬於法律的特別德性（justice is often regarded as the special virtue belonging to law），但法律哲學家僅僅觸及公正法律的定義問題[12]（the question of the meaning of just law）。

---

[12] Martin Golding Ibid.

CHAPTER 2

古典的自然法理論

壹、柏拉圖的法律觀念

　　自然法的觀念源自於古代希臘的政治哲學，認為法律源於自然或神意，自然的規律提供人類行為的準則。古典自然法理論主要來自柏拉圖（Plato, 428-348 B.C.）和亞里士多德（Aristotle, 384-322 B.C.），其後由羅馬法學家發揚光大，到了中古紀，基督教教義與自然法觀念合而為一，使自然法理論形成完整的體系。希臘哲學家對於法律的看法總是把習慣與人定法（human law）混合為一事。柏拉圖所處的時代，雅典的政治已由專制轉為民主制度，但人民尚無組織基礎，致城邦（city state）陷於無政府狀態，引起柏拉圖對平民政治的不滿，因此主張國家應由貴族、軍人和勞動者三個階級組成，各有專司。貴族發號司令，軍人捍衛國家，勞動大眾則為國家服役，從事生產工作。由於當時社會，法律與道德鬆弛，特別是法律由少數人為了自身利益所左右，公道不張。柏拉圖因而主張一國之內，必須以理性控制人的慾望，社會才能順乎自然，產生和諧。柏拉圖說公道（justice）乃是人類德行的一部分，是維繫社會中人共同生活的準繩。他所說的公道是基於人性，與道德一詞相通。他在共和國篇（De Republica）（The Republic）一書中說，所謂公道（或譯為正義）並不是一味的服從法律，人的行為與適合法律的行為是兩件事，不能相提並論。人民服務法律是必須的，但這種法律必須將人民聯合在一個政治社會之內。柏拉圖在其「法律篇」（Laws）中說：「我們認為，凡不能為全國利益而建立的國家及法律，都不是真正的國家及法律，……凡是只為一個黨派利益的立法，對我們來說，只是該黨派的事，不是國家的事，我們也不能稱之為法律，因此，法

律應當促進國家利益[1]」。

　　柏拉圖所說的順乎「自然」，並非指有形的大自然，而是指人性，因而在其法律篇裡說：「自然與法律並不相悖，因為原始的自然即是理性……依自然（理性）所制定的法律具有效力，因為它是理性的證明」，柏拉圖認為自然法與制定法不但不相違背，反而是制定法的後盾，自然法存在於觀念（idea）中，永世不替，而一些制定法則隨時隨地可以改變。所謂制定法，乃表示在國家命令中合理的思想，它的權威不在當政者的願望，而在於它是否基於自然法。柏拉圖基於其觀念哲學，將合於觀念之法律稱為真實法（real law），它們導源於神的實有（sein）（即本質）及人的實有。此種自然法存在於觀念或實在（reality）之世界，恒常而不變，是法律之理想與本質（nature），而制定法則存在於感覺（senses）之世界，隨時隨地而變易，制定法不過是自然法的反映，其是否接近真實法，端視制定法的道德價值而定[2]。柏拉圖在「共和國」篇中強調：「法律不是只為謀求某一階級公民的幸福，而是尋求全國的幸福」，他對法律的立場是，「立法而忽視良善，則立法者已喪失合法性與法律[3]」（When those who make the laws miss the good, they have missed the lawful and the law）。又說：凡為特殊階級之利益而不是為全國之利益而通過的法律，皆非正當，國家而有這樣的法律，就不是政府而是黨派，他們的公道觀念簡直就沒有意義[4]。

---

[1] 劉鴻蔭《西洋法律思想史》第三章參閱，民國59年台北維新書局出版。
[2] 馬漢寶《西洋法律思想論集》，第113頁，民國59年，台北。
[3] Jerome Hall "Living Law of Democratic Society" p.22. Indianapolis, The BOBBS-Merrill Co. Inc. 1949.
[4] J. Hall Ibid.

貳、亞里士多德的法律觀念

亞里士多德（Aristotle, 384-322 B.C.）原為柏拉圖的學生，其理論亦多出自柏拉圖，惟更進一步推而廣之。其法律理論，散見於其所著「形而上學」（Metaphysics）、「倫理學」（Ethics）、「政治學」（Politics）及「神學」（Theology）各篇中。自然法一詞，在柏拉圖與亞里士多德的著作中，著墨不多。有關法律之主張，亞里士多德與柏拉圖並不相同。亞里士多德認為人類之本質，係政治動物，必須相聚而居，共營生活，始克達其生存之目的。故國家之組織，乃為人類生存目的之自然產物，各民族自可各依其自身之需要，自行建立國家。他反對柏拉圖之主張廢棄私有財產及家庭制度，而認為個人之自由應予尊重，財產婦女，亦不應共有。國家為人類之自然產物，自然法係導源於人性，制定法則源自於立法者的意願。自然法是不變的，時時有效，制定法則因時因地而異，但不論如何變化，都必須在具體的生活環境中實現公道。制定法不過是實現自然法的一種或好或壞的嘗試而已。制定法的意義、目的及倫理基礎，要以自然法為本。制定法如何實現公道？亞里士多德認為人在團體生活中需要一個政府來為群眾服務，並分配任務，當政者在執行任務時必須遵守公道，因此亞里士多德又對公道定義提出解釋，其一為「分配的公道」（distributive justice），其二為「矯正的公道」（corrective justice）。前者係使人各盡其能，各取所需，其目的在平均分配職務及榮譽、財富等；而後者的目的在糾正錯誤，例如在條約被破壞或發生侵害權益之行為時，予以「矯正」的公道。使受害的一方得到賠償。亞里士多德此一公道觀念甚為先進，如以今天各民主國家實行憲政之治的情況來看，一國之行政部門在制定政策

與立法部門在制定法律時就是在實現「分配的公道」，使國家人民在權益取得與享受福利措施時，其權利義務等各方面都能得到公平對待，這就是分配的公道（或正義）之真諦。同時不論何人，何種機關團體或官員，祇要違反國家法律規範，就應由司法部門，或其他有類似職權的機關，公正執行法律，予以糾正或制裁，此一功能即屬於亞里士多德所稱的「矯正的公道」。可見亞里士多德之觀念深具前瞻遠見。除了自然法原則之外，亞里士多德對於制定法又提出「公法」（public Law）與「私法」（Private Law）之區別，前者亦稱為「憲法」（Constitutional Law），較其他法律重要，其他法律應以之為依據，如與憲法相違背，則視為無效。可見，自然法是基於人性，而不以任何人的意願為依據，其效力普遍存在，隨時隨地導民於善。制定法因其為國家或君王所制定，故其效力只能侷限於立法權範圍之內[5]。亞里士多德之推崇自然法，並不是只為批評或攻擊當時的法律，而是為了糾正不符合自然法原則的法條，而賦予形而上學之理論基礎，不變的自然公道，必須經由變動的實在法予以實現。

參、斯多依噶學派的自然法思想

斯多依噶學派（Stoic School）的思想，由希臘塞普魯斯島（Cyprus）出生的齊諾（Zeno of Citium, 333-264 B.C.）所創，他是腓尼基人，因經商而至雅典，聽犬儒學派哲學家（Cynic

---

[5] 劉鴻蔭前揭書第28頁。

philosopher）底庇斯人（Thebes）克拉特斯（Crates of Thebes, 365-285 B.C.）和美加拉人斯提爾波（Stilpo of Megara, 360-280 B.C.）講學。當其哲學有成時，便開始在斯多河（Stoa）波伊奇列（poikile）的彩色柱廊（painted Colounade）講學，此即斯多依噶學派名稱之由來。

　　斯多依噶思想綿延幾五百年，其影響較同時代之伊壁鳩魯派（Epicureau School）為大。伊壁鳩魯（Epicurus, 341-270 B.C.）出生於希臘之薩模斯島（Samos），早年習哲學，為柏拉圖與德謨克利多斯（Democritos, 460-370 B.C.）之門生，以後到處講學，從之者甚眾，而創伊壁鳩魯學派。該學派認為感官並不能傳授任何真的知識，其所傳的，不過是一些幻覺，即使理智也不能給我們真知識，因而不能產生任何真理。基本上，希臘在亞歷山大逝世後，人們對於理想及社會秩序，產生一種懷疑態度，伊壁鳩魯想挽救這種頹局，打算在懷疑論與理想主義之間建立一個堅定的基礎，由於該學派反對形而上學，因而認為法律及道德的唯一基礎就是快樂與利益，所謂公道，不過是建立在契約上，法律是為享受最大的快樂而定[6]。伊壁鳩魯學派雖然提倡人生之意義在追求快樂，但其所謂快樂，只是身體上沒有痛苦，精神上沒有牽掛，而不是積極的追求物質上滿足的愉快，那是心理上的無憂無慮的快樂（Free from fear），此種想法與莊子的逍遙遊極其相似，都是追求內心的恬適，不為物役、不為情動，而非今朝有酒今朝醉的快樂。這種主張在西元前三世紀亞歷山大大帝逝世後的混亂時代，十分受到痛苦中生活的人群所歡迎。因此伊壁鳩魯派認為欲達到逍遙的快樂，必須過清苦的生活，如同苦行僧般抑制感情，使感情穩定。但也因為主張人要追求快樂，而不重視靈魂，很容

---

[6] 劉鴻蔭前揭書第30頁。

易變成享樂主義，所以這種思想很難傳之久遠[7]。

斯多依噶因為反對伊壁鳩魯派的追求快樂說，而高倡德行才是唯一能走上「真、善、美」之路，認為真正的幸福不在於財富與享受，而在依循自然法。該學派的中心思想為倫理，而真知識即為倫理之基礎。其思想可謂集蘇格拉底（Socrates, 469-399 B.C.）、柏拉圖與亞里士多德說法之大成，認為知行合一為智者之理想，宇宙為智者之共和國（cosmopolis），各人應依其理性或自然法而生活。齊諾認為「自然即理性，而理性即神祇，真正的法律即理性的法律，亦即自然法，這種基本法是屬於神及人的事物之規範[8]」。他又說：「法律不是來自國王的自由決定，或群眾的決定，而是來自自然，它不是寫就的，而是與生俱來的，因為人具有一種認識公允或不公允的稟賦」。齊諾認為人生的目的在於道德，但怎樣才可以算是道德的生活？他說不受慾望支配即是道德，欲瞭解道德的意義，首先要瞭解自然法，至於如何瞭解自然法，斯多依噶學派說，應當實行刻苦的生活，以刻苦生活為人生進德修業的重要方法。他們也因此厭惡人為的一切制度，諸如財產以及婚姻等，認為這些制度皆足以窒息靈魂的功能[9]。

斯多依噶學派認為人只要依循自然法來行事就是善，違背自然法來行事就是惡，此種自然法觀念對羅馬法學家的影響甚大，其思想在羅馬的繼承者有辛尼加（Lucius Annaeus Seneca, 3-65），依比戴特（Epictetus, 55-135）。羅馬皇帝馬克奧雷理（Marcus Aurelius, 121-180）。他們都將神與人性並列，而自然也就等於宇宙間的秩序。所謂「善行」，即是遵循宇宙間的秩序。最早受斯多依噶自然法影響的羅馬法學家，他們因編纂法典，發現各國習

---

[7] 鄒文海遺著《西洋政治思想史稿》，第108-109頁。民國61年10月台北。
[8] 劉鴻蔭前揭書第33頁。
[9] 鄒文海遺著《西洋政治思想史稿》，第113-114頁參閱。

俗各殊，但也有若干重要法條是相同的。因之認為這些共同的法條即是從自然法而來，不過羅馬法學家摒棄了斯多依噶學派的宇宙觀，而強調「人同此心，心同此理」的原則為自然法，也就是建立在人類理性相通的自然法觀點上，此一進步，促使國際公法的出現，有了一條平坦的道路。

肆、古羅馬時期的自然法理論

一、羅馬法學家的自然法觀念

　　希臘人以其哲學精神，在法律思想及國家理論上有極大貢獻，而羅馬人在哲學思想上鮮有出色的表現，惟憑其實務天才，確立了現實的法律制度，這是羅馬民族與希臘民族最大的不同。希臘半島濱臨愛琴海，因土地貧瘠，不適宜於農耕，同時半島上山脈縱橫，內陸交通極為不便，因此形成許多各具特性的城邦國家（City State），也因為缺少大平原，不能建立以農為本的大帝國，只好從事於航海活動。西元前九世紀，克里特島（Crete）與北非迦太基人（Carthage）先後在地中海稱霸，海上商業活動頻繁，商船往來興盛，使他們有機會學習並吸收異族文化。經過很長的時期，希臘人由愛琴海而小亞細亞，而地中海，甚至到大西洋沿岸移植，形成了所謂希臘化世界。希臘文化以雅典為最盛，那是在波希戰爭以後百年之內的事。西元前六世紀後，希臘哲人的思想極其自由，形成百家爭鳴的世代，其學說主張，文

藝、詩歌、戲劇等成為歐洲文化的搖籃。希臘人具有天賦的創造力，不論藝術上或哲學上均有卓越的成就，尤以政治學與哲學方面人才輩出，於一切有關人類共同生活的倫理學與哲學都相當發達。其中雅典最先施行直接民主的制度，其司法也因民主制度的推行而蓬勃發展，因此產生頗多饒富創造性的法律哲學家。相對的，羅馬法學家雖然不是哲學家，但由於斯多依噶學派的影響，使他們十分熟悉希臘先哲的思想。他們在執行法律工作中，多採用先哲的哲學思想，尤以自然法為主。他們在答覆詢問及審查法案時，大都以先哲的思想為本，從而更加深他們的法律思想。不過羅馬法學家與希臘先哲不同，過去在古希臘思想中，法律不論如何發展，始終不脫宗教與倫理範圍，國家的法律規範始終被視為獲致幸福的道德規範，而羅馬法制則反是，其法律規範逐漸脫離道德的範圍，其時個人主義抬頭，法學家也開始走向這種趨勢，例如保羅斯（Paulus, 229-160 B.C.）（他是羅馬的貴族、將軍和政治家）就曾說過一句名言：「法律許可的未必均合乎道德」（Non omne qued Licet honestum est），而法學家兼執政官阿爾比安（Ulpian）給法律下的定義是：「法學乃通曉天人事理，認識公道與不公道的知識」。保羅斯所定義的法律是，「法律可以許多方式說明，一種是正當及善的即稱為法，如自然法；另一種是在一國之內對一切人或許多人都有益的事，如民法[10]」。

　　辛尼加（Seneca）對當時盛行的奴隸制度持反對態度，他有句名言謂：「人對人是神聖的」（Homo Sacra Ves homini），並認為人乃是自由而平等的，奴隸也是人，如同自由人一樣，是神的子女，大我中的一份子，在大我中不分希臘人與野蠻人，自由人與奴隸，人生而自由，自然在我人心中種下互愛的種子，使我人

---

[10] 劉鴻蔭前揭書第42頁。

彼此成為伙伴。自然在我人內心灌入公道與平等的觀念」。馬克奧雷理皇帝也說：「從我的帝號來說，我的祖國是羅馬，從我人性方面來說，我的祖國是全世界」，辛尼加認為「自然狀態」是人類純潔的黃金時代，人類到處洋溢著幸福，到處實現公道與自由的理想，以後由於人性墮落而產生各種法律制度[11]。

　　由於羅馬法學家受了斯多依噶派的影響，因而也接受該學派的法學與自然法理論，其成就最大者應屬西塞祿（Marcus Tultius Cicero, 106-43 B.C.），他是著名的羅馬演說家與政治家，又深諳希臘哲學，一生著作甚多，崇尚斯多依噶學說，是反對伊壁鳩魯派學說的羅馬傳人，更是集希臘哲學思想之大成的法學家。他的法學理論出發點為自然法，所不同的是，斯多依噶派的自然法是指宇宙的秩序，西塞祿則賦予形而上學的基礎，認為自然法是「正確的理性」，是合乎自然的，存在於一切萬物之中，永世不替，使我們完成任務，並禁止我們行不義的行為，這種法律，西塞祿稱之為「永久性」的法律（Lex PertetuastAeterna）（eternal Law）。西塞祿在"Pro Milone"（In Defense of Titus Annius Milo）的演說中說：「自然法不是寫成的，而是生成的，不是學來的，不是移植的，而是從本性而來的」。在法律篇中，西塞祿又說：「法律不是人的意見，而是由自然建立的」，在共和國篇中，西塞祿論自然法最能傳其底蘊，他說：「實際來說，在世間存在著一種真正的法律，那就是正確的理性，這種法律是順乎自然，可以施行於全人類，永世不變。因為有這種法律的命令，所以大家才能履行其義務。因為它的禁令，所以大家才不敢為惡。它的命令與禁令常可以影響好人，但對壞人是無濟於事的，如果人間的立法者不願這種法律，絕對不是合乎道德的行為。此外，立法者

---

[11] 同前註。

絕對不應當阻止這種法律的作用，想完全取消這種法律是絕對不可能的事，不論參議院（元老院）或人民全體，都不能解除我們服從這種法律的責任，這不管在羅馬或雅典都是一樣的，也並非今天是一種規律，明天又是一種規律。世間只有一種永久不變的法律，在任何時間，均約束任何民族。人間永遠只有一個共同的主人或統治者，那就是上帝，他是這種法律（永久法）的創造者及解釋者。不服從這種法律的人，就是放棄他較好的自我，就是否認了他的真正天性，他雖然可以逃脫人間的懲罰，將來卻脫不了最嚴酷的處罰」[12]。

二、西塞祿自然法理論的分析與評價

西塞祿的法律觀點，對任何權力規範的描述，是僅接受「群眾定義的法律為法律」（to characterize any power norm as law is merely to accept the crowd's definition）。就西塞祿來說，壞的法律規則（bad rules）乃是有害的法規（pestilential statues），不比強盜集團所通過的規則更有資格稱為法律[13]（No more deserve to be called law than the rules a band of robbes might pass in their Assembly）。

西塞祿的法律觀點與法官的權力無關，而是在試圖說明自然法與道德的關係，這樣一來，他把法律與道德視為一體（He saw Law and Morality as one）。法律對西塞祿而言，是上帝的產物（the product of God），是最高形式的人類理性（the highest form of human reason），法律是最高的理性，根植於自然法，它命令什麼是該為的，禁止不該為的（Which commands that ought to be

---

[12] 劉鴻蔭前揭書第38頁。
[13] J. Hall Ibid, p.23.

done, and forbids the opposite），這個理性當其牢固而充分地在人類的心智發展，就是法律。法律是明智的，它的自然功能乃是命令正當的行為而禁止錯誤的行為（Whose natural function is to command right conduct and forbid wrong doing）。公平與法律是兩個可以通用於法律的概念，公平就是法律的正確概念，在法律裡可以找到公道的淵源（the origin of Justice to be found in law）。法律是一種自然的力量（a natural force），它是知識份子的心智與理性（It is the mind and reason of the intelligent man），公道與不公道的標準就是以此心智與理性來衡量，無論什麼時候，命令或禁止，以書寫形式的指令（in written form decrees），給予法律名稱。然而在決定什麼是公道時，讓我們以最高的法律開始，此最高的法律（supreme law）起源的年代早於任何既存的成文法律或任何國家已存在的法律（以上引文出自西塞祿法律篇第一篇第六節）。因此法律以大寫的「L」開頭，對西塞祿而言，絕非人類行為的產物（not a product of human action），而是上帝的產物，由人所發現，以最佳的人類理性給它定義，其結果，國家有了反映法律的制度，反映了公道與不公道的差別，但所反映的法律並不是人類所創造的事實，而是與公道的適當標準相脗合的事實。因此對西塞祿來說，我們有許多人定法（human law）是在實現它更高的道德規範（to realize the higher moral norms），法律終究源自道德，與道德不可分離。從這個觀點來考量，假如道德是一切法律的淵源，那麼由立法機關所立的，或由法官執行的，或以成文形式寫在法律書上的一些看似法律的東西，可能不是真正的法律。從西塞祿的觀點，那些並不是正當的法律，縱然一般平民百姓認為的法律，也只是一種個別例外的法律（a law of personal exception），是為制裁特定個人的法律。雖然經立法機關制定或法院法官執行的法律，如果是為特定個人而設，並不是具有普遍

性的實現公道的真正法律。為了這個理由，路西亞柯塔（Lucius Cotta），這個具有偉大才能與最高智慧的人，在涉及西塞祿被放逐的案件裡，他的意見就顯得非常正確，柯塔說：「我無須為從未合法制定而已採行的反對我的法律去上訴」[14]。

　　西塞祿把某些依照道德指導的原則，當做是真正法律存在的必要條件，舉例來說，一輛汽車之所以被稱為真正的汽車，必須是該被稱為汽車的工具，具有驅動性（driveability），也就是可以開動，如果不能開動，那只是看起來像汽車而已，而不是真正的汽車，因此「驅動性」就是汽車的目的（the purpose of a Car），同樣的，一部不合道德的法律，也就絕對不是法律，因為法律的目的就是合乎道德，如此說來，法律的目的與法律的功能是一致的，它的目的與功能就是實現公道或公平正義，凡不能實現公道，不能實現公平正義的法律，即使經過立法機關制定或法院法官的判決決定，都不是真正的法律，這是羅馬時期自然法的重要論調。對西塞祿來說，道德的目的，就是法律最根本的特徵。這個觀點後來成為自然法傳統裡許多思想家在論及法律觀念時的觀點。自然法的理論到了十九世紀，雖被當時流行的歷史法學和實在主義（positivism）（或稱實證主義）所取代，然而以自然法主張有一種較高的法或理想法的存在，作為制定法或實在法之評價根據，並非沒有意義。晚近數十年來，美國與歐洲國家不少學者對於法律與根本價值之關係重新發生興趣。他們雖不用自然法之名，但所致力之目標，與自然法學家素來所關注的問題相同，成為研究現代自然法思想不可缺少的材料。美國法學教授霍爾（Jerome Hall）就認為法律方法可予評價，他深

---

[14] 西塞祿於西元前58年當執法官時，因其保守路線遭輿論反對，當時保民官克洛狄亞斯（Clodius）提出改革方案攻擊西塞祿，西塞祿被放逐國外，西元前57年再度被召回羅馬。

信「合理性」（rationality）與「道德性」（morality）為法律之本質，因而主張實在法之定義應予嚴格限制，實在法僅指「實際的倫理性的權力規範」（actual ethical power norms），而不包括「純粹的權力規範」（sheer power norms）。霍爾認為國家制定法之規範，如果完全欠缺倫理內容，即喪失法律之本質。因此有關實在法本質之理論，仍應保存斯多依噶派學說的方法以及不朽的識見（insight），以便維持一種「整合性的法學」（Integrative Jurisprudence）。依霍爾的看法，法律乃形式（form），價值（value）與事實（fact）之結合，法律之價值成分並非僅屬主觀慾望及個人利益之表現，而是可受理性之分析者，道德經驗乃日常生活中之事，責任、公平之感；悔恨、羞惡之心；自私、慈善之念；人皆有之。此類問題縱然常有爭論，卻非神秘而不可測，道德問題容或不易解決，但不能因此否定評價之客觀性全無可能，這是我人研究自然法理論時不可輕忽的態度[15]。

伍、中古時期教會的自然法理論

中古時期係指西元四世紀至八世紀，這是基督教教會（Christian Church）逐漸確立教權的時代，多數人常稱中世紀教會統治為耶教帝國（Christian Empire）。但耶教帝國並不是以武力為統治工具，教皇即使在制裁皇帝或國王時，也不過停止作彌撒或開革教籍而已。教會的權威有賴於多數人對於天國的嚮往，

---

[15] 馬漢寶前揭書第138-139頁。

以及對地獄的恐懼。因此所謂耶教帝國，和一般的帝國不同，它沒有軍隊，有的只是以信仰為統治工具。西元四世紀中，羅馬帝國的政治權力日趨衰落，君士坦丁大帝（Constantine, 280-337）臨終之際，將羅馬版圖分為幾個區域，由其三子二姪分別統治，原希望彼等念手足之情，互相拱衛，沒想到後來竟以兵戎相見，導致帝國分崩離析，四世紀至五世紀為混亂時代。不久，日耳曼人與匈奴人阿提拉（Atila）先後入侵，分裂了羅馬帝國，造成所謂的中古黑暗時代。當混亂的局面中，有能力的教會領袖乘機爭取獨立地位，並發揮組織力量，而當時的所謂野蠻人，除匈奴人外，實際上皆已信仰天主，教士對他們有影響力，故而出面與入侵的野蠻人談判的，多數為教會領袖，在此長久擾攘的局面下，教會始終以其天國的信仰維繫人心，使血腥的戰國之外，另有一個和平的宗教世界。這就是為什麼中古時期的政治思想與法律思想完全由基督教會來掌握的原因[16]。

一、聖奧古斯丁的自然法觀念

聖奧古斯丁（Saint Augustine, 354-430）是由古代思想轉到中世紀的中心人物，他是一位神學家，嚴格地說，他沒有什麼重要的政治思想和法律思想，他的著作都是神學（Theology）。奧古斯丁是北非希波（Hippo）城的主教，他年青時期行為放浪，受洗時已在中年，從此成為最虔誠的僧侶，且勤於著作，為教會奠定神學的基礎，成為中古前期的大思想家。他的思想頗受晚期羅馬文化的影響，十八歲時讀到西塞祿的書，頓起追求真理之心志，他的「神都」（Of the City God）奠定了神學的基礎，他在

---

[16] 參閱鄒文海遺著前揭書第152頁、第156頁。

神都裡（第十一篇第四章）認為希臘與羅馬人的自然主義實為世界混亂之原因，因為他們學說中的上帝只是自然的精神，並非基督教的天主，因此，他說：「在可見的事物中，宇宙最大，在不可見的世界中，天主最為偉大。宇宙的存在是我們看到的，而天主的存在則有恃於信仰」。

奧古斯丁接受了柏拉圖的永久法理論，但又給他一個新的內涵。柏拉圖所認為神的實有的觀念，進一步成為神的觀念，而斯多依噶學派所主張的宇宙理性，成為無所不知，無所不能的神。亞里士多德所稱的「永久法」（Lex Aeterna）（eternal Law）依奧古斯丁看來，無非就是最高的理性，永久的真理，是神的理性或神的意願。這種神的理性，就是秩序本身，神的法律使得世界存在，並使它發揮其作用與價值，但這種最高法律並非超過神，而是神的不變的本質，它是永久的，不變的，世界的人和一切無理性的大自然，均由神所統制。這種法律不是任何權勢，任何能力所能改變的，神就是最高的理性，不變的存在體。人行為的好壞，並不是因為他們本身的好與壞，而是要看他們的行為是否擾亂了自然秩序。因此人行為的好壞，不是依立法者所規定的標準來判斷，而是看他們是否違背自然理性，自然理性才是人類行為本身是否合乎道德的判準。除了永久法之外，還有現世法（俗世法）（temoporal Law）。現世法有效與否，端視它是否合乎永久法，因而立法者需要熟諳永久法，才能發出命令或禁令。同時，制定法也要因時因地而改變，並以永久法為基礎。制定法不過是實現自然法的一種或好或壞的嘗試，而自然法則具有永久的價值。制定法的意義、目的及道德基礎，皆以自然法為本。

奧古斯丁有句名言說，「不公正的法律，無異於無法」（the law which is not just seems to be no law at all），由是一個法律的力量，有賴於它的公道程度（the force of a law depends on the extent of its justice）。在人類的事物裡，一件事根據理性的規則，如果是正確的，它就是正當的，而理性的首要規則就是自然的法則（the first rule of reason is the law of nature）。每一個人定法（制定法）具有許多法的本質，它之所以是公正的，就是因為它的規定源自於自然的法則，一旦制定法悖離了自然的法則，它就不再是法律，而只是法律的曲解（a perversion of law）。但自然法的共同原則並非放諸四海而皆準，因為人類事物的歧異甚大，因此各種不同的實在法律在各民族興起，在這方面，根據各種不同的政府形式，就有各種不同的制定法。奧古斯丁說，為國家政府而設的法律，允許並留下許多不受懲罰的事物，那些事物是由神意來懲罰的。因此制定法也同樣不禁止每一件自然法所禁止的事[17]。

在奧古斯丁看來，制定法只處罰擾亂和平秩序者，並不處罰內心的罪過。制定法的權限只存在俗世較不重要的範圍，而人生最重要的部分，則由永久法來支配。一般制定法之具有拘束力，只是為了預防罪惡，但不能使人變成好人。相反的，永久法則給制定法一些限制，使之不得逾越，否則即不得稱為法律。至於永久法的內容，依照奧古斯丁的說法，係在命令遵守自然秩序，並禁止破壞自然秩序。前者是內在的，後者是外在的，而外在的秩序則以內在的秩序為基礎。人如何才能在和平秩序中生活？奧古斯丁以為人依其本性必須加入一個團體，這個團體的形成，是由於「愛」所聯繫，愛是力量的總合，它能規定人的行為。總之，奧古斯丁是將社會秩序建立於自由的人性及共同趨向道德目標的努力之上。就這一點來看，奧古斯丁以永久法理論所導引出來的「拘束良心的力量」（the power of binding the conscience from

---

[17] Frederick Schave, Walter Sinnett-Armstrong Ed."The Philosoply of Law" pp.8-14 (The Theory of Natural Law, Oxford University Press, 1996).

eternal law），不論就法律的制定或人民於社會生活中對於法律的態度，都具有正面的意義。依奧古斯丁的觀點，如果法律是公正的，它對人民就有拘束良心的力量。另一方面，法律也可能以兩種方式造成不公正，其一是違反人類的利益（being contrary to human Good），例如一個政府制定對人民課予過重負擔的法律，亦即制定不利於公益的法律，這是基於權威者的貪婪與虛榮的作祟，那就是一種暴力的行為（acts of violence），而不是法律，這樣的法律對於良心沒有拘束力。其二，法律也可能因為違反神的良善而不公正，這樣的法律絕對不會被遵守，所以奧古斯丁才說：「不公正的法律，無異於無法」。

二、聖阿奎那的自然法觀念

自奧古斯丁以後到聖阿奎那（Saint Thomas Aquinas, 1225-1274），約七百年間，在法律思想上並無特別出色的學者，大部份學者是以闡述神學理論為主的神學家，以布道為目標，其中最值得一提的阿奎那，其自然法學說風靡一時，西洋哲學思想到了阿奎那時期已屬登峰造極。他以亞里士多德的思想（永久法）為出發點，並以斯多依噶學派和奧古斯丁的思想為依據，建構他集古希臘及羅馬哲學之大全，創造了經院派哲學（Scholasticism）的法律思想體系。阿奎那有關法律思想，散見於下列著作中：（一）《神學大全》（Summa Theologica），（二）《駁斥異邦人士大全》（Summa Contra Gentiles），（三）詮釋亞里士多德的倫理學及政治學（Commentaria ad Ethicam et Politicam Aristolis），（四）上書塞普魯斯國王論治國。

阿奎那的研究方法和奧古斯丁不一樣，他並不是以信仰為出發點，而是以哲學為本。換言之，是以自然的理性能力及經驗

為出發點，並輔以基督教的神學。他以為世間萬物皆由本性而趨向一個固定的目標，由於追求這種目標，世間萬物乃獲致其本質之完備，由此本質之完備，萬物乃能完成神所賦予之任務。善惡並非由人的意志自由而定，而是基於每一個人自己內心感覺趨於發展及完成本性之需要。若人順從這種需要，則合乎道德，否則即是不道德，最終目標則是認識神及與神相識。因為神乃至高的善（Supreme Good），為了建立及維護世間萬物的秩序，需要法律的協助，此等法律可分為永久法、自然法、人定法（Lex humuna）與神法（Lex divina）。阿奎那在《神法大全》裡，開宗明義的指出：「法律是行為的規則與尺度」（Law is rule and measure of acts），由是人被誘導去作為或被禁止作為（whereby man is induced to act or is restrained from acting）。

法律 一詞係源於約束（Law is derived from Ligare to find），在拉丁文稱法律為Lex，而Lex係由Ligare（約束）一詞演變而來。而所謂人類行為的規則與尺度，不外乎理性（ratio）（reason），理性是人類行為的第一原則（the first primciple of human acts），人類行為由理性引致目的（the reason to direct to the end），此乃一切人類行為問題的首要原則[18]。

但法律並不是為個人的利益而產生，乃係為市民的公共利益（Common Good）而制定。理性是人類行為的原則，是以在理性本身應有一種使人知其為原則之事物存在，此一事物即為法律。法律在實現理性的行動，其第一原則即係終極目的（final end），而就人生而言，此終極之目的，則為幸福（happiness）。人類生活的終極目的既在幸福或福氣美滿（beautitude），所以法律本身所關注的，主要就是福氣與美滿

---

[18] Frederick Schave, Walter Sinnett-Armstrong, "The Philosoploy of Law" p.12

的秩序（the order that is in beautitude），一個人乃完美社會的一部分，法律本身就必須適當的關注指引普遍幸福快樂的秩序[19]。（With the order directed to universal happiness）阿奎那的永久法觀念承襲奧古斯丁而來，不過阿奎那更進一步稱永久法為神的智慧，這種智慧控制人的行為及無靈之物的行動，此永久法可經由自然法而理解。永久法並不直接給我們命令或禁令，而只指示我們一些自然傾向所引導的目標而已。自然法乃由於人類具有理性和自由的實體，故可依其理性疏導其自然傾向（natural inclination），而完成自然法秩序。在自然法定義中，「正確的理性」（Ratio Recta）是最重要的成分，而意志活動中最近的標準，是人的理性，最高的標準則是永久法。

　　阿奎那將人的自然傾向分為三種：①人類有保全其生存及健康的傾向，②異性交合及養育子女的傾向，③藉助理性趨向於普遍之善的傾向；諸如重視他人利益，避免愚昧無知，又如認識真理及美滿生活等。這三種傾向是自然的，只要以合理方式去追求，就是好的。可見阿奎那所謂的自然法乃是一種本質的法（本性的法），亦即能發展和平，保存實在法存在的法，也就是合乎公道的法[20]。此外，國家立法者的任務全在實施自然法，並以各種處罰來支持自然法，例如自然法禁止殺人，但理性告訴我們，必須以實際的規定說明何者為殺人？如何處罰？因為自然法未詳細說明何者為殺人，也未規定任何處罰方式，是故立法者的首要任務即在決定自然法的限度，並在各種情況下予以實施。可見人定法來自自然法，而每一條制定法所以能稱為法律，須視其內容是否合乎自然法及其適合程度而定。若與自然法不符合，則不能

---

[19] F. Schaver, Walter, Sinnett-Armstrong Ibid, p.12.
[20] 參閱劉鴻蔭前揭書第64-65頁。

稱之為法律，絲毫沒有拘束良心的力量。

根據阿奎那的解釋，人定法出於自然法，可以有下列三種方式呈現：①以結論的方式：即由自然法所產生的簡單結論，例如由「不損害他人」的禁令中，產生刑法所禁止的行為。②以確定的方式：即更詳細確定自然法規定，例如在自然法中稱「犯罪須受罰」，只是一項抽象的原則，而由制定法詳細規定犯何種罪行，應予處罰，處何種罰。③以附加方式：阿奎那舉分配公共財產之例，是由於採用私產權的關係。

依阿奎那的主張，法律是理性的一種措施，為了公益而設（for Common Good），並由負責公職的人員所公布，所以法律的公布也是必要的措施，因為法律公布於當下，經由理性的成文文字的存續，延伸於未來，以此方式，持續不斷地公告周知，而便於施行。阿奎那認為法律必須出於理性，必然是合理的。法律是人類行為的規範與尺度，必定是理性的產物，而不是意志的產物，因此反對君主意願即法律的說法。他說法律是直接為了公益而設，其目標在趨於幸福，其直接目標則是公益。雖然若干法律看似為個人或私人利益而設，但這些個人利益亦是趨向於最後目的，全體利益的。阿奎那所謂公益，包括精神及道德方面，不限於物質，實較以後的功利主義學者所採用的「社會功利」（Social Utility）更勝一籌。其公益觀念雖強調集體利益的重要性，但亦不抹殺個人的合法目的，他十分推崇羅馬皇帝馬克西姆（Valerius Maximus）論古羅馬人所說的話，「他們寧願在一個富強的國內做窮人，而不願在貧窮的國內做富人」。

最後，阿奎那主張一條法律是否公正，要看它是否為了公益而設，是否由合法的機關制定，以及是否公平分配給公民各種任務，而最主要的要看它是否合乎自然法。如果是一條不公正的法律，則沒有義務遵守它，除非因此會產生更大的害處，否則反抗

是合法的，因為這不是造反（Rebellion），同時所對抗的是濫用權力的政權，而不是合法的政權[21]。

陸、古典自然法理論的評價

　　自然法的中心觀點，是法律概念與某種類型的道德觀念相連結。

　　自然法理論形式（the form of natural Law theory）與道德標準相符（Conformity with moral standard）乃是法律之成為法律的必要條件。或者說，法律存在的形式可能不完美，但作為道德規範的實現，法律與道德在自然法理論裡是不可分割的連結（inextrically linked）。長久以來對自然法理論的挑戰，已不再承認法律與道德之間有必要的關連。十九世紀以來，否定法律與道德關連的必要性，其通用名詞，就是法律實在主義（或稱法律實證主義）（legal Postivism），法律實在主義之所以如此命名是基於一個前提，那就是法律或法律體系（legal system）兩者都不帶有與道德任何自然的或根本的關連。法律與法律體系是由人類來定位，與自然沒有關連[22]。

　　對於實在主義者而言，法律只是單純的一個社會事實（is simply a social fact），雖然社會事實仍有許多爭論。我們知道法律不過是一種人類所創造出來的東西，但法律實在論者也承認法律

---

[21] 劉鴻蔭前揭書第67-70頁。
[22] F. Schaver, Walter sinnett-Armstrong Ed. Ibid, p.29.

經常當做一種工具，用來實現道德上可欲的規範（the enforcement or realization of moral desirable norms）。

　　法律實在論者也不否認法律反對謀殺生命，反對姦淫，反對偷盜，這就是執行道德規範，就是源自道德的原則。同時法律實在論者同樣承認法律規範與法律體系應該尋求實現良善，而不鼓勵邪惡，他們相信美國南北戰爭之前的「逃亡奴隸法」（the Fugitive Slave Laws）是不合道德，應該被廢止的，甚至相信不合道德的法律（immoral Laws）不應被遵守（Should not be obeyed）。法律實在論者也強調區別「實然」與「應然」的重要性（stress the importance of distinguishing between is and ought）。應該是或應該做的法律體系與法律體系事實上是什麼，並不相同。因此，法律實在論的主要特徵就是承認某些事情可以是一種實然的法律體系，而在道德上是一種應然的法律體系（morally, of what a legal system ought to be）。對法律實在論者而言，德國納粹的法律體系（the legal system of Nazi Germany），並不因為它本質的邪惡與程序上的專制而減少其為法律的特徵。而南非的種族隔離法（the apartheid law of south Africa）也依然是法律。如果根據法律實在論者的說法，法律與道德之間並沒有必要的關連，那法律觀念的本質（the essence of the idea of Law），勢必要在不減損道德價值或根源於道德價值中，再找尋其他的特徵。直到今天，這個特徵就是國家主權權力的緊密連結。

　　十八世紀英國著名的法學家也是法律評論家布拉克斯頓（Sir William Blackstone, 1723-1780）指出人定法（human law）不過是實現道德的自然法則（the realization of the moral law of nature），凡是不道德的東西，就不具有法的效力，就不是有效的法律[23]（that

---

[23] F. Schaver. W. Sinnett-Armstrong Ibid, p.10.

is not moral is not a valid law）。他說，任何人定法違反自然法，就不具有法律效力（No human laws are of any validity, if contrary to the natural law）。因此，我們可以說，把一個不道德的法律作為法律是錯誤的做法，就如同某些人把蠟像館裡的蠟像假人當做真人一樣的錯誤。布拉克斯頓是十八世紀英國普通法的權威學者，依他的觀點，一個法官或其他政府官員在執行英國法律時，依自然法則在審判案件裡所作成的結論，雖然沒有反映在先前的人定法裡，他們仍然是在宣告法律，只是將自然法則注入早已存在的具體形式裡，而不是另造新法。一個法官作出超越英國法律書本以外的決定，會被認為比現在書本上的法律更合乎法律，而且是一種促進法律的行為，而不是違反法律的行為。

二十世紀牛津法學派的學者芬尼斯（John Finnis）認為自然法原則（the principles of natural law）不僅在道德哲學上或倫理學與個人的行為上皆有跡可循，即使在政治哲學、法理學、政治行為、司法行為及一般市民生活上，也可以找到依據，因為這些原則，使政府在運作上得到正當性。自然法原則也要求在多數情況下，政府的運作須根據所謂「法律主治」（the rule of Law）的標籤行事，並適當的尊重人權。人權（human right）乃是公道的具體要件，自然法原則說明了是一種實在法的拘束性力量（the Obligatory force of positive law），即使這些實在法無法從自然法原則演繹出來，也是一種藏在背後的力量。自然法無所謂興衰，復興或回歸永久法（natural law could not rise, decline, be revived or stage eternal returns），它沒有歷史成就之功，對於人類精神上或實務上所造成的暴行惡業，亦無可罪責之咎[24]。

---

[24] John Finnis"Natural Law and Natural Right," selected from F. Schaver and W. Sinnett-Armstrong "The philosophy of Law", p.14.

芬尼斯對於古典自然法理論也提出一些看法，他說一個人與生俱來的慾望，無論是知識的（intelligent）或基本上屬於感情的，都需要由理性的標準來管理或節制（being governed and moderated by the standard of reason），這些標準擴大到使自己的心理得到良好的安頓，包括建立與維持一個良好的秩序與他人相處，每一個人靈魂中的公道（Justice in the soul）是社會公道的泉源。政治社會的本質就是個人本質的放大。芬尼斯指出：自然法理論的傳統，有三個指標性的觀點：①自然法理論的指導性目的，是在回應一個正直的個人或一個團體負責的官員（例如法官），「我應該做什麼？」（what should I do?）的相關問題。②什麼是我們應該決定、制定、需要和促進的（what should we decide, enact, require, promote?）這些規範性的問題，如果對於這個世界如何運作的事實缺乏正確的理智的知識，是無法回答的。因此對於規範性問題的良好解說，無論是一般或特別的，都是需要的。但我們要說，社會中人對於行為的標準與規範，其內在觀點（internal point of view）從來不是由例規、習慣或輿論的事實來建構的（standards and norms of conduct are never constituted by the facts of convention, custom or consensus），「應」從來不是來自於「是」（ought is never derivable from is）（即應該如何，從來不是來自於事實如何），除非藉由某種更高更為終極的「應然」的前提形式，（by virtue of some higher, more ultimate ought premise），這種脆弱的邏輯需要，連實在主義也無法應付，然而實在主義理智上希望堅持的事物，卻是清楚地凝結於古典自然法理論裡。③為什麼古典自然法理論，無論用演繹的方法或其他方法，沒有能將「應然」化簡到「實然」的理由（Why Classical natural law theory do not reduce ought to is?），乃是自然法理論的辯證是以迷信和詭辯的方法把權利簡化為強權（With sophistic reduction of right to might），其結果是把四種秩序觀念拿來和四種不相關的理論混為一談：其一，秩序（order）乃是原本是什麼，就是什麼（which are what they are），向來獨立於我們的思考之外。蓋秩序是一種自然的秩序，是自然的法則，例如宇宙天體運行，四時變化與各種自然現象，都有一定的秩序，那是自然的法則，與自然科學和形而上學相關。其二，能帶進我們思考的秩序問題，則與邏輯的標準和訓練相關。其三，能帶進我們深切思考選擇的秩序（the order which we can bring into our deliberating Choosing），並與我們整個生命的開闊視野裡的行動相關的，是與道德的標準和倫理所投射與訓練相關的。其四，能帶進問題的秩序，作為特定目的的手段，是與無數的技巧、技藝和專業技術相關的，與自然法理論沒有關係。因此，道德和自然法，不能簡化為自然科學或形而上學，邏輯或任何技藝的原則，也不能從這些學科推演出道德與自然法[25]。

---

[25] John Finnis "Classical Natural Law Theory", Selected from The Handbook of Jurisprudence and Philosophy of Law, Jules Coleman, Scott Shapiro Ed. Chapter I, Oxford University press Inc. New York, 2004.

CHAPTER 3

近代的自然法理論

壹、十六世紀到十七世紀的自然法理論

　　歷史學家把十五、十六世紀視為西方新思想的啟蒙運動時期，人文主義者（humanitarian）首先將文藝復興（Renaissance）的概念應用於思想史的某個特定時期，他們所謂的文藝復興，特別意味著一種從形式到實質的模仿古典文化，並使之復活的文化復興。十六世紀，世人注意到文藝復興在某些領域更發現了希臘、羅馬人聞所未聞的成就。以往史家大多頌揚文藝復興為歐洲的覺醒時期，使歐洲人宛如從大夢中醒來，由是文學、藝術、哲學、思想，以致於經濟、政治莫不呈現新的面目。事實上，希臘、羅馬的古典文化，在中古時期並未完全喪失，祇是中古為信仰的時代，古典文化未能發揮而已。中古時期重信仰，而文藝復興時期則重現世，此一觀點的轉變，甚難確定其開始的年月。文藝復興發祥於義大利，其影響則不以義大利為限，蓋風氣所播，瀰漫全歐，除義大利外，英、法、西班牙、德國、荷蘭、比利時、瑞士等國皆在文藝復興的氛圍籠罩之下。中古末期，思想家已倡言教皇非教會，甚至不能代表教會。文藝復興時代推波助瀾，認為反對教皇非即對上帝的不敬。思想的解放，使宗教約束力式微，對教會來說自屬不幸，惟自另一方面言，極有助於近代精神的孕育。文藝復興的影響，先從文學的復古始，其後遍及藝術、建築、思想、哲學、政治、經濟、法律等各層面。此時期的人生觀，偏向於尊重個人，是以人來觀國家，亦以人觀宗教，完全是人本位主義，此種人本思想，以後一直成為歐洲思想的重要傳統。文藝復興時期的法律思想，多致力於恢復自然法及聖阿奎那學說，許多學者主張自然法的基礎在理性，而不是單純的意志，認為理性洞悉事物之本質，而意志是盲目的。國家之存在，

不是基於信仰，而是基於自然法。由自然法建立一切國家，亦由自然法而彼此聯繫，不只在各個國家之間，在國家之內的團體中也應採用一項基於自然法的法律秩序。但國與國間這種秩序可由習慣及條約而決定，因而國際法不只是由條約產生，也具有法律的效力。依照自然法，只有抵禦外侮，或從敵人獲得賠償，才許可進行戰爭。同時必須在和平手段用盡而不能奏效的情況下，才可發動戰爭。總之，戰爭的唯一合法的理由，就是受到無理的侮辱，這就是奧古斯丁（Augustine）與阿奎那（St. Aquinas）所謂的「義戰」（Bellum justum）之說的法理引伸。要之，十六世紀至十八世紀，可說是自然法學說的偉大時代，雖然各家說法紛紜，莫衷一是，但基本上這個時期的自然法思想已脫離了教會與神學，而趨向世俗化。他們自稱從教會手中搶救自然法，使教會屬於自然法，非使自然法歸屬教會，由自然法決定教會之性質與國家之關係。自是以後，自然法不僅掙脫教會的束縛，也解脫了羅馬法的宰制。自然法理論建立在法律哲學家的苦心經營的結果上。不過，他們在詮解法律時，加入了人性的考量，他們以自然法高於制定法，違反自然法規律的制定法，法官可以宣告無效。更由自然法的理念而發展出自然權利（natural right）。1776年美國獨立戰爭與1789年的法國大革命亦是受自然法理論之影響。美國獨立宣言，強調自然法與神祇賦予他們的地位，自然法因此使英國國會的權威與殖民統治為之崩解。自然法學說除了上述的破壞作用外，還有一項重要的建設性功能，法國大革命的人權宣言，亦以自然法為基礎，自然法成為人權的保護者，「不變的自然法」（unalterable law）也成為將當時的口頭禪[1]。以下就十六世

---

[1] 以上參閱劉鴻蔭《西洋法律思想史》第八章，及鄒文海遺著《西洋政治思想史稿》第十二章文藝復興時代的思想背景。

紀至十八世紀重要自然法理論略述於後：

一、布丹

　　十六世紀的法國雖已逐漸強盛，惟國內封建勢力依舊很大，時有問鼎中原的野心。布丹（Jean Bodin, 1530-1596）一生處於十六世紀宗教改革時代，歷經四次宗教戰爭，深受宗教信仰之累。幼時曾受教會教育，且曾為修士，中年以後已接近政治的思想。布丹曾因主張宗教寬容而被捕入獄。二十六歲畢業於土魯斯（Toulouse）大學，一度當選全級會議中的第三階級的代表，並擔任過檢察官。他渴望安定與和平，但他參加的政治活動，實際上是破壞安定，他的言行不能一致，惟一的解釋是迫於生計，他必須在政治中求一出路。

　　布丹一生著述宏富，其最有名的著作是《國家論》六卷，1576年出版，1586年以拉丁文重寫刊行，近八百頁的鉅著。十六世紀的思想尚受中古遺產的影響，認為宇宙一切皆上帝所創造，是故人文、自然與神意三者是互相貫通的。布丹1578年出版的《法律原理》（Juris Universi Distribution），書中所討論的問題，很多與《國家論》重覆，他深受理則學家拉慕斯（Ramus）的影響，重事實而不重字面意義。布丹認為國家是多數家庭之上有主權的合法政府，（見《國家論》第一卷第一章），政府不但是國家的重要部分而且是國家。他認為國家的型式（Type of State）與統治的型式（Type of rule）有別。他以主權的歸屬，分別國家的型式，而以官吏的職位分配方式，分別統治的型式。

　　所謂統治的型式，即今人所指的政體，因此有人認為布丹是

第一個能分別國體與政體的思想家[2]。統治型式中有決定權者稱之為主權者,無決定權者稱之為官吏或地方長官。一人主政的國家,稱之為君主國,君主國的統治型式(形態)可以是貴族的,也可以是民主的,這在當時是很重要的創見。

　　主權者的命令即法律,而推動及執行法律的機構為政府,是以國家即是有主權的合法政府,主權是國家所必須有的,而且必然是國家的主權,主權的特性是絕對的,永久的(sovereignty is the absolute and perpetual power of republic),而一個共和國家就是建立在自然法則基礎上的政府,而且是一個許多家庭共同分享的一個政府[3]。(a republic is a government based on the laws of nature, and is one of several households of that which they share in common)。主權的權力(The Sovereign power)是布丹理論的核心,被進一步定義為有如立法的權力(defined as legislative power)。他說:「沒有立法權,就沒有共和政府,沒有真正的政府,也就沒有國家。」(Where there is no legislative power, there is no republica, there is no polity, there is no state)。後來這句話成為許多作者的慣用說法[4]。布丹這個定義是基於中世紀基督教的法律規則學說(the medieval Christian doctrine of the rule of law),此一學說必然高於所有的法律秩序與政府,這在法律上是一個完全創新的。不過,布丹主權論的中心是在制定法(statute law),主權者被授予制定法律,成為政體或共和國的所有重要秩序(all important for the order of the polity or Common-Wealth)。從哲學的立場,這表示法律因而很容易被理解為意志的產物(the product of the Will)(意即主

---

[2] 鄒文海遺著第15章參閱。
[3] 參閱 Statutory Law against Natural Law, Selected from "The Phylosophy of Law in Historical perspective" p.57. by Carl Goachim Friedrich 2nd ed. Chicago, the University of Chicago press, 1963.
[4] Carl G. Friedrich. Ibid.

權者的意志），也就是說此意志不僅決定，同時在許多方面取代了理性。布丹已準備使主權者擺脫法律，但不表示擺脫自然法或自然法則，主權者相當明確的隸屬於自然法或自然法則。事實上，主權者就是隸屬於上帝的永久法（subject to the eternal law of God）。但一個真正能限制主權者的更高的法是什麼？中古時期許多歸屬於教會的更高的法（a higher Law）已不復存在，因此，一個真正的實質限制主權的更高的法已不存在，然而決定最高權力行使的法律規則〔the so-called leges imperii（the rule of law）〕，特別是法律如何承襲的規則是什麼？後來的發展就是如憲法一類（as Constutional Law），那時引起爭論的是布丹使主權者服從於憲法（subjected the sovereign to the Constitution），這種論點，只有部分是真實的（only Partially true）。布丹的學說整體來說，非常確定的是若使主權者隸屬於任何種類的基本法，將會破壞主權的根本意義[5]，（a subjection of the sovereign to any kind of basic law would destroy the essential meaning of sovereignty）。因此布丹反對對主權做這樣的詮釋，他認為主權者賦予權力，可以在任何時候做任何事（Sovereignty to confer the right to be able to do anything at all times），主權者只有在違犯了神意或自然法時，才對上帝或自然負責，也就是任何事，主權者說了就算數。可見布丹所定義的法律，非常一致地如同主權者的命令一樣（Command of the Sovereign），是適用於臣民及一般事物的一般規則（a general rule applied to the subjects and to general matters）。

　　布丹一再強調法律乃主權者之命令，是主權非常本質的事（the very essence of sovereignty），他說，參議院（a senate）真正參與立法乃是主權者的伙伴（a partner in sovereignty），如此

---

[5] Carl. G. Friedrich Ibid, p.58.

安排，在布丹看來將損壞主權的本質，因為主權是不可分割的
（indivisible），但這並不表示立法機關不可以放在多數人或人民
的手中，只是主權是不能被分割（could not be divided），主權權
力也不可以被分配（could not be distributed），在國家諸多獨立的
機關中，主權沒有停止而被破壞的問題。在布丹的法律與政治
哲學裡沒有權力分立的學說（no separation of powers doctrine），
所有習慣與習慣法之有效，只是因為得到主權命令的確認，法
律與習慣皆出於最高權力者的獨斷意志（arbitrary will）。布丹
不認為法律規則不會被違反，只是如果發生這種事時，法院通
常會處理，以恢復法律，但如果法院不能做到回復法律又該如
何？這一點布丹沒有說明，因為他不希望質疑主權的萬能（the
omnipotence of the sovereign），這是他在立法範圍裡所建立的主權
萬能，也因此布丹否認真正的主權可以被任何誓言（any oaths）
所限制，主權者所接受的唯一義務是在私法的性質中所觸及的所
有權與財產，主權不僅不應該也不會違反私有財產。布丹以為，
如果欠人東西，就要償還，是自然法的原則，主權也受到自然
法關於條約（合約）必須遵守的約束（the sovereign is bound to the
observation of treaties by natural law），這時候布丹真正觸及主權者
的道德訴求（moral demands）。

　　布丹法律思想的基礎表現在制定法與自然法之間的區別，他
所說的法（jus）是指自然法，而眾多的制定法（Leges），彼此
之間是有相當的歧異。法（jus）是指好的，衡平的，不帶命令
的（the law (jus) is good and equitable without Command），但制定
法（Leges）是主權者行使命令的結果，作為實在法律必須很清
楚的和源自於道德與衡平原則的任何種類的法律區別出來，易言
之，法律（Leges）（指制定法）為主權者的命令，而道德與衡
平原則產生的法（jus），是源於自然法，含有公平正義的意思。

布丹強烈反對馬奇維里（Machiavelli）君王論（On Prince）的觀點，但他的主權論同樣是引導近代國家學說的重要一步。

　　布丹的另一個重要概念，就是法律之實現有兩種形式，也就是法院之外的和法院之內（outside the courts and that within the courts），他把許多不同的法律產生的行為結合在一起，諸如神聖的習慣（sacred Customs）（即宗教的習慣），立法（Legislation）與法院的制度（institution of Courts），甚至於法律專家的種種行動（the several kinds of action of legal Counsel）。布丹法律哲學的最後與最根本的面向，是他給法官一個很大的角色，就是作為真正法律的監督者（the custodian of true law），這是對主權職能的例外，（the exceptions to the competence of the sovereign），例如在私法下的義務，把法官和法院的行動綁在一起。

　　法官與法院在面對國家時有一定程度的自主性[6]（a degree autonomus Vis-à-vis the State）。布丹以後的時期，主權概念的發展分為兩個支流，一方面，絕對主義者（absolutists）更加有力的從所有法律裡解放了主權觀念（the liberation of sovereign from all laws），而另一方面，憲政主義者（Constitutionist）再強調每一個統治者須受自然法與國際法限制的事實，也就是將自然法與國際法看成是所有民族共同的法律（natural Law and international law as law common to all people）。

二、阿爾圖秀斯

　　十六世紀長達八十年的宗教戰爭（1568-1648），使整個歐洲大陸捲入自由戰爭的大戰場裡，西班牙人被驅逐後，自由思想

---

[6] Carl. G Friedrich Ibid, p.62.

潮流瀰漫歐陸各國，深深影響法律與政治，當時出現了許多討論法學的學者，其中最偉大的，也許就是阿爾圖秀斯（Johanne Althusius, 1557-1638）。阿爾圖秀斯是德國法學家及政治家，也是喀爾文教派的新教徒，自幼接受喀爾文教義的薰陶。早年攻讀亞里士多德哲學及羅馬法，並心儀法國哲學派拉梅（Pierre de La Ramee (Peter Ramus), 1515-1571）的學說。後來長期居留瑞士，他的思想來源主要是基督教信仰，理智及經驗，他的主要著作《正義論》（Dicaio-Lagiae Libri tres, 1617），書中討論公私法的基本原則及制度，並強調法律不過是法律概念及各種綜合法律範疇的實現，其論述可以說是開現代歐洲大陸觀念法學派之先河[7]。

阿爾圖秀斯也在德國霍奔大學（University at Herborn）教授法律，並與當時的學者保持密切連繫，也經常應邀到荷蘭市政府備諮詢或在大學裡講授法學。他在政治理論方面的論文最為現代學者所熟知，但主要還是在法律，他的羅馬法理學（Jurisprudentia Romana）出版於1588年，他在法律系統化的努力是前人所不及的。在羅馬法理學一書的序文裡，他呼籲當時卓著聲譽的法學家從早期民法的拘絆中解放出來，步入新的邏輯原理的組織[8]（to embark upon new logical principles of organization）。

阿爾圖秀斯是第一個將他所謂的「自然邏輯」「運用於法律體系的結構上，其工作得到法學家的贊許而流傳到十八世紀。但在1603年出版的政治方法論叢（Politica Methodice Digesta et Exemplis Sacris et Profavis Ilustrata, 1603）（該書於1610年再版）一書中首揭社會契約，說明文明政府所賴於建立之契約，是生活於一個有秩序的社會中人相互協議而來，政治結社的有效原因乃是

---

[7] 參閱劉鴻蔭前揭書第79頁。
[8] C. S. Carpenter "Foundation of Modern Jurisprudence", p.10

同意及參加者相互間的協定，其最後原因則是便利、幸福、與共同防衛。可見阿爾圖秀斯反對布丹的「君主至上」說，他相信選舉權是屬於團體的，同時主權是人民的屬性，而不是君主的專利品，人民經過其代表，決定一些基本的政治問題。國王不過是代人民行使權力而已，因此認為一個國王若是違背他與人民間所訂的契約，則已不是神的使者，人民可以罷免他，將他降為平民。阿爾圖秀斯進一步否認國王有制定法律的權力，政府的權力亦須由一種基本法律所限制。自然法不只約束國王，也約束人民。

　　阿爾圖秀斯的人民至上論，被十六、十七世紀的一些學者誤解為人民可弒殺暴君的理論根源，其實弒殺暴君論，並非阿爾圖秀斯學說的重要部分，這不過是法律限制君王的後果而已[9]。

三、格老秀斯

　　自從中古時期神學家聖托瑪斯阿奎那之後，「自然」一詞，在西洋的文字裡，已經作本性（本質）（essence）解釋，法學思想之根本趨勢，可以從兩個觀點加以研究，即探求人之本性或法律之本質。自然法的探討，也非走入兩者之一的思路上不可。最能領會這個問題的，就是十六世紀的自然法學家格老秀斯（Hugo Grotius, 1583-1645）。格老秀斯為荷蘭傑出法學家，他的自然法是深植於人類的基本特性所產生，也就是從什麼是人性的切要特質切入，作法理的探討。他認為自然法乃是其內容與人性相和諧的一種法律，凡是實在法能與人之常性中主要特質相和諧者就可以認為完全正當了。格老秀斯以這個定義來解決整個公道的問題。他把自然法定義為一種「理性的命令」（as a dictate

---

[9] 參閱劉鴻蔭前揭書第99頁。

of rational nature），人的若干行為由此命令所禁止，或由自然的創造者（上帝）所禁止。「自然」（nature）問題的探討，到了十六世紀的格老秀斯已完全脫離宗教神學的色彩。而所謂人性之主要特質，格老秀斯深信就是他所發現的「社會性」（appetitus societatis）。依他看來，這個社會性就是個人在社會中企求和平生活的衝動，也就是傾向於一種團體生活的衝動。此種團體生活係以理性為基礎所組成，凡與此種衝動相和諧者皆屬於自然法。格老秀斯的自然法理論遂成為理性主義自然法學派最主要的代表[10]。

格老秀斯認為自然法是建立在人性及人在社會生活中的內在需要上（natural law is based on the nature of man and his inward need of living in society）。凡是與理性和人的社會性相符合的，就是自然法的規則。格老秀斯把人性（human nature）比喻為祖母（the Grandmother），自然法是父母親（the parent），而實在法是子女（positive law the child）。人性使人迫切渴望成立社會，從而創造自然法，自然法轉而承認社會契約為有效，因而社會契約神聖化，此種社會契約乃張三李四所遵守的法律之基礎。格老秀斯認為對於契約的遵守，就是合乎自然法的行為，與此相牴觸者就是過錯，就是對他人之侵害，因此社會中有一種自然權利。這種學說既以人之通性為出發點，要證明某特定的原則是否為一種自然法，只要看那個原則是不是為一切民族所適用。格老秀斯的意思當然是著眼於羅馬的萬民法（jus gentium）。

他以此方法成就了一種完備的法律制度，他以為一國法令是否正當，係以其是否與人之通性相和諧為斷。因此，法律（自然法）原則是不應有國家之界限，因為人皆有理性，而各國各地之人，其理性相通，是所謂人同此心，心同此理，法律概念不以

---

[10] 參閱William S. Carpenter Ibid, part on III, The Theory of Natural Law。

國家為界限。蓋國家本身亦不過是特種法律的集合，以邏輯眼光來看，國家須以法律概念為前提，法律超然於國家並拘束國家，此種拘束多數國家之法律概念，乃成為現代國際法之淵源，而格老秀斯最大的貢獻也就在國際法方面。格老秀斯所說明的一個純粹世俗的自然法理論（The theory of a purely secular natural law）是建立在斯多依噶學派的學說之上，而擺脫了一切教會的權威，也就是將自然法與中古時期神學的自然法分離開來，他真正想做的是使所有法律回歸於共同理性之基礎上，這是文藝復興時期人文主義者再發現斯多依噶學派的理論後已普遍承認的看法。在這個基礎上，格老秀斯把國際法建立在一個理性拘束所有主權國家的普遍觀點上，他把這個觀念加以發揮，而成就其劃時代的巨著《戰時與平時國際法》（the Law of War and Peace），由是而開展了國家之間的主權問題，圓滿完成了盤踞在布丹與阿爾圖秀斯心中的內在秩序與國家結構問題[11]（the internal order and structure of state）。

格老秀斯出生時，荷蘭正與宗主國西班牙展開一場長達八十年的宗教戰爭（1568-1648），他目睹戰爭的殘暴恐怖，使他亟思找出一個限制戰爭殘暴的規則，於是無可避免的轉向自然法去找尋理論的基礎。

格老秀斯相信道德規則（moral rules）很容易經由理性而發現，他說只要從自明之理的命題（from self-evident proposition），藉著必要的結論，就可以如數學般的無爭論的算出是與非的尺度（measures of right and wrong might be made out），為了證明這種自明之理的自然法，他除了引證歷史及法院的判決外，更引用哲學家、詩人或演說家等名言，以證實各民族在某些固定的問題上持

---

[11] Carl G. Friedrich Ibid, p.66.

有同一想法。因此他又稱自然法乃是一個眾人均同意的制定法。他更相信人的理性可以適合社會及國際間之需要而改善社會，由於當時各國間的關係並沒有一種高於國家的權威存在，他認為為便於維繫各國間的關係，以走向共同的標準，必須尋求幾項原則，於是他發現「契約應遵守」（Pacta Sunt Servanda）在沒有國際組織的權威下，可以作為國際法之基礎。此外，基於走向和平及從國際間無政府狀態中走向國際秩序之要求，格老秀斯寫了第二部書，名之為「義戰」（Bellum jutum），在義戰這部書中，格老秀斯特別討論戰爭的正當性問題。他認為有三種類型的戰爭是屬於「義戰」（即公正的戰爭），第一、必須是為抵禦目前的或即將來臨的威脅性的侮辱。第二、為了重獲已失去的應得權利。第三、為了懲罰一種不正當的勾當。總之，格老秀斯不可磨滅的功績乃在編制國際法並給予一個堅實的自然法基礎，因此之故，格老秀斯被稱為國際法之父。

四、霍布斯

　　霍布斯（Thomas Hobbes, 1588-1679）常被英國人稱為最偉大的政治思想家，他生於清教徒革命時代，其政治思想深受清教浪潮的影響。當時英國宗教分為三派，即國教派、天主教派與清教派。英國國教為亨利八世所建立的新教，以國王為宗教領袖，天主教為舊教，仍流行於蘇格蘭；清教則為信仰宗教自由的少數派，為國教與天主教所歧視。當他1640年完成《法律原理》（The Elements of Law, natural and politic）初稿時爆發清教革命，霍布斯逃亡法國，潛心著作，1650年其《法律原理》一書殺青，正式出版兩卷，卷一論人性，卷二論政治組織（De Corpore Politico）（即《國家論》）。1649年英王查理一世被送上斷頭

台，霍布斯的《國家論》英文版出版，同年並出版其鉅著《巨靈篇》（Leviathan）（Leviathan 為聖經中之巨大海獸，隱喻為極度專制政府）。在《巨靈篇》結論中，表示人民於主權者不能保障其安全時，得效忠於能保障其安全的新主權者。查理二世於1660年復辟後霍布斯潛回英國，但未得查理二世之眷顧，一生鬱抑不得志。他的政治著作大多於流亡法國時完成[12]。

　　霍布斯為十六世紀英國自然法理論巨擘，其法學思想以人性為基礎，以人類之自然狀態與社會契約為國家與法律之根源，惟其所主張之人性與格老秀斯所主張者正好相反，霍布斯對人性之看法是他整個思想的重要基礎之一，他試圖在唯實主義與實驗心理學的基礎上建立一個理論。他假設在自然狀態裡是一切人與一切人的戰爭（in the State of nature, there is a war of every man against everyman），人在自然狀態裡是處於與其同胞戰爭之中（man in the state of nature lived at war with his fellows），人生是孤獨的（life was solitary），貧困的（poor），醜齪的（nasty），兇殘的（brutish），短促的（short）。霍布斯強調從自然的原則並根據經驗的見解，得到主權的權力。他認為其結論是建立在人類已知的自然傾向之上（the known natural inclination of mankind）。由於飽受內戰的困苦，他希望說明他的旨趣在承認國家的權力（the power of state）。他說：「人類必須為自保而逃避無政府的不幸境遇，驅使人類喜愛和平的情愫，乃是對死亡的恐懼[13]」（the passions that incline men to peace are fear of dealth）。

　　根據霍布斯的解釋，自然法乃是一種「理性的命令」昭示我們為保存生命應做及應避免的事，他在《巨靈篇》裡列舉了十

---

[12] 鄒文海遺著前揭書第六章參閱。
[13] William S. Carpenter Ibid, pp.52-72.

九條自然的法則，其較重要的三條是：第一、自然的最基本法則就是每一個人都應該努力得到和平（every man ought to endeavour to attain peace），只要他有得到和平的希望，他就應該如此做，當其不能得到和平時，他可以運用一切有利的與戰爭的方式去尋求和平（he may seek and use all helps and advantage of war）。在這項基本法則中包括尋求和平的責任及盡量採用各種方法以保護我們自己的自然權利。第二，自然的第二個法則是，如果他人也願意如此，一個人應當甘願放棄他一切的權利，以便獲致和平，保衛自己。他給別人多大的自由，也應該滿意於他人回應他這麼多的自由。第三，自然的第三個法則是人人要信守契約（that mean perform their Covenant），否則一切契約均屬無用，人又回復戰爭狀態，這條法則是公道之根源。

自然的第一法則既是在尋求和平，保存生命，避免陷於無政府的不幸境遇，而保障秩序唯一有效的方法，就是減少人的戰爭意志（to reduce the Waring Will of man）。其方法為置一個更高的意志於人的意志之上，使發生命令與服從關係，主權就是法律唯一的淵源（the sovereign was the sole source of Law）。因為自然的法則不合我們的自然情慾，故必須有某種力量的恐懼，促使自然的情慾遵守自然法則（there must be the terror of some power to Cause them to be observed）。

不過，國家的基礎乃是基於眾人的協議（the agreement of men），霍布斯強調法律之權威來自於政治組織的社會，法律是由國家所創立，不管公正或不公正，它都存在（按，這是惡法亦法論的先驅），霍布斯的法律形式論很容易用來作為絕對主義的道德防禦武器（an ethical defence of absolutism），良以霍布斯對人性的分析，實不可能產生盧梭所謂的「全意志」（general will），除非藉強力來實行，因此霍布斯的社會契約論乃是一種

屈服的契約，而不是協同一致的契約，他的目的是想以自然狀態之痛苦作對比，而為絕對主義辯護。惟他對於善惡之價值判斷，則是從相對主義出發的。他說：「善與惡只是表現我人嗜好與厭惡的名詞，各人不同的情緒、習慣、主張，自有不同的喜好與厭惡」，各人不僅對於味覺、嗅覺、聽覺、觸覺與視覺的喜好厭惡有所不同，就在日常生活的行動中對於合不合理性的判斷，亦各有歧異。不僅如此，同一個人在不同的時間，對於好壞的判斷也會有所不同，一度稱為美好的，過些時候也可能認為是醜陋可憎的，由是而引起爭端辯論，終於戰爭。既然因為不同的價值判斷，可以引起爭執而破壞和平，因此對於所謂「是與非」的共同標準的建立，實屬必要。這個共同的標準，有人說是「正確的理性」（right reason），不過通常以正確理性來決定任何爭端的人，事實上是指他自己的理性（主觀的理性）。既然正確的理性，並非實際存在，則對某一個人或某一些人的理性，應該給予地位，使這個人或這些人擁有主權的權力。國家就是這個擬人的理性（the reason of this artificial man, the commonwealth），以他的命令創立法律。換言之，法律乃主權者之命令（Law is the command of the Sovereign）[14]。

　　法律雖然是國家所創立，可是霍布斯無法否認神意與自然法的存在是對主權權力的限制，因此他機巧地將神意與自然法吸收在他的民法定義裡。他認為沒有任何規則足以具備法律性質，除非該規則是由主權者所發布（emanated from the sovereign），而民法與自然法相互包容，民法於是成為所有人民行動的共同標準，人民行動對或不對，有利或不利，道德或不道德，就根據這個標準來決定。不過，主權並不是給予個人的，而是給予國家

---

[14] W. S Carpenter Ibid.

的，由政府代表國家來決定所需要的自然法則，神意法也吸收在主權者的命令裡。霍布斯說：在國家裡自然法則的詮釋，並不是依靠道德哲學的書籍。因為作者的權威如不賦予國家的權威，並不能使其意見成為法律。所有自然法學說的領袖人物都主張一個原則，當自然法與實在法（制定法）發生衝突時，則任何可能危害既存法律權威的後果，均應予排除。換言之，在自然法下，人民沒有反抗實在法的權利，最多只能有一個有限度的反抗權利，否則即會導致無政府的紛亂結果，破壞了和平，威脅國家的生存。因此，根據霍布斯的說法，國家之內無人有權違背自然法則所課予之義務而反抗這個強制的權力，也就是說，依據自然法而建立的政府權力，在本質上是絕對的，不受限制的。這些主權的權力，總合起來，就是在平時與戰時絕對的使用武力，制定與廢止法律，在一切涉及司法爭訟與爭議案件中的最高司法機構，一切地方官吏與中央部會首長的指派等權力，使主權成為國家中至高無上的絕對權力，而主權是不可分割的（individible）。主權權力如此強大而無限制，萬一發生錯誤而對老百姓造成傷害時將如何？依照霍布斯的說法，實在法絕不會違反理性，亦即絕不會違反自然法則。他說，自然法則與民法（實在法）互為表裡，不分軒輊，自然法在舉世各國裡皆為民法部分，而民法亦是自然命令之一部分（the Civil Law is a part of the dictates of nature），遵守民法即遵守自然法則的一部分。霍布斯說他所謂實在法絕不會違反理性，絕不是指任何私人的理性，（it is not meant of any private reason）而是指國家的理性（it is reason of the State, the Commonwealth），因為國家這個擬人的理性，以其命令創制法律，在代表意義上，只是一個人（國王），因而依理性制定法律不易產生矛盾，當其（法律）發生矛盾時，國家以相同的理性，仍可以經由解釋或變更的方式，予以化解。這就是霍布斯所謂的

「國王不會為非」（King can do no wrong）之政理，而這個政理從英國十八世紀以後實際政治的發展，得到法理的圓滿。

　　1688年英國光榮革命的結果，雖對主權者加以承認，而賦予「英王在巴力門（國會）」的形式（King in Parliament）作為英國主權之所在，惟具體的說，英國的主權權力歸屬於政府機關，依確認的規則（recognized rules）而運作。史都亞王朝（The Stuarts）所賤行的英王個人的統治，被立憲的君主所取代。換言之，英國的主權者已非屬於英王個人的絕對主權權力，巴力門至上（the Supremacy of Parliament）於是昭告天下，但巴力門至上並非意味著政府是專橫的（arbitrary），雖然半世紀以後憲政發展，以英王或女王在國會（King in Parliament or Queen in parliament）的主權形式，似乎使英國國會制定法律的權力不受限制，這一點是霍布斯未能認識到的。雖然國會制定法律的權力不受限制，但主權可能在其他方式下受到限制，政府充其量只是人民權力的代理而已，這是洛克（John Locke）對霍布斯的主權概念提出的挑戰。

五、普芬道夫

　　普芬道夫（Samuel Von Pufendorf, 1632-1694）是德國的國際法專家和法理學家，他的學說對德國影響頗大。普芬道夫1656年接觸笛卡兒（Descartes René, 1596-1650）的治學方法，同時研究格老秀斯（Grotius）和霍布斯的著作，1658年在駐哥本哈根的瑞典大使家任家庭教師，此時瑞典與丹麥爆發戰爭，他捕入獄，監禁八個月，於此期間，致力於自然法的研究。1660年發表「法學知識要義」（Elementa Jurisprudentiae Universalis, 1660）兩卷，闡揚格老秀斯和霍布斯的思想，1668年受聘到瑞典隆德大學講授

自然法，1672年發表關於自然法和國際法的巨著《自然法與族類法》（De juse Naturae et Gentium ex Conmuni Sensu deducta, 1672）共八卷，拋棄中世紀神學家的傳統偏見，將其學說建立在作為社會生物之人的存在上。普芬道夫和格老秀斯一樣，認為人的合群性（socialitas）是社會及一切法律的基礎。但他以為人性的特質就是脆弱的感情（imbecillitas），他雖然承認人有追求社會生活的本性，但人永遠帶有惡意（malicious），急躁而易於激怒（petulant and easily irritated），會輕易而有力的傷害別人（as well as quick and powerful to do injury）。大多數人並不是以理性來指導生活，而是以衝動來指導生活的。因為人具有頑劣之特性與損害他人之傾向，故最有效的限制方法，莫過於當他侵犯他人時，給他一個立即的災禍，以為當頭棒喝，使他不存在有任何免於懲罰的念頭，由是依人的本性來看，勢必導致國家的建立，亦即實在法的建立。普芬道夫強調，「沒有比透過審慎考慮人的本質，條件與慾望更能適切而直接的瞭解自然的法則[15]」（There is no more fitting and direct way to learn the law of nature than throughout careful consideration of the nature, condition and desire of man himself）。

普芬道夫又說：假如理性的命令即是自然法的原則（如霍布斯所主張者），則在任何情況下，必須承認自然法的義務即是上帝的義務（The obligation of natural law is of God），我們才能假設從自然推演而來的法律是一種永恆不變的法律，而與實在法律成為一個對比。後者是由人所創立，僅僅是一種暫時可變的秩序（命令），由自然所建立的權利才是人與生俱來的神聖權利，是一種神意的本質深植於人心，此種權利非實在法所建立，亦非實

---

[15] William S. Carpenter Ibid.

在法所能廢除[16]。

　　普芬道夫對人性的觀察，認為人是合群的動物，但事實上又不合群（Animal Sociabile, non-sociable），他和霍布斯一樣，認為人的行為價值不是建立在行為內容的性質上，而是源自於人或神的規範上。至於對自然法的看法，普芬道夫與霍布斯又有不同，霍布斯認為人對自然法的解釋各有不同，難脫主觀與道德的模稜兩可心理；普芬道夫則強調人的理性本身是正確的，只要認真探求人的本質，就可以清楚認清事物的真相，認清何者合乎道德[17]。

　　普芬道夫認為自然法的最高原則是「每一個人應盡其所能與他人促進維護彼此間的合群性，每一個人必須利用各種方法來達到這種目的，凡是維護這種合群性的，就由自然法予以協助。反之，如破壞這種合群性的，必予禁止」。依此規則，普芬道夫進一步推演出幾項自然法的任務：①不可損害他人包括身體、生命、肢體的完整及自由，若損害他人權益，必須賠償。凡是自行報復的人，是破壞和平，應被斥於社會之外。②每一個人應尊重別人，並恰如其分的對待他人。③每一個人應盡量協助他人，使人人彼此保持善意。④每一個人應善盡自己所接受的責任，（例如遵守制定法的規定，遵守契約的約定）。

　　除了對他人的責任外，普芬道夫還列舉一些對神的責任，即自然宗教的原則。他在自然法中包括了國民生活的全部私法，諸如債權法、親屬法、繼承法、契約法等。不過普芬道夫一方面推崇自然法，另一方面又認為自然法不能徹底實施。為了維護人生的美滿，單靠自然法是不夠的。因此又強調必須有一個統制能力

---

[16] William S. Carpenter Ibid.
[17] 參閱劉鴻蔭前揭書第121頁。

（Imperium）來確保和平，亦即要有一個國家組織來決定何者為合法，何者不合法，以及公民自由要受何種程度的約束。國家成立後，自然法退居幕後，一國之內由制定法約束人民的行為，國家必須有一種權力，負責制定法律，使人民遵守自然法，而人民之所以必須遵守制定法，是基於自然法中的「契約必須信守」的基本原則[18]。

　　普芬道夫被認為是十七世紀德國自然法運動的鼻祖，他的著作對歐洲法學思想影響甚大，特別是在私法方面，其自然法理論的影響，甚至遠及北美洲，而促進美國的人權宣言。

貳、十八世紀的自然法理論

一、洛克

　　十八世紀的自然權利理論與先前討論的自然法理論有所不同，其理論建構者為英國哲學家洛克（John Locke, 1632-1704），洛克的父親是一個鄉村律師，同時也是小地主，曾在英國內戰時加入國會的軍隊（the parliament army）。洛克年青時學習科學、哲學與醫學，一生雖未成為律師，可是他的社會契約論（Social Contract）具有英國普通法的印記，他的主要著作《文明政府兩論》（Two Treaties of Civil Government）（簡稱政府論）

---

[18] 參閱劉鴻蔭前揭書第121頁。

共分上下兩篇，上篇主要在駁斥費爾墨（Sir Robert Filmer）的《君父論》（Patriacha），費爾墨主張君權神授說（Theory of the divine right of King），費爾墨在《君父論》中高唱「人就其本性而論，並不是自由的」（men are not naturally free），文明政府兩論的下篇，則在闡述洛克自己的政治法律思想，強調「人在自然狀態中是平等、自由、獨立的」（men are by nature, all free, equal and independent）。洛克和霍布斯一樣，強調自然狀態的不完美（The imperfections of the state of nature），亦即初民在自然狀態裡缺乏既定的法律（a want of established law），缺乏一個公正無私的法官（a want of an impartial judge），以及執行規則的權力（of power to enforce rules）。故無論何人，當他脫離自然狀態而聯結成立一個社會時，必須瞭解，放棄一切權力並把它交給社會中大多數人，乃是聯合組成社會之目的所必要的，為了同意組成一個政治社會，則由自然狀態進入文明社會，而組成一個國家的個人之間，必須締結契約。因此任何政治社會的形成，無非是由於多數自由人的同意聯結而成，這就是唯一能產生任何合法政府的開端。他又說：「如前」所述，人皆生而自由、平等與獨立，未得其同意，無人能剝奪此種條件而屈服於另一政治權力。

洛克的目標在合理化一個政府的建立（to justify the establishment of a government），他細說政府成立之目的，以及政府權力之限制。他的論證有三點：（一）人原處於自然狀態（Man was originally in a state of nature）屬於前政治社會（a pre-political society），（二）該社會（前政治社會）之成員（the members of this society）加入一個社會契約，由此契約建立起政府（entered into a social contract by which they established a government），（三）這個政府的權力被社會契約的條件所

限制，該契約由兩個先前的階段所涵蓋[19]（The powers of this government are limited by the terms of social contract which are implied from preceding steps）。

　　在自然狀態中，所有人皆平等，沒有誰比他的同胞有更大的權力或管轄權（men are equal in that no one has more power or jurisdiction than his fellow man），然而每一個人的自由是由自然法則所管理，自然法則告訴我們，沒有人可以傷害他人的生命、健康、自由或所擁有的東西。每一個人首先一定要為自保而服從契約，同時要儘可能維護他人。洛克提出幾個重要的假設：（一）人之本性是善良的（that man's nature is basically good），（二）人需要生活在社會關係裡（that man has to live in social relationship），（三）初民社會可能或至少是一個相當良好社會（that a pre-political society would be at least might be a fairly good kind of society），洛克相信這樣一個社會已經在歷史上存在。他提到在黃金時代（the Golden Age）有田園之樂的社會，人僅有的財產就是他的勞動（a man's only property was his labor），洛克把自然狀態看成是一個虛擬的假設（a fictitious assumption），但非完全悖離事實（not wholly contrary to fact），只是用來回答人生活在政治社會問題的便宜行事。在自然狀態中每一個人可以有權利執行自然法則，去懲罰犯錯者，這是為了禁止他人犯錯以及從那裡得到補償。但這個自然權利無論如何違反了一個基本原則，那就是沒有人既是當事人，又是法官。在自然狀態中一個人享受自然權利與財產權的保護是不可靠的，因此為了有一個公正的執行官吏，有必要建立一個公民的社會（a civil society），建立這樣一個社會的方法，就

---

[19] Natural Rights and the social contract, selected from Edwin W. Patterson, "Jurisprudence: Men and Ideas of the Law." p.358.

是在社會的成人或成員間成立一個社會契約。於此，每一個人同意將達到目的的必要權力交給多數人，由此結合為一個公民社會。一個成年人會受他的承諾限制，這些承諾是由自然的法則所拘束，但不能拘束他的小孩。洛克說一個小孩生下來既不是國家也不是政府的屬民，但任何人都擁有或享受任何政府的福利，只是在享受利益期間有義務遵守政府的法律。

眾人之所以聯合起來的主要目的，就是為保護他們的所有權，洛克用所有權（property）這個名詞，包括他們的生命、自由和不動產。在原始的自然狀態下，人是不安全的，因為缺乏一個既定的法律制度，缺乏一個公正的法官，缺乏一個足以行使並執行判決的權力。因此，由社會契約所建立的政府，有權力也有義務，依既定的法律，由正直的法官去管理，而且只能在執行此種法律時，為了避免外國敵人的損害或為求得補償的情形下，才能使用武力。所有這一切所引導的目的無他，唯人民的和平、安全與公共利益是賴[20]。

根據洛克對自然法的見解，國家的權力必須是有限制的（the power of the state is necessarily limited），絕對君主是違反自然的。他說：很明顯的，絕對君主專制，在此制度下，某些人被認為是世間唯一的政府，事實上與文明社會是不相契合的，有絕對君主專制，即無任何形式的文明政府，與自然法則相符合的唯一政體，就是民主政治（democracy），此即一個權力來自人民的政府（that is a government whose power is derived from the people）。洛克和霍布斯一樣承認自然狀態的存在，不過他對人性的觀點沒有霍布斯那樣消極。他同意霍布斯說的，國家的組織是必不可缺的，惟最大的差別是霍布斯的目的是想以自然狀態人與人戰爭

---

[20] Edwin. W. Patterson Ibid, p.360.

之恐怖與痛苦來為國家主權的無限權力作辯護；而洛克的目的是想證明政府必須也必然受限制，自由對主權的讓渡不是絕對的，而是有條件的。國家的權力絕不可以超過一個國家（政治社會）共同利益所需要之程度。因此，洛克的主張是「政府乃為人民利益之付託」（that government is a trust for the benefit of men），當政府建立之後違反社會契約所賦與的信託時，則人民有權反叛（the people have a right to revolt），使回到初民時期的自然狀態，再由一個新的社會契約來建立一個新政府（to establish a new government by a new contract），此時再一次以新的形式推翻自然狀態。惟革命的權利（the right of revolution）只能當做最後的手段（as last resort）來行使，然而誰有權來決定何時以及如何行使革命的權利？洛克很清楚的說，只有多數人民才可以行使，否則革命可能只是一種叛亂。由此可見洛克的自然法理論，只是一種政治的權利，而不是法律權利。他的政治理論並不依賴宗教的教派或神學的學說，他所賴以建立的政治理論毋寧是以當代英國法律的傳統例規（traditional Convention）作為社會契約的結構，以及他從自然狀態所發展出來的經濟理論。

洛克的政治理論給兩個主要的革命提供了意理的辯護（an ideological justification for two major revolutions），其一為英國1688年的光榮革命和1776年的美國獨立革命，至於1789年的法國大革命只算部分影響。洛克的理論同時也提供十九世紀經濟自由主義的政治架構（the political framework），政府是一個公民社會（Government was a civil society），由於被治者的同意而建立（Created by the consent of the governed），在法律之下提供自由，從自然狀態必然的不方便中保護人民（to protect men from the necessary inconveniences of the state of nature）。洛克的社群或社會存在的概念即使是虛擬的，但從自然的本質推論出每一個國家的

最高權力，並不是也不可能是絕對專橫的支配人民的生命和幸福的權力，政府權力受到限制，確實是洛克政治理論的一大貢獻。洛克的自然權利觀念領導了此後英國人的思想，使英國能從英王統治的外貌逐漸變成民主實質，如果洛克仍像霍布斯那樣提倡國家主權絕對說，那英國的歷史可能也要為之變質，我人絕不可忽視洛克對歷史所作的貢獻[21]。

二、盧梭

十六世紀以降，歐洲自由思想發達，一般自然法學者莫不受個人主義影響而孕育出自由主義的自然法學說，到了十八世紀則是自然法理論的鼎盛時期。在國家觀念與法律觀念方面，多受格老秀斯與霍布斯之契約說影響。在此漫長時間裡，歐洲各國法學思想因受個人主義之薰染，大都趨向於擁護個人自由主義之民主政治。繼普芬道夫、洛克、孟德斯鳩（Montesquieu, 1689-1755）之後，盧梭（Jean Jacques Rousseau, 1712-1778）之中心思想亦以自由主義出發，主張天賦人權，主權在民。盧氏以人類之權利原係天賦，與生俱來，只因善良之本質泯滅，以致墮落。於是一方面為確保自己權利之安全；另方面亦同情他人之痛苦，乃共同締約，互相讓渡自己之自由權利，而構成共同團體，依社會契約而構成國家，人人由初民社會之自然狀態進入成為國家之文明狀態，社會契約於是成為國家與法律之基礎。

盧梭出生於瑞士日內瓦，早年喪母，父親（Isaac Rousseau）為一名鐘錶匠（Watchmaker），經常離鄉背井以謀生計。因此，盧梭幼年由其舅父撫養，自小過流浪生活，未受正式教育，亦

---

[21] 鄒文海遺著前揭書第342-343頁。

無一定工作，直到1750年參加狄戎學院（Académie de Dijon）徵文，以〈論藝術與科學〉（Discourse on the Arts and Sciences）一文獲首獎，1755年的第二篇論文〈論人類不平等之由來〉（On the Origin and Basis of Inequality Among Men），雖未獲獎，其思想體系已備。而最能代表盧梭之思想者，為其第四部著作，《社會契約》（Le Contrat Social, 1762）又稱《民約論》（Le Contrat Civil），其後又完成《科西嘉憲法草案》及《波蘭憲法草案》。

　　十八世紀是理性的樂觀主義時代，有人認為法國大革命（1789）係根據盧梭的理性思想而來，故而稱盧梭為理性的女神，其實盧梭雖有理想的色彩，但其思想本質是感情的，是浪漫的。因無正規教育基礎，故很容易走上浪漫主義（Romanticism）之路，其論述多憑直覺與感情，而非經過理性及邏輯思考。其文字表露自然而優美，又帶濃濃的感情，其理論卻常自相矛盾而不合邏輯。他認為科學、文化乃至一切制度，都是人的造作，只有率性而行才是真性情。修養乃文飾其性情，亦是虛偽之造作。他說在自然社會中充滿仁愛精神，人在自然社會中有絕對的平等與自由，不受任何約束。人本生活於樂園之中，後因人之墮落而遠離樂園。而人之所以墮落，起因於不平等，不平等係由文化所造成，包括政府及一切制度。一個人佔有土地之後，為私產制度形成之時，不平等亦由此而起。人有了財產就想要更多的財產，爭鬥於是發生，隨而法律生焉。他有一句很動人的名言，「人生而平等，而處處在鎖鏈之中」（Man is born free, and everywhere he is in chains），這句話成為法國大革命時期的口頭禪，並因此而燃起反抗暴政與迫害的火焰[22]。

---

[22] 鄒文海前揭書第18章參閱。

盧梭社約論的中心論點，即國家之強迫人民自由（forced to be free）。他的契約論認為在訂約之時，個人有絕對的自由，有了契約之後，立刻變為國家有絕對的主權，個人即喪失其絕對之自由。在訂約之時，個人放棄其一切自然權利，摒除以往一切的自然憑藉，如門第、血統、經濟、地位等，每個人都是赤裸的進入國家之中，於是由自然的不平等，進而為法律前的平等，而國家中應有一個至高無上的主權。此主權即政府與國家接受人人所讓與的一切自然權利之總和，這個自然權利之總和，便是以後國家之主權。主權絕不能交給某人，就主權來說，在國家之中，由主權者決定一切。盧梭的主權定義較之霍布斯之說尤為絕對。他又主張由國家設立教會，強迫人民接受國民宗教，否則予以警告，甚至可驅逐出境，或處以死刑。這些主張都極其專制而陳腐。盧梭整個社約論的迷思在其所謂的「全意志」（General Will），他說人民在全意志下，服從主權，而不妨礙個人本身的自由及尊嚴。全意志就是全體人民交出的力量給予國家，全意志就是主權，人人必須服從全意志，否則就會生活在無政府狀態中。他把意志分為三種：一為私意志（即個別意志）（particular will），二為眾意志（will of all），三為全意志（general will）。全意志並非私意志的總合，也不等於眾意志，眾意志只是多數人的意志，只為個人利益著想，這也是國家與社會發生衝突的原因。在自然狀態社會中，常有這種現象。盧梭假定「全意志」永遠是對的，永遠導向社會中人的共同利益。他對全意志寄予很高的期望，因此開出嚴格的條件，祇有全意志能使人人受束縛而不失去自由。如何能服從而不失去自由，盧梭的解答是全意志為國家主權，全意志不會錯，人人可以被全意志強迫而得到自由。國家是全意志的代表，政府則根據全意志的命令行事，主權之作用在於全體人民表示一致的意見即為全意志，可是全體人民如果是在自

由意志下往往各有自己的看法，如何能表示全體一致的意見，若謂全體人民從公的立場考慮的，就是全意志。但每一個人對問題的看法常常是主觀的，誰能決定誰的意志是為公的，誰的意見不是為公，其標準為何？可見，全意志永遠是一個無法實現，不能解決的主觀問題。全意志是盧梭主權論最偉大的發明，卻也是最大的困難所在，是政治哲學上千古無解的迷思（myth）。

參、唯心主義的自然法理論

唯心主義（Idealism）在十八世紀的興起，主要是對個人主義的攻擊，唯心主義的思想以歷史事實為依據，唯心主義者相信一切現象都是精神意志的外在表現，歷史乃理性得以充分發展的過程。唯心主義不僅盛行於德國，並影響及整個歐洲。十八世紀末期的德國，其政治之專制與經濟之貧困遠勝於法國，何以大革命爆發於法國，而不曾蔓延德意志，主要原因是德國農民是分散而各不相識，既無組織，也無革命理想，更無革命領袖，但法國大革命（1789）畢竟也對德國產生影響，引起德國思想上的覺醒。由於法國大革命的刺激，德國人的思想逐漸復甦，傑出人才輩出，哲學家如康德、費希特（Johann Gottlieb Fichte, 1732-1814）、黑格爾（Hegal, 1770-1831）等人的成就，締造了德國思想上的黃金時代。唯心主義者視自由為最可貴，其價值甚至超過生命及財產，其中最重要的思想家康德（Immanul Kant, 1724-1804），早年是盧梭的崇拜者，其道德及政治哲學都是繼承盧梭

的思想[23]。

康德為批判哲學的鼻祖，對於一切理論觀點，特別是一向獨斷的形而上學，採取批判，而建立新的合理的系統，為西洋哲學開創新紀元。他的法律哲學則跨越自然法與現代法律哲學之間，其主要的法律哲學，散見於三部著作之中，即（一）純粹理性批判（Kritik der rienen Vernunft, 1781），（二）實踐理性批評（Kritik der Praktischen Vernunft, 1780），和（三）道德形而上學大綱（Grundlegung Zur Metaphysok der Sitten, 1785）。1797年又出版一篇短文（Short Treaties on the philosophy of Law）討論法律哲學，名曰〈道德形而上學〉（The Metaplysics of Morals），此時康德思想之成熟及其在實踐理性領域的努力，已屬登峰造極。他把法律秩序的附屬原則（subordinate principles of the legal order）注入不可變易的絕對裡（inflexible absolutes），而認為法律是道德的理想，其目的在引導社會生活走入道德及自由的世界。道德行為不是由於其他目的而發生，而是為自身責任的緣故。道德命令是絕對的，刑法（the penal law）是一種絕對的命令（a Categorical Imperative）所施加的處罰。康德哲學中的絕對命令是指良心至上的道德律，因此違反刑事法律者，不能以任何狡猾的飾詞逃避制裁。比起早期充滿理想主義的色彩，康德晚年的思想顯得更堅定不移。他的法律思想基本上有三項主張[24]：

一、道德義務與法律義務之區別

道德義務（moral duties）與法律義務（legal duties）兩

---

[23] 鄒文海遺著前揭書第20章參閱。
[24] Kant's philosophy of Law. E. W. Patterson Ibid, pp.384-388.

者皆指明什麼是客觀上必要的行動（what action is objectively necessary），但兩者在影響人類服從意志方面的動機，有所不同（they differ with respect to the motive which influences the human will to conformity）。立法（legislation）所創造的服從動機是倫理的（ethical），其制裁的動機則是司法的（juridical），而人之履行沒有法律強制力的承諾（legal unenforceable promise）是屬於倫理上的行為（acts ethically）。如果一個人只是為了避免懲罰或畏懼某種法律的制裁才遵守法律義務；那不是一種道德的義務（not a duty of virtue）。倫理有賴於理性與良心的內在動機（internal motivation of reason and conscience），倫理義務則不能有外在的立法約束。但康德從不主張由倫理提供政治上優於法律規範的一些規範。他認為無論什麼規範，凡在司法審判上與外在的法律相符合者，就是公正的，否則就是不公正。另一方面，法律規範可能課予的義務而為個人的理性所接受，則個人之服從法律規範，同時也履行了倫理與法律義務[25]。

康德倫理義務的概念，使他將非故意的犯規（unintentional transgression）（例如疏忽（negligence）看做是單純的過失（as mere fault），而犯罪行為（crime）才是故意的違反義務（intentional violation of a duty），這種犯罪的概念（Conception of Crime）已為二十世紀的法官與作家所信守。從而所得到的結論是「故意的錯誤行為」（intentional wrongdoing）必須寫入每一個處罰的制定法裡。這個觀念即是現代罪行法定主義所奉行的原則。但如此一來，許多造成社會傷害的經濟性行為並非出於故意或錯誤，又將如何執行必要的預防？康德沒有說明，不過，現代各國的立法例，尤其在行政法上，多已採取無過失主義，課予行

---

[25] E. W. Patterson Ibid, p.385.

為者的責任，似可解決康德所留下的概念上的漏洞。

二、法律的角色在保護道德的自由

　　既然法律只是個人與他人之間的外部關係相關連，以一切具體的行為為原則。如果能稱為合乎道德的，必須具有法律的普遍原則（the universal principle of all law），康德認為每一個有理性存在體的意志都是法律的淵源，同時也具有約束性，這就是意志自由的原則。說道德意志是自由的，就是說，自己制定自己應遵守的法律，因此我們可以說道德是基於理性的。法律的任務是為維護個人的自由，依照法律的普遍原則與他人自由和平共存，凡是妨害自由的行為必須予以約束。康德將人之所有一切與生俱來的權利歸納為自由，也就是「脫離他人約束的自主」，這就是每一個人最基本的權利[26]。

　　法律是全部的條件，於此條件下，任何一個人的自願行為（voluntary actions of any one person）與他人的自願行為可以相和諧者，就是符合自由的普遍法則（a universal law of freedom）。康德承認法律被賦予行使對個人的強制，而任何對個人的強制就是一種干涉個人的自由，那是干涉他人在物理世界的自由（freedom in the physical world），康德稱為這是一種達到自由的障礙（a hindrance to freedom），只有在避免對他人的自由造成某種障礙之必要時，干涉才有其正當性，是以所有法律都是一個對自由障礙的障礙（all law is a hindrance of a hindrance of freedom）。不過，康德認為自由是法律最後必須保護的目標，也就是意志自由（freedom of will），這就是實踐理性（the practical reason），是每

---

[26] 劉鴻蔭前揭書第134頁。

一個道德選擇的可能性（the possibility of moral choice）在感官世界的神秘結果[27]（mysteriously consequences in the sensible world）。康德的自由概念，事實上不需要任何物質的內涵。他說當一個人身陷污穢的地牢又遭逢飢餓時，他的善意仍然可行使道德自由。

三、個人在私法裡的意志

當康德要把他的普遍原則適用於私法時，他堅持意志的內容（the content of will）不應被考慮，例如一個商人是否從交易中獲利，不須加以考慮，而只考慮交易的形式，包括意志的相互行為（mutual acts of the will）。舉例言之，一個契約的法律效力（the legal validity of a contract）建立在行為或承諾的交換上，即使在現在也不是建立在它對締約的一方或另一方獲利的基礎上。康德的契約概念強調意志的聯合（a union of wills），也就是合意的基礎。此合意的行為必須經常是即時發生（must occur in an instant of time），要約的一方（the offer）與接受的一方（acceptance）必須綁在一起，合意的契約概念變成美國契約法的主觀理論（the subjective theory of American Contract law），也就是說「一個契約是心靈的交會」（a meeting of minds）。康德把契約看成是一個人財產的讓渡（alienations of one's property），即使有提供相對的勞務，在一定意義上還是一個人財產的轉移，為了合理化這個要約的觀點，一方必須找到承諾一方的同意，這是一種意志的行為，是理性與慾望的精神催化劑。康德的財產權概念乃是人在自然狀態裡，有自己的財產，但其所有權是暫時的（provisory），無保障的（insecure），直到進入政治社會才能保障個人的財產。

---

[27] E. W. Patterson Ibid, p.387.

因此康德說人的義務就是離開自然狀態而進入政治國家（the political state）。但當一個人考慮到國際法時，又發現世界各國仍生活在一個自然狀態裡，國家外在的財產（the external property of states）只是暫時的（provisional），一旦發生戰爭，財產可能被奪走。因此所有國家的義務（the duty of all nations），就是通過國家進入一個普遍聯合的國家，才能變成一個和平的國家[28]。

肆、新康德學派的自然法理論

十九世紀大部分歐洲哲學家借用康德的法律概念與法律行為概念，由傑出的德國法學家薩維尼（Savigny）接手，發揚康德主義。二十世紀開始一群相當重要的歐洲法律哲學家承襲許多康德的基本觀念，但也反對康德的一些見解，從黑格爾（Hegel），耶林（Jhering）和其他法學家那裡加入一些觀念，他們被稱為新康德學派（Neo-Kantians），其中四位最重要的法學家就是史丹姆勒（Rudolph Stammler）、凱爾遜（Hans Kelsen）、拉斯克（Emil Lask）和拉德布魯赫（Gustav Radbruch），他們每一個人都倚重康德的知識論，而反對一個先前發現的普遍有效的自然法（a pre-existing discoverable universally valid natural law），凱爾遜獨採康德倫理的基本概念（Kant's basic conception），凱爾遜純粹法學的基本規範概念（conception of basic norm）就是正宗的康德學派的論據。康德早已發展出認知的先驗原則

---

[28] E. W. Patterson Ibid, p.389.

（transcendental principles of cognition）。基本規範超越所有實在法律規範（transcends all positive legal norms），就如同認知原則（the Principles of Cognition）超越一切經驗的法律（all empirical laws）。但無論如何，凱爾遜的理論並沒有告訴法律工作者或法官什麼是創造新法律所必須針對的，他的理論顯然欠缺法律的價值觀。

史丹姆勒（Rudolph Stammler, 1856-1938）在海爾（Halle）、柏林（Berlin）和其他德國大學擔任法學教授，直到今日，他的社會公道理想（ideal of social justice），公正法律原則（principles of just law）以及內容可變的自然法概念（conception of a natural law with changing content），仍然為人稱頌推崇。史丹姆勒的第一本著作就在駁斥馬克斯的唯物論（Marxist Materialism），指出經濟的唯物主義（economic materialism）並不能決定法律的內容，這個觀點對德國社會民主黨（German Social Democratic Party）有深遠影響，使該黨從革命政黨轉變為一個改革的政黨。在美國方面，史丹姆勒的觀念也影響柯亨（Morris R. Cohen）、卡多索（Benjamin N. Cardozo）、龐德（Roscoe Pound）和其他法律哲學家，進步黨的社會公道概念（the conception of social justice of the progressive party, 1912-1916）以及羅斯福總統的「新政」（The New Deal）也都反映了類似史丹姆勒的理想[29]。

史丹姆勒接受康德的倫理概念，作為行為者行為時的意圖，他的法律概念如同外部行為的規制（a regulation of external conduct）。同時也接受實在法作為規範體（a body of norms），由主權與不可侵犯性來表述，倫理或任何感情或公道概念都不能高於實在法律。既然法律規章（legal regulation）是社會活動的決

---

[29] Neo-Kantians: Stammler, Selected from E. W. Patterson "Jurisprudence: Men and Ideas of The Law." pp.389-395.

定形式（the determing form of social activity），則法律理論不同於法律技術（legal technique），必須考慮每一個特定的法律規則乃是達成目的的手段。為了這個目的，就必須尋求發現一個公正法律的普遍方法（a universal method），所有法律都應企圖成為公正的法律，因為即使獨裁暴君也會假裝是施予公道。史丹姆勒說，公正的法律不是倫理的主張（just law is not an ethical doctrine），而是個人所立下並實現法律的德性（the virtue of person who lays down and carries out the law），公道觀念用在確定規範的客觀內容上，即是公正的法律。現在法律需要倫理的支持（the support of ethics），因為法律經最後分析，就是一種驅動公道的努力（an endeavor to compel justice），因而必須接受有助於淨化不公正意志的規律（discipline which seeks to purify the will of injustice），但倫理永遠不能取代法律。史丹姆勒說：法律是必要的優先（Law is necessary a priori），且無可避免的隱含著合作的觀念，而合作是我們討論的主要標的（the main object of entire discussion），人民透過合作為生存奮鬥，過著比在孤立中更好的生活，而加入社會就是對自己利益最好的安排。在這裡史丹姆勒談到了公正法律乃是設計來統一個人的目的，使與社會最後目的一致的調整方法。這個最終目的，不是幸福快樂（not happiness）也不最大多數人的最大利益（not the greatest good of the greatest number），更不是個人的完美。蓋幸福快樂、利益、完美都是經驗的、主觀的（empirical and subjective），因此也是較為低層的（inferior）。社會法律最終的理想乃是個人意志的自由（freedom of the will of the individual）。社會的理想（the social ideal），也就是一個人能自由表達意願的社會（a community of men willing freely），這個理想包含許多個人結合在法律之下的一切可能目的。

　　史丹姆勒強調社會理想本身並不是一個法律的命題，但需要

公正的法律原則來補充，因此史丹姆勒發展出四個原則，其中兩個是「尊重的原則」（the principles of respect），另兩個是「參與的原則」（the principles of participation）。尊重的原則就是使法律社會的個人成員，決定自己自由的意志（the individual member of a legal community to determine his own volition in freedom），以符合公道[30]。

公道的原則是：①個人意志的內容，絕不屈服於他人蠻橫的慾望。②每一個法律需求必須維持一種態度，認為受拘束的人，可能就是他的鄰人（the obliged may be his own neighbor）。第一個原則實際上表示每一個人干涉他人追求自身利益所選擇的方法，必須表明所以如此做的理由（show a reason for so doing），因為個人的自由，即使是自私的自由（selfish freedom），只要與公正的法律有關，其本身自私的自由即是目的。例如亞當史密斯的經濟理論（Adam Smith's economic theory）即是為他人之目的，繁榮或幸福之自由。因為商人貿遷有無，賣東西給需要的人，固係為了自私的目的（賺錢），但也因此使需要貨物的人，得到幸福，並促進繁榮，這正是「各因其私，乃全其公」的自私的自由。史丹姆勒的自由，對他而言，即是最終的目的。這個觀念在龐德（Roscoe Pound）的社會利益理論得到淋漓盡致的發揮。

史丹姆勒的第二個原則，帶進了一個奇特的觀念，就是鄰居人的觀念，這在他參與的原則裡是基本的。其一，一個人處於一個法律義務之下，絕不可以蠻橫地被擯斥於一個法律社會之外。其二，每一個法律賦予處置的權力，可能是排他的，有處置權力的人，在某一方面來說，意識到被擯斥之人可能是他的鄰居人。這個原則是在尋求一個社會的合作觀念（seek to express the idea of

---

[30] E. W. Patterson Ibid.

Co-operation），這裡暗示一個觀念，就是個人必須部份承擔他人的負擔。如此則每一個人承擔了一個社會的法律義務，而取得了參與社會的權利。這個權利也限制了他的義務，處置他人的權利（the dispositive rights of others）（例如契約與財產的權利）必須承認這些被擯斥者的權利（recognize the right of those excluded），其意為法律社會的一份子不可以被留下來單獨進行生存的鬥爭。

史丹姆勒參與的觀念，似包括諸如最低工資的法律（a minimum wage Law）和為那些有工作能力者失業保險（unemployment insurance）。但顯然在史丹姆勒的公正法律的原則裡，並不包括慈善與救濟事業的任何計劃[31]。史丹姆勒所謂一個人應該愛他自己的鄰居，並不意味一個人應該愛所有的人類，也不是說一個人對每一個人都負有同等的義務（one owes equal obligation to everyone），他的鄰居關係的概念，擴大到法律關係的範圍，就是權利與義務超越早期法律面對面的行為（beyond the face-to-face conduct of early law），而擴大到一個人的行為與他人的損害之間的因果關係圈子（to broader circles of causal relation between one man's conduct and another's harm）。史丹姆勒的社會理想意志（social idealism will），對於法律哲學有長遠的貢獻，因為它強調價值（values），特別是人類個人內在的價值（the intrinsic worth），此對西方與東方文明都具有共同的意義。他的堅持只是一個抽象的方法，決定公正的法律可以設計出來。雖然沒有任何法律其具體內容可以做到絕對的公正，惟史丹姆勒的著作值得研究之處有兩點：其一，他像康德一樣強調許多義務的疏忽概念（much neglected conception of duty）。其二，他的公正法律原則（the principles of just law），類似康德的絕對命令（Categorical imperative），此

---

[31] E. W. Patterson Ibid, p.394.

對發現與創造公正法律有促成的引導作用[32]（suggestive guides to discovery and creation of just Law）。

---

[32] E. W. Patterson Ibid, p.395.

CHAPTER 4

歷史法學

壹、前言

　　自然法學說幾世紀以來，各家紛陳，意見不甚一致，其理論亦缺乏科學上之依據，但卻是法律發展過程中一個極為重要的因素，其學說常能彌補實在法律之不足而予法院判決之自由。到了十九世紀的法學園地裡，自然法學說式微，在司法判決中引用自然法原則者已很少，取而代之者為歷史法學派的學說。

　　歷史法學派（Historical School of Jurisprudence）之起源，一部分是十八世紀末葉民族主義興起的結果；另一部分則與十九世紀初期風行於歐洲的浪漫主義（Romanticism）有關。浪漫主義在十八世紀後期至十九世紀中期，勢如破竹，橫掃西方文明。其特徵在反對權威，反對傳統和古典樣式，強調個性、主觀與非理性，想像與感情共為一體。在文學創作上，往往以民族的奮鬥和波濤壯闊的歷史為其素材。在歷史上浪漫主義的立場是對十八世紀古典主義的樸素、客觀與平靜的一種自覺的反抗。浪漫主義表現在法學上的特徵是強調民族精神，而不是個人。信仰靈魂，相信每一民族都是具有靈魂的獨立主體，是一個有生命的東西，因此自成整個的國民精神（Volkgeist），世代相承，在民族的全體份子中產生共同的確信（Common Conviction），此種確信普及理性生活之各方面，其涉及法律者即成為法律之確信（Conviction of Law）。

　　歷史法學派強調民族的獨立人格，個人不但不是法律制度的創立者，反而被民族精神所湮沒。歷史法學派是在探討一個法律體系成長的方式（examines manner of a legal system），但和法律史有別。法律史（the history of law）乃是描述而非批評的

（descriptive rather than critical）。歷史法學派的功能則在解釋法律已經發生的變遷，並評估產生這些變遷的力量（to estimate the force which have produced those Changes）。德國歷史法學派的基本假設（the basic assumption）是法律就像語言和宗教一樣，基本上是與一個民族的特殊性格相關連的，其演進就語言一樣，是經過一段緩慢的歷程，同時也像語言一樣，是一種民族精靈的奇異產物（a peculiar product of a nation's genius, so is the law）。然而這個假設所根據的事實觀點，卻是德意志民族被迫放棄自己的法律和宗教去接受羅馬的法律與基督教。因為當時羅馬法已成為德意志民族的實在法，且用外國文字寫成，此二者皆淵源於與德意志全然不同的民族。儘管這些歷史事實存在，十九世紀的德國歷史法學派仍然主張法律應淵源於民族精神（the law originates in the spirit of the people），民族精神才是法律的真正創造者（the real creator of the law）。換言之，法律淵源不是主權的命令，甚至不是一個社會的習慣（not even the habits of a community）。因為即使習慣法也不是由習慣所創立的，習慣並不是一個創法的事實（custom is not a law-creating fact），習慣只是由神秘的精神所創立的先存法律的表徵（only evidence of pre-existing law created by the mysterious spirit）。其真正本源深植於人心（its real source lies deeper in the minds of men）。社會中人當其與某事件有直接關涉時，他已具有認知什麼是對與適當的本能（has an instinctive sense as to what is right and proper），雖然他無法觀察超越他經驗之外的事物。此乃歷史法學派研究法學的方法，亦即研究法律演變的過程，因而不相信任何法律的改革，而認為立法唯當其與民族所昭示的內部信念相和諧時才能成功。倘若操之過急，立法註定失敗。

依照歷史法學派創始人德國薩維尼（Friedrich Karl Von Savigny 1779-1861）的看法，「立法是一個頗引起爭議的國家功能」（legislation is a rather problematic function）最好省略它[1]。

貳、歷史法學之起源

一般認為歷史法學派起源於薩維尼1814年所發表的一篇文章「論我們這一代對於立法與法學之任務」（英譯為On the Vocation of Our Age for legislation and Jurisprudence, 1814），該篇文章提到：「法律與最早時期人民的生活方式、語言、和社會結構雖有不同，但所不同者，只是一個個人的特殊能力和傾向。在本質上，法律與人民的生活方式，語言等不可分離的連結在一起，而使這些不同的東西連結為一個整體的，乃是靠民族的共同確信（the common conviction of the people），靠一種內在需要的家族意識」（the kindred consciousness of an inward necessity），而排斥一切偶然的武斷的法律淵源概念。論者以這一篇文章代表德國歷史法學派的正式宣言，因而確立了薩維尼作為歷史法學派的鼻祖地位。事實上，歷史法學派孕育於十八世紀，其先驅為海德（Herder Ideen, 1784-1829）以及哥廷根（Gottingen）大學法學教授休果（Hugo, 1768-1844）等，他們早已倡導法律是國家生活的一部分及表現，歷史法學派是在1809年柏林大學創立時成立的，當時薩維尼應聘為柏林大學法學教授，講授羅馬法。柏林大學的

---

[1] Jerome Hall "Living Law of Democratic Society", pp.60-61.

創設，也是德國國家運動的表現，當時兩位青年教授在該校執教，即艾西赫（Eichhorn）與薩維尼，他們兩人將法律與歷史摻合在一起，共同創辦一種歷史法學刊物，他們以研究歷史的方法來研究法律，從過去的歷史中發現法律與各種制度之形成及其演變。他們反對自然法學說，反對唯理主義，反對個人主義，而以民族精神來代替理性，民族精神則潛存於民族歷史演變的洪流之中，潛存於民族集體生活中的個人之內心。這種思想也算是十九世紀初期德國思想革命之核心要點[2]。

德意志民族的思想革命與法國大革命（1789年）在同一時期，也確實頗受法國大革命之影響。不過溯本探源，這種運動卻早於法國大革命。可以溯源於日耳曼民族生活的核心，起初是一種文學運動，以後混入民族哲學，再由哲學轉入法學。1806年至1808年間許多作品以詩歌來表達古代的法律秩序，直到黑格爾（Hegel）及其後繼者才將民族文學提升到形而上的境界。在他們的哲學中，民族成為一種意志，一種永久意志的化身，這種永久意志表現於民族意識中宰制著個人及國家，倫理和法律制度。比這個時期更早的法律思想家，除了德國之外，在英國方面有歷史學家柏克（Edmund Burke, 1730-1790）；在法國有政治思想家孟德斯鳩（Montesquieu, 1689-1755）；在義大利有法學家維谷（Giovanni Battista Vico, 1668-1755），還有德國的哲學家謝林（Friedrich Wilhelm Schelling, 1775-1854）等。他們都強調一些基本觀念如傳統、語言、風俗、習慣，以及一國所處的環境、氣候、土壤等歷史事實對法律的影響。例如柏克就非常反對法國大革命，主張恢復人權與自由平等及友愛的共和國理想。孟德斯鳩強調法律與一國水土、土地和人民生活方式有密切關係。維谷指責

---

[2] 參閱劉鴻蔭《西洋法律思想史》第四章。

當時的自然法法學家缺乏歷史意識，不注重歷史事實，而主張一切法律及秩序都是依照環境而變化的。謝林則認為歷史的程序，就是法律逐漸的實現，歷史是人類自由的發展，不停地進展到一個完備的境界。這些歷史法學家所強調者不外乎過去及傳統的影響。到了薩維尼手裡，將這些學者的主張與理論系統化，並集其大成，遂被推崇為歷史法學派的創造者[3]。

參、薩維尼的法學理論

薩維尼（Friedrich Karl Von Savigny, 1779-1861）是一位學者型的貴族，於1810年新成立的柏林大學擔任羅馬法的教授。1814年發表了一篇著名文章〈論我們這一代對於立法與法學之任務〉，揭開了十九世紀歷史法學之序幕。1815年出版第一部不朽的《中古時期的羅馬法史》（the first Volume of History of Roman Law in the Middle Age），該書至今仍為傑出的法律學術著作。他的法律理論對近代世界的法學影響甚大，但他的歷史研究仍然遭受許多批評。1814年的那篇文章，於德國各邦的歷史關鍵時刻提出。當時德意志各邦仍未聯合為一個帝國。十九世紀開始時，拿破崙一世（Napoleon I）已佔領德國部分土地，並將拿破崙法典（Code Napoleon, 1804）強加於被佔領的一些邦實施，而德國的其他部分則多少自願採納該民法典。隨著1813年4月拿破崙在萊比錫（Leipzig）之役和1815年6月的滑鐵盧（Waterloo）之役後，徹底

---

[3] 劉鴻蔭前揭書第192、194、196頁。

潰敗的拿破崙被放逐，此時德國原有機會拋棄法蘭西法典，作為解除部分被征服地的鎖鍊，但仍有一些人贊成保留法國法典，因此在德國有些部分，法國民法典仍繼續有效適用，直到1900年。

1814年間，德國朝野為謀國家統一與復興，對於應否制定一部統一的民法法典，爭論甚烈。當時任教於海德堡大學的知名教授提堡（Anton Friedrich Thibaut, 1772-1840）認為論國家之統一，應以法律之統一為首要，而呼籲為制定私法法典做準備，應即行制定適合德國民族之統一法典，乃於1814年提出〈論德國編纂法典之重要〉一文，建議仿效法國而編纂德國法典，時任柏林大學教授的薩維尼也於同年（1814年）撰寫〈論我們這一代對於立法與法學之任務〉一文，予以回應，並闡述其歷史法學之法律觀，認為法律之形成，正如同語言一樣，須依民族歷史、民族習慣、民族精神、民族確信而產生，法律乃從一個民族的生活與精神中自然散發而來，就像一個民族的語言、習慣和歌謠一樣，是精神生活的一種表現。法律在在須表現民族精神，而不能與之脫節。欲求德國法律之統一，須先統一德國民族之法律思想。

法律之形式，只可依民族精神自由成立，非為編纂法典者可以人為制定。薩氏此篇論文發表後，提堡制定統一法典之議遂寢[4]。

薩維尼的興趣不僅在擱置法典化的工作，同時也反對長久以來支配法學界的自然法學派，而強調細心調查研究過去文化遺產。薩維尼甚至認為假若德國的歷史經過調查，定能發現德國法（日耳曼法）的富庶（a Wealth of Germanic Law）。他說日耳曼法自從1495年以來幾乎湮沒而不彰，薩維尼很認真的想證明在他的時代創造一個優良法典是不可能的事。這個時候法國大革命的偉大產物（拿破崙法典），已經問世，但薩維尼仍然反對拿破崙法

---

[4] 參閱李肇偉《法理學》第82頁。

典，反對法國大革命，反對以立法的手段創立新法取代舊法。尤其極力反對將日耳曼法法典化，他說，法律不能製造，而是從民族最深層的信念裡發展演變而來的，此即民族精神。薩維尼認為歷史意識（the sense of history）之功能乃在民族的原始狀態中維持一個活潑的關連，把一個無形的立法者（intangible law-maker）假設為民族精神。他說，人民對於看不見、摸不到的淵源，比對於由人所造，呈現在眼前的東西，更加重視，這就是薩維尼法學的神秘面紗[5]。

　　薩維尼在該篇論文中特別指出：歷史法學派承認法律的資料是由一國的過去所供給，並不是一種任意的，隨便可以建立的任何一種秩序，而是一國及其歷史的精華。法律時常與一國的本質及特性保有密切的關係，因此可以將法律與該國的語言相比，不論語言或法律都沒有絕對停止的時刻，兩者都如同該國其他活動一樣，不停地在發展。因此，法律與國家是共同產生，發展，與消滅的。研究過去的歷史，可以見到各國民法也如同各國語言、風俗及憲法一樣，有其固定的特殊性格，語言和法律本身沒有獨立的存在，它們是國家活動的方式及力量，兩者不可分割[6]。

　　薩維尼歷史法學的中心論述，在於強調一個國家的法律，如同其語言一樣，源自於民族的精神（originates in the popular spirit），共同的權利信念（the Common Convicting right），以及遠古以來真實歷史延續下來的民族特有的固定性格（a fixed Character peculiar to that people before the earliest time）。在這個史前時期（pre-historic period），法律、語言、習俗（manners）與一個民族的政治構造（political Constitution of a people）不可分的連

---

[5]　J. Hall Ibid.
[6]　劉鴻蔭前揭書第196-197頁。

結在一起。這些都是一個個別民族的特殊秉賦與趨勢（particular faculties and tendencies of an individual people），基於家族意識的內在需要而綁在一起（bound together by their kindred Consciousness of internal necessity），而排除一切偶發的與武斷的來源觀念，這個民族精神（Volkgeist）就是一個國家後來法律發展的一切基礎，而習慣就是它的表徵（Custom is its manifestations）。舉例來說，民族精神顯示在許多不同的象徵性行為上（shown in the various symbolic acts），由此法律的執行莊嚴化（legal transactions are solemnized）。早期的法律，在不同的國家有不同的儀式（different ceremonials），這些象徵性的動作，出現於史前時期的習慣淵源，但只有原始的信仰可以排除部分偶發的武斷的淵源觀念。由此可見，歷史法學的民族精神起源，戴著神秘主義的面紗（Veiled in mysticism），它的粗糙源頭，被賦與浪漫主義的色彩[7]。

不過，薩維尼知道，民族精神並不能在羅馬法的土地上或其他任何先進的文化裡創造一個複雜的權利體系，是以薩維尼在他的民族精神的來源裡補充了法學家（包括教授與法官）的理論，使他們成為具有先進文明的法律專家（legal specialists with the advanced civilization），亦是社會精神的代表（the representative of the Communit spirit），從而授權他們去執行法律技術層面的工作。從此，法律有了雙重的存在（two fold existence）：其一是社會集體生活的一部分（as part of aggregate life of the Community），其次是法學家手中非凡的知識支流（as a distinct branch of knowledge in the hands of the jurists）。因此，法律理論就有一個神聖的任務（the holy duty），在一個國家的當前狀態與其原始狀態

---

[7] "The spirit of the people: Savigny", Selected from Edwin, W. Patterson "Jurisprudence: Men and Ideas of the Law", pp.410-411.

間維持一個靈活的連結，喪失這個連結，將剝奪人民精神生活中最佳的部分。為了瞭解法律史的角色（the role of legal history），薩維尼藉助法律發展的有機理論（the organismic theory of legal development）來說明其目標是在追溯每一個既成體系的根（to trace every established system of its root），因此發現一個有機的原則（an organic principle），從而有生命的東西就可以與無生命的東西分開，而使它僅屬於歷史[8]。

從原始的民族精神和法學家的代表說，薩維尼得到了第三點結論，就是德國私法的立即法典化是無益的（futile），粗糙的（crude），危險的，或三者皆是。他說把婚姻法律法典化是無用的，舉例言之，婚姻屬於半法律半態度的問題（Marriage belongs half to law and half to manners），除非大眾的心態（the public mind）已顯示出一種確定的贊許的傾向。這些技術性的因素，將預先主宰民法法典，需要找到更大的專業人才。薩維尼認為法典需由單一的偉大造法者（a single great law-giver）來寫成，那裡去找這樣一個人？而一部號稱綜合而無漏洞的法典（to be Comprehensive and gapless），事實上並不可能如此。十八世紀出爐的法典是架構在假設人類群體運用其理性，可能創造一個任何時候，任何地方，都有效的完全的法律體系。從這個觀點來看，薩維尼的民族精神理論和自然的普遍法則與所有國家的立法實務，是不相容的。他承認立法可能用在改進程序並記錄既存的習慣法（to record established Customary law）。但他反對盲目地耽迷於立法的改進，反對政治的改革或立法的改革，這一點正投君主之所好。而主張民主的人士，則樂於見到法律來自人民，而不是君主的論調。研究德國的專家中浪漫主義者樂於相信中古時期是

---

[8] Edwin W. Patterson Ibid.

一個沒有受到外來羅馬法污染的法律樂園。法學教授必然樂於看到透過法律學者來發展法律，而由法官發揮專業的見解。薩維尼說民法法典化需要專業人才，而在當時的德國無法找到這樣的人才，因為法律學者太貧乏，無法著手民法典的撰寫。可是他在柏林大學任教時，卻運用法律教授團來充當上訴法院法官，使古老的設計復話，而法官也高興不必受限於法典的機械適用（Mechanical application of a Code），在判決時以學術著作的來源作裁量。薩維尼所念茲在茲的民族精神的理論觀點，與時代的精神同調，如此一來，薩維尼的理論對二十世紀的法學還有價值嗎？

　　法學教授不斷從事於立法的起草技術（the technical drafting of legislation），薩維尼認為要架構一個包羅廣泛的法典，需要最高的才能，這是法蘭西斯培根（Francis Bacon）很早就已主張的，薩維尼這個觀點，無可爭議，但他認為法典化將終結對前法典法律（pre-code law）的細心調查，這個顧慮在德國未經證實。至於民族精神的法律，他相信每一個國家有其獨特習慣與行為態度，無法從該國的成文法典或論著，甚或完全從司法判決學習到，這一點是正確的。薩維尼的錯誤，是在假定一個民族原始的習慣與行為態度必然優於以後的發展，惟做為一個法律社會學家（legal sociologist）必須承認在大多數國家裡，有一種歸屬於長久建立的傳統感情，不僅存在於律師與官員之間，也存在於外行人之間，只要這種感情的歸屬存在（emotional attachment），就是維持安全的手段，而其自身也是快樂的來源（a source of happiness）。以上觀點乃是二十世紀法學家，尤其是法律社會學家，對於薩維尼以民族精神出發的法學理論所作的中肯的批評[9]。

---

[9] Edwin W. Patterson Ibid, p.413.

肆、英國歷史法學家梅茵的法學理論

　　德國歷史法學派對法學與法律學術產生深遠的影響，甚至
於對英國與美國的法律實務，亦有若干影響。但英國已有自己的
歷史法學家。柯克（Sir Edward Coke, 1552-1624）在十六世紀中葉
以後已為英國法典的研究注入新的力量，他對早期英國程序法和
實體法的豐富知識，成為其判例彙編和四冊習慣法論述的基礎，
也為英國憲法奠下基礎。他使英國習慣法成為理性領域的普通
習慣與理性的具體化。至於十八世紀的布拉克斯頓（Sir William
Blackstone, 1723-1780）則將英國普通法與自然法和其他國家的法
律加以比較，開創了比較法律研究之先河。他是很好的法律闡
釋家，其主要著作「英國法律釋義」（Commentaries on the Laws
of England, 1766）對十八世紀中葉英國法律作系統而明晰的闡
述。布拉克斯頓的研究方法，就是從事實或歷史觀點（historical
perspective）闡釋法律，但在國會中也曾提倡重要的法律改革，
也承認英國憲法是有缺點的。柯克與布拉克斯頓兩位法學家可
以說是英國歷史法學派的先驅，然而英國最具代表性的歷史法
學派的法學家則非梅茵爵士（Sir Henry James Sumner Maine, 1822-
1888）莫屬。梅茵是法學家也是法律史學家，他是研究比較法，
特別是原始法和人類學法學的先驅學者。

　　梅茵於1847年至1854年任教於劍橋大學為民法教授，同時開
始在倫敦的幾個律師學院講授羅馬法。這些講稿成為他的《古代
法》（Ancient Law, 1861）的材料。此一著作對政治理論和人類學
都有影響。

　　為了探索和確定他的概念，他引用羅馬法、西歐和東歐的
法律制度，甚至於印度法律以及原始法律。他的研究有助於將比

較法學置於一個堅實的歷史基礎上。梅茵部份接受薩維尼的觀點，同意原始法律制度的重要性。他曾說：早期法律的不成熟觀念，對法學家來說，有如地理學家眼中的地球原始表層（the primary Crusts of the earth are to the geologist）。梅茵說：這些原始的法律制度包含所有法律形式的潛在能力，使法律後來展現其自身的樣貌。當德國的歷史法學派似乎想在科學的類比裡裝扮其民族精神時，梅茵脫離了薩維尼，有兩個重要的理由：其一，他相信在法律演進的階段中（in stages of legal evolution），原始的觀念（the primitive ideas）可能被拋棄（may be discarded）。其次，他從許多不同的法律體系的比較研究中，發現一些已普遍存在的觀念（the ideas which they had in common）。這兩個特性可視為他的第一部也是最重要的一部著作《古代法》的內容。首先，這部書的內容部分來自黑格爾（Hegel），部分來自達爾文（Darwin）。達爾文的《物種起源》說（Origin of Species）出版於1859年。其次，法國孟德斯鳩（Montesquieu）與英國奧斯丁（Austine）兩人的比較法學研究，與梅茵的古代法，並非系出同源，卻是他信念的延伸（an extension of his belief），使他相信歷史也可能是一門科學，也可能像其他科學一樣的研究方法。他的著作（《古代法》）堪稱是法律社會學與社會法學的先驅[10]。

　　梅茵對法律理論的兩個貢獻是，他對法律變遷的方法分析和他的法律發展「從身分到契約」的概念化（an analysis of the methods of legal change and his status-to-contract generalization）。習慣法與習慣注入大部分歐洲社會的原始法典後，法律變遷後如何應付一個社會的急迫需要，成為困難的問題。因為這裡面有一個對傳統規則迷信與崇敬的問題在。於是需要一些使法律與社

---

[10] English and American Historical Jurists, selected from Edwin W. Patterson Ibid, pp.414-415.

會相和諧的工具（the agencies），梅茵提出了三種工具，即擬制（fictitious），衡平（equity）和立法（legislation）。

法律擬制（legal fictitious）的運作可在羅馬法與英國法律發展相同階段裡找到，在羅馬法裡允許外國人在羅馬法院提出訴訟，只要原告主張他是羅馬公民就沒有爭議，此即為法院繫屬案件的目的而設的擬制（a fictitious one for the purpose of that case）。而在英國的女王王座法庭的法院（Courts of Queen's Bench），由財政大臣僭代管轄權的普通申訴法院（Exchequer Usurped the jurisdiction of the court of common pleas），也有相同規定。梅茵的法律擬制比這些程序上的擬制含蓋更廣，他甚至把擬制看成假設（to treat as a fictitious the assumption）包括律師與法官在一個訴訟案件裡只能在古老原則的基礎上，而不是新的原則，去做判決。羅馬法的發展也有類似的擬制，對法律諮詢的回答，只不過是對古羅馬法典十二銅錶法（the Twelve Tables）的一些詮釋（interpretations of the ancient Roman Code）。

雖然法律擬制在法律發展的早期階段充當有用的目的，梅茵卻認為擬制應在成熟的文化裡予以放棄，因為擬制會使法律更難理解，而須以調和的方式再做安排。這樣的結論對於古老程序的擬制似乎很好。我們必須承認擬制的種類與目的有差別，其中有些限制，對於現代法律暫時有好處。舉例言之，收養的擬制（the fictitious of adoption），誠如梅茵所言，是社會發展從家庭到部落不可或缺的制度。因為收養的擬制保存了血族關係的假設（the assumption of blood-kinship）和歸屬的情感（the emotions attached）。現代收養的法律設計（device of adoption）對於成千上萬沒有子嗣的夫妻仍然有用。此一設計使被收養的孩子（the adopted child）的遺產繼承權，家庭的權利義務（family rights and duties）及其他的事項獲得解決，也就是將被收養的子女視為親

生子女（as if he was a natural child）。這個設計包含了在法律關係的脈絡裡所有的假設，即血緣關係的目的。但法律擬制要避免變成法律專業術語上要求清晰與效力的障礙。

梅茵用衡平（equity）一詞，表示一個現行的規則體（a body of rules existing）與原先的法律並行，建立在優良的原則上，借助一個固有的倫理優勢來取代民事法律，這看起來很像古典自然法的概念。梅茵發展出兩個連在一起的概念，亦即把在羅馬由執政官（praetors），在英國由大臣所賴以建立的衡平原則連在一起。梅茵說在每一個案件裡，對於既成法律的干預是公開宣誓的，衡平的功能，在保護已婚婦女和幼兒財產上，是以信託和採用分別財產設計的（by the device of the trust and the separate estate），這是法律適應社會變動中習俗的一個顯例。

梅茵解決法律變遷的第三個工具是立法，在絕大多數的社會裡，立法的發展相對較晚，梅茵認為立法是法律變遷一個相當可取的方法，不過他也提出警告，如果立法與社會根深蒂固的傳統相衝突的話，則一個政治權威所制定的法律是徒勞無功的。梅茵研究法律變遷的方法，指出三個特點：①有助於對現在法律意義的瞭解。②顯示奧斯丁學派的法律概念，不足以指導立法者。③提供一個負面的評價（a negative kind of evaluation），以顯示社會事實限制了法律的實際效力[11]（social facts limited the practical effectiveness of law）。

梅茵從身分到契約的概念化（status-to-contract generalization）雖然受到很多批評與攻擊，仍然是引導當前法律變遷的有用典範（as the useful paradigm for the orientation of present-day legal change）。他說在早期進步的社會，家庭是一個法律單位

---

[11] Edwin W. Patterson Ibid, pp.415-420.

（the family is the legal unit），家長（paterfamilies）是一家之主（its head），家庭中的其他成員——妻子（wife）、孩子（children）、奴隸（slaves）則是依賴家長的眷屬，服從於家長的權力（subject to his power）。那個時候只有家長有權簽訂契約，其他家庭成員的權利義務，由其身分來決定（the rights and duties of the other members are determined by status），身分用來表示在家庭中的地位（the position of the family）。因為按照羅馬法中的人法（the law of person）是討論身分問題的法律，而羅馬公民是由於家長制家庭中的地位才取得財產所有的能力（the proprietary Capacity），同時每一個羅馬公民，不是家庭中的家長，就是家庭中的人子身分。人子的地位是不自由的，不能自由行使權利，完全的財產權僅賦予家長。羅馬法中的人法於是細分為①自由權②公民權③家庭權（family power）三個範疇，而羅馬法中的物法（the law of things）含蓋義務法（the law of obligations），義務法又包含許多交易關係（transaction and relation）。根據羅馬法，義務來自於契約或違法的行為及類似關係（obligation from contract, delict and analogous relations），由於契約關係，契約之一造或雙方得基於協議而負擔義務，契約則建立在平等及雙方自由意志行為的基礎上。這些法律發展是從固定條件中穩健推進的，在後一個體系裡（即建立在契約上的社會體系），個人享有自願行為的權利，此一條件是人類意志運用的結果。所以梅茵的結論說：「進步社會的運動，是從身分至契約的運動[12]」（the movement of the progressive societies has hitherto been a movement from status to contract）。

---

[12] Jerome Hall Ibid.

梅茵的上述說法，只是在陳述一個歷史發展的梗概，而不是在預言。他的概念化是用身分（status）來表示唯一的家庭關係，這一點仍然是歷史事實，如今家長制已隨古代的逝去而消逝，不過他著名的格言已經用來表示梅茵支持契約的自由，如同包括免於政府管制的自由一樣（freedom from government regulation）。

伍、歷史法學的評價

　　依歷史法學派的觀點，法律進化過程中，習慣優於立法，是以該學派對於法學領域問題的貢獻就是不對已發展的社會環境加以評價，是無法瞭解法律的。他們強調法律的漸次演進，並且與一個民族的特性有密切關係。不過反對歷史法學派者卻認為習慣法並不確定，制定法的內容有較明確的界說，法律的確定性（Clarity）與恆久性（Constancy）因而得於建立。但信仰習慣法者則認為制定法較呆板，對於個別案件的特殊情況難以顧及。

　　歷史法學派以為習慣法最能透視國民精神，因此自薩維尼以後，德國人不太傾向於制定包羅萬象的法典，這是歷史法學派的第一個結論。歷史法學派的第二個結論是法學家應注意法律進化的歷史過程，乃能正確的認識法律制度所蘊含的國民精神。良以國民精神不能像別的事物一樣可以用科學的衡量作為特定對象。歷史法學派的第三個結論是欲對歷史所昭示的真實法律作一客觀的批評是不可能的，因為法律不是人類意志之產物，乃是一個共同的確信，是一種確信為國民精神所喚起而與之相呼應的東西。

換言之，法律乃是一國歷史的產物，因此薩維尼說，拒絕歷史的產物是不可能的。

歷史法學派的學說，雖風靡一時，但殊非定論，其主張常受到各種立足點不同者的攻擊，其中尤以耶林（Rudolf Von Jhering, 1818-1892）反對最烈，而此派學者之主張亦不一致。此派學說之主要因素，所謂國民精神者，其意義亦言人人殊，莫衷一是。另一種見解是國民精神係人類團體的群態，所謂團體者可認為是一種形神俱備的實體，於是團體的群意識與個人的群意識得同時並存，此種實體存在的假設，徒使人墜入生命之迷。國民精神云者，並不是一種原始的、普遍的、獨立的東西，它只是一般人自身的通性。易言之，所謂國民精神者，不過是國民共同確信的基礎，為一民族中今代或後代所有份子所具有的特質，得由遺傳而世代相承。史丹姆勒（Stammler）認為民族之特性常受各種外力影響而產生種種不同的生活習慣，更由於種族通婚及其他種種歷史事實演變之結果而產生種種變化，甚至於共同的民族特性也常因階級及環境的變動而受影響。人各處於變動不居的社會裡，人的生活方式為社會所影響，為歷史所演化，人與人間的關係雖有賴文字、語言、習慣、法律等因素而維持，但時代在變，各種因素亦隨時可能影響而推動社會生活，如何能從變動不居的社會生活中喚起人的確信，而使之世代相承？

歷史法學派主張的要素為：一切法律的發展以歷史的限制為依據，欲瞭解每一實在法律的意義，唯有就其根源加以探索。換言之，歷史法學派之法律秩序是以經驗的方法，調查特定法律體系的根源與發展，不是依傳統哲學家的方式去找尋實在法的普遍特性，而認為國民精神才是法律發展的最後希望，國民精神成為評價法律的標準（the standards for evaluating law）。這種方法的邏輯，與斯多依噶哲學家將其體系建立在共同人性的假設，其實沒

有什麼差別。霍爾教授（Jerome Hall）指出：歷史法學派的最後標準既然是一個特定民族的精神，實難產生一個法律社會，除非出之於武力。另一方面，自然法普遍主義的傳統（the universalism of the natural law tradition），刺激了國際法的發展與法律典章的移植，同時也為國內法與國際法組織的一致性奠立基礎，並產生希望，這也使歷史法學派的觀點受到批評。尤有進者，二十世紀三十年代德國納粹的狂妄主義（Nazi Fanaticism）的過度渲染民族主義，對於十九世紀的浪漫主義作了邪惡的註解。惟霍爾也承認薩維尼以歷史研究方法所奠下的基礎，仍然功不可磨，只是他以為歷史方法可以自由運用，也有誇張之處。派特遜教授（Edwin W. Patterson）對歷史法學派也提出幾點批評：第一，某些習慣並非建立在整個社會的良知良能之上，而是建立在一個強有力的少數人利益之上，奴隸制度即是一例。第二，某些規則很可能是無意間發展的，而其他規則則是有意識努力之結果。第三，法官與法學家的創造工作被忽略了，蓋一個民族的生活可以供給法律的原料，但必須經由法官的仔細琢磨，使其成為精細的法律形式。在衡平法與習慣法裡，我們依然可以找出過去專家的影響（the influence of the masters of the past）。第四，模仿（imitation）比歷史法學派承認的，占更重要的地位，許多羅馬法都是有意的輸入，當法國拿破崙法典（1804）的成功得到各國承認時，其他國家皆拜其賜而引為模仿之對象。當東方國家開始迅速被西方的觀念同化時，也自由地借用德國與法國的法典。事實上，薩維尼在強調習慣法時，羅馬法的陰魂也沒有被驅除於德國之外。薩維尼的歷史觀點，引發了龐德（Roscoe Pound）所稱的「法學悲觀論」（juristic pessimism），意即立法必須與民族的良知相符合，否則注定失敗。因此之故，法學的歷史方法勢必建立在法律哲學

的批評方法上來彌補其不足，才能保存一點真正的透視[13]。

歷史法學派原係反對法典的編纂而起，認為法典是在民族的生活中自然形成，其理論根植於神秘的民族精神上，卻未曾積極探求法律之實在性。對於實在生活中的若干法則與規範關係亦未嘗措意，以致未能建立其固有的法律哲學基礎。依歷史法學派的理論，羅馬法實應擯斥而不用，然而事實恰恰相反，羅馬法卻因歷史法學派的努力而益彰顯，致招後人之譏誚。歷史法學派只注重歷史的連續性，對於法律與其他文化及科學之關係為何？其他文化與科學對於法律之影響又如何？均未予深切探究，其法律觀念徒停滯於民族之心理上，對於世界文化史上法律因文化變遷而輸入他國，為他國所繼受之事實，亦無法予以說明。此外，因社會生活之日趨複雜，關於專業技術性立法之迫切需要，皆非歷史學派所能預見而致力者。梅茵等英國歷史法學派似已注意及此，認為習慣因時因地而異，民族特性亦隨時代而進化，須用科學方法探求。梅茵更強調法律隨時代而推進，以法律進化觀念來研究法律史，探討法律變更與進化之途徑，總算彌補了薩維尼法學理論之不足。

日本法律學者美濃部達吉認為，薩維尼等歷史法學派以歷史為法律成立的唯一根據，固然失之極端，但歷史是法律建立之重要根據，亦屬不爭之事實。制定法之背後，有歷史基礎之緣故，乃得有法律權威，亦可理解。惟制定法之所以得有法之力量，寧以制定者之權威為其直接根據，權威才是法律的重要屬性。歷史只是法律背後之根據，倘若歷史的事實不以立法者的權威為媒介，而依事實自身的力量直接支配人心，在一般社會心理上意識其為強要的規律，此即習慣法，習慣法所以為法之基礎而為國家

---

[13] Edwin W. Patterson Ibid.

機關和人民所遵守，乃基於國家裁判之承認，依法院之承認，以其為判決準據之故。一般以為習慣多著重於私法範圍，為私法自治之基礎。事實上，習慣法不僅存在於私法範圍，現在憲法和行政法上也不能排除習慣法之適用，但作為憲法淵源之政治習慣（例規）和作為行政法淵源之行政習慣（慣例），卻不成為民事裁判問題，不發生法院判決而承認的現象。事實上，習慣法之成立，乃依於社會事實，法院以之為法而宣告之，乃因其具有法之力量，其根據在於習慣自身之力量，決不是一項倫理規範或法之規範，而是日常生活中的社會事實，構成事實的規範。可見習慣法既不是民族精神的表現，也不是由於社會全體國民之確信，更不是因於國民默示的意思行為而成為法，它是基於社會上一再反覆表現的事實，形成一般人的行為模式（behavior pattern），而認之為規範的一般心理，自然而然地意識其為不可不遵守的規律。因此，習慣法之所以具有拘束力的基礎和一般社交的禮儀（etiquette）同其淵源，與民族精神無關連[14]。

---

[14] 美濃部達吉《法之本質》第92頁。

CHAPTER 5

分析法學

壹、前言

　　分析法學（Analytic Jurisprudence）盛行於十九世紀下半葉的英國，該學派主張對世界各種成熟的法律體系分析其基本概念與形式，且對實在法律（positive Law）與實在道德（positive morality）加以區分，堅持只有實在法才是法學的適當範圍。對於法律所以存在，不像歷史學派那樣注意其歷史或社會的過程。分析法學只考慮針對實在法律規則以及經過實際調查法律所發現的材料加以分析。換言之，分析法學的立場既不認同自然法作為較高法律（higher law）之觀點，也反對歷史法學之法律淵源說法。

　　分析法學理論是在十八世紀末期由邊沁（Jeremy Bentham, 1748-1832）奠下基礎，惟其研究方法（分析方法）與推理的材料，則由奧斯丁（John Austine, 1790-1859）在十九世紀初期發展出來的。邊沁一生致力於功利主義與立法的改革，他的功利主義主張（Utilitarianism）是法律的每一個動作必須以善惡來做判斷，唯一參考的條件就是對人類幸福的結果（Consequence of happiness）。邊沁早年時期就是一個反傳統主義者（Anti-Traditionalist），他十幾歲時聽到當時英國著名的法學家與法律評論家布拉克斯頓（Sir William Blackstone）的演講，對布拉克斯頓以理性之名捍衛當代英國普通法，且對普通法的複雜性（Complexities）與沒有規則可循的普通法的添油加醋（anomalous accretions），以及普通法形成的原由，做不當的讚美，使他對於法律原本是什麼與應該是什麼產生混淆。這些疑惑使他以後認為有必要以事實條件（in terms of facts），例如權力的政治事實（the political facts of power），人類的權益（human prescriptions），處罰

（punishment）與獎賞（rewards）來為法律下定義。那樣就可以設計出一個立基於功利原則（principles of utility）的科學的立法理論[1]。

　　分析法律從來不是邊沁的目標，他相信所有的法律都可以在分析上簡化到一個意志的邏輯（all law could be analytically reduced to a logic of the will）。在這個邏輯上，每一個人的行為可以看成不是命令或禁止，就是不受命令或不受禁止，何處有一個行為被命令或禁止，它就是一個法律義務的主體（the subject of a legal duty），而義務是所有法律最低與共同的分母（the lowest and common denominator of all law），所有其他的法律概念，諸如權利（right），權力（power）與財產（property）都可以轉變為與義務的關係。在功利的基礎上，什麼行為應該為義務的主體，基於什麼動機去服從法律，無論是賞或罰，都是可慾的（desirable）。如此，則科學的法典（scientific code）就可以制定下來。

　　邊沁雖為英國分析法學的奠基者，惟其一生中大部分闡述法律性質的文章，都未出版。其命令理論的元素（Elements of a Commandtheory）出現於1776年的「論政府的斷簡殘篇」（A Fragment on Government, 1776）和1789年的「道德與立法原則導論」（An Introduction to the principles of Morals and Legislation, 1789）裡。不過，其法律理論的主要著作仍保留草稿形式，直到邊沁死後一個世紀後，才由艾佛略特（Charles Everett）發現。1945年初版時書名為《法理學定義的限制》（the Limits of Jurisprudence Defined），最後定版的書名為《法律總論》（Of

---

[1] J. W. Harris "The Command Theory of Law", Selected from Legal Philosophies 2ded. p.28, Oxford University Press. 2004.

Law in General）。邊沁一生出版的著作，主要與道德和政治哲學的議題以及制度與經濟改革的計畫相關。有關法律命令理論的建構則留待其弟子奧斯丁去發揚光大。[2]

奧斯丁為繼邊沁之後，英國最卓越的法律哲學家，其學說對英國法理學和法學教育有深遠影響。他對法律和法律術語（termology）的分析準確而鮮明，有助於對法學基本概念的理解。奧斯丁1818-1825年在大法官法庭實習，1826年在倫敦大學院擔任首席法理學教授。（the first Chair of Jurisprudence）。他曾花一年時間到德國潛心研習羅馬法與德國唯心論（Roman Law and German Idealism），因而在重經驗的英國產生了最抽象的法律部門的法律哲學家。他被稱為分析法學派的領袖，獨領十九世紀分析法學風騷，使邊沁的貢獻大部分湮沒而不彰。1828年起奧斯丁在倫敦大學院開始他的分析方法的講述，這也是第一個英國人嘗試以系統與批評的方法來討論一個充分發展的法律體系。他在德國研究古代與現代羅馬法，並將他所熟知的歐陸法律學術的技巧帶進英國的知識界，但他整個興趣放在已充分發展的法律體系之上，而他所使用的方法特別適用於承平時期的法律研究。

奧斯丁在倫敦大學院的六篇講稿於1832年出版，名為《法學的確定範圍》（The province of Jurisprudence Determined），這本書被普遍引述為「法律命令理論」的經典詮釋（The standard exposition of the Command Theory）。他認為法律和道德的區分，被自然法的原理所模糊，必須加以澄清。他提出法律是一種命令（Command），而命令是表達一種要他人必須從事或不從事某些行為的意願，同時附有對不遵守者懲罰的威脅。當命令規定行為路線而不是具體行為，同時又是主權者所定時，「命令」就可以

---

[2] J. W. Harris Ibid, p.29.

說是簡單而恰當的法律。這就是把實在法和基本道德準則以及實在道德區分開來的標誌，「法學的確定範圍」還闡述功利主義，稱功利主義就是上帝命令的標誌，是一般行為規則而不是特定行為的道德品質的檢驗標準。奧斯丁的觀點雖然遭到很多人的批評，但他的分析嚴謹而透澈，說明許多重要的法律和政治概念的複雜性，也說明了他所提出的分析研究是長期需要的，他簡單區別法律和道德雖有錯誤，卻也加深了對兩者的認識。

奧斯丁後來的演講都在死後才出版，這些演講都將法學理論適用到法律概念的廣泛領域上，且都是從他的法學範圍出發。到了下個半世紀後，一系列的學者尋求精煉的法律分析，於是形成所謂的分析法學派（analytical school of Jurisprudence）。後期分析法學的領袖，英國牛津大學院教授霍爾蘭（Sir Thomas Erskin Holland, 1835-1926）就一掃分析法學的積習，於1880年出版了《法學基本要素》（The Elements of Jurisprudence），該書前後出版了13版，最後一版出於1924年。此書每一次修訂，在英國法中都是最重要的改變。霍爾蘭一發現必要時就予修正，霍氏以不斷修訂其推理材料的方式來為法律下定義，隨時注意社會發展之情勢與法律之變遷，而避免完全依賴奧斯丁所提出的主權概念。霍爾蘭說：「法律一詞的適當意義乃是人類行為的一般規則」（a law, in the proper of the term, is therefore a general rule of human action），它管轄的對象僅限於人的外部行為（external acts），由一個有決斷力的權威來執行（enforced by a determinate authority），此一權威是人，而且是在人的權威之中，它是一個政治社會中最高權威[3]。

---

[3] Jerome Hall "Living Law of Democratic Society", p.29.

霍爾蘭的定義簡單明白，所謂法律乃是外部人類行為的一般規則，由一個主權的政治權威來執行，但他堅決反對把政治權威的規則看成法律，不過他也承認在許多國家很難找到合乎他定義的規則。與霍爾蘭情形相似的分析法學家沙爾孟（Sir John William Salmond, 1862-1924），他的法學基本教科書「法理學」（Jurisprudence）足堪與霍爾蘭相匹敵，他此書到1947年已出10版，每次皆有實質的修訂。他們兩人都認為法律是前進的，為適應新的情勢，法律不得不改變，為了這個原故，分析法學派在十九世紀的安樂時代，做了最輝煌的工作[4]。

沙爾孟為分析法學完成了兩件重要的工作，第一，給法律定義為國家在司法行政中所承認並適用的原則體（as the body of principles recognized and applied by the state in the administration of justice）。第二，他堅決主張所有法律並不是皆由立法機關制定的，在英國大部分的法律是由法院創立的。從此令人厭煩的主權權力概念，於是附屬於國家的權力，同時在創立法律的行為中，法院的地位提升，與立法機關等量齊觀。由立法機關制定的規則為制定法（Statutes），由法院所創立的規則為判例法（case Law），這兩種規則在英國並不衝突，因為巴力門（parliament）所通過的法律，法院不能宣告為無效，而在美國國會（Congress）所通過的法律，只當與聯邦憲法發生牴觸時，法院才能宣告為無效，但立法機關與法院皆附屬於憲法，憲法是領土內最高的法律[5]。（the supreme law of the land）

---

[4] J. Hall Ibid.
[5] J. Hall Ibid.

貳、奧斯丁的法學範圍與命令之分析

　　法學的事，就是實在法，簡單而嚴格意義的法律，就是由政治的強者對弱者所訂的（law, simply and strictly so-called, or law set by political superior to inferiors），但實在法（或簡單而嚴格意義下的所謂法律）經常與相似而相關的現象混淆不清。一個法律最普遍且可理解的名稱，其字面文義之被使用，可以說是由一個有智慧有力量的人所立下的一種規則。法律一詞，包含下列幾個現象：（一）法律係由上帝（神）對祂所創造的人類立下的（law set by God to his creatures），（二）法律由人對人所創造的（law set by men to men）。由上帝對人類所創造的全部或部分的法律，通稱為自然法則（the law of nature）或自然法（natural law）；而由人對人所創立的法律有兩個主要的類別，它們有明顯的不同，卻常被混淆，由人對人所創立的法律或規則，某些是由政治上的強者，也就是主權者及其屬民所創立的（some are established by political superior, sovereign and subject），在獨立的國家或獨立的政治社會裡，由一些人行使最高的與其附屬的政府運作，因而建立了許多規則的集合體（the aggregate of the rules），某些集合的規則形成那個集合體的一部分，這是法學適切的問題（the appropriate matter of jurisprudence），不管是一般的或特別的，法律一詞，簡單而嚴格的使用，就是排他的適用（exclusively applied）。對照於自然法則或神意法（the law of God），由政治上強者所建立的許多規則的集合體，通常稱為實在法（positive Law），與實在法相對應的規則，就被稱為實在道德[6]（positive

---

[6] John Austine "The Province of Jurisprudence Determined and The Uses of the Study of Jurisprudence",

morality）。

　　雖然某些由人對人所創立的法律或規則，是由政治上的強者所建立，但有一些就其能量與性質來看，卻不是政治上的強者所建立，此類人定法可以類比為法律，其為規則是由全然的意見所確立或執行（being rules set and enforced by mere opinion），那是由一個不確定的人的團體（an interminate body of men）在關於人的行為時所表達的意見或情緒，此種情形下，使用法律之名，乃是表達法的尊榮（law of honor），這是由時尚所建立的法律（the law set by fashion），這一類構成許多時常被稱為國際法的規則。而名為道德者，則與實在法斷然有別。道德飾以「實在」之名，而脫離上帝法，或許為了便宜行事，但實在道德並無關它的價值德性（without regard to its merits），實應與實在法作切割。每一個法律或規則都是一個命令（every law or rule is a command），可以適當地稱為法律或規則的，都是命令的種類（species of commands），「命令」一詞是解開法理學與道德奧秘的鎖匙，因此，命令的分析必須更為精切。

　　如果你在表達或暗示一個願望說，「我應該做某事或忍受某種行為」（If you express or intimate a wish that I should do or forbear from some act），而我未能順從你的願望時，你將報我以一種災禍（you will visit me with an evil in case I comply not with your wish），所以此一願望的表達或暗示就是一種命令（is a command），一個命令與其他慾望的正確意義不同者，不在慾望的表示格式（style），而在慾望被漠視時，表意的一方發出加諸於另一方的一種災禍或痛苦的權力。當我不順從你的願望時，如果不能也不會傷害我時，那你的願望表達，就不是一種命令。就算你以命令

Selected from "The philosophy of Law" p.33. by Frederick Schaver, Walter Sinnett-Armstrong.

的口氣發出你的願望，也不會是一種命令。相反的，當我不順從你的願望時，你能夠也會傷害我，即使你是以一種禮貌的態度，以一種請求的形式提示我時，你的願望表達還是等同於命令[7]。

　　既然我不順從你的願望表示，對於你所降下的災禍有承擔的義務（being liable to evil from you），那就是我被你的命令所拘束而負有義務，或者說我是在一個義務下去服從命令。因此，命令與義務乃是相關連的名詞（correlative terms）。無論何處，一個義務存在，就是一個命令已經表示；而無論何時，一個命令表示，就是一個義務的課予（whenever a command is signified a duty is imposed）。簡單地說，命令與義務兩個相連的名詞，加諸一個災禍，所表達的意志，就是當他表達或暗示他的願望，而發出一個命令，如果你忽視這個願望，那就要對災禍負責，也就是被命令所拘束或負有義務，而且一旦一個義務被破壞了，通常就稱為制裁，或服從的執行。

　　從前面所設定的前提來看，命令這個名詞所能理解的觀念或概念，有下列幾種：

① 由一個理性的人所設想的願望或慾望（a wish or desire conceived by a rational being），而另一個理性的人必須去作為或忍受（that another rational being should do or forbear）。

② 由前者所施加的一種災禍，當後者不順從前者之願望時，後者遭致災禍。

③ 願望的表達或暗示，經由文字或其他的信號。

　　在以上的前提下，同時出現的是「命令」、「義務」與「制

---

[7] Joh Austine Ibid, p.34.

裁」不可分割的關連名詞。命令的種類有二，某些是法律或規則，其他則沒有適當的名詞，也未提供簡短而精切表達的言語。因此儘可能的給他們一種模糊而無意義的名稱，叫做偶發的或特別的命令（Occasional or particular Commands）。法律或規則這個名詞，並不常適用於偶發的或特別的命令，法律與特別的命令，兩者的區別，可以下列方式表示：

每一個命令被指示的一方，被拘束去作為或忍受，當此命令對一群人的行為，形成普遍的拘束時，這一個命令就是法律或規則。但如果一個特別的行為，是特別地或個別的決定，則此一命令即是偶發的或特別的命令。舉例言之，如果你命令你的僕人去做特別的差事，或命令他某個特定的晚上不可以離開你家，或命令他在那個早上幾點起來，或命令他在下個星期或下個月的某個時辰起來，這個命令就是偶發的或特別的。因為行為或若干行為的參與或禁止是屬於特別的決定或指派；然而如果你只單純地命令他什麼時辰起來且永遠要在那個時辰起來，直到未來進一步的指示，那就可以適切的說，你對你的僕人的行為立下指導的規則，因為命令沒有指定特別的行為，因此這個命令對僕人行為的拘束是普遍性的，在沒有改變以前，或許應該稱為一個「一般的指示」（a general order），那也可以稱為一個規則。大部分的法律是由政治上的強者來建立的，因此一般具有雙重的態度，普遍地參與或禁止各種的行為，並約束整個社會，至少是整個社會階層的成員。易言之，法律是一種拘束一個人或一群人的命令（a law is a command which oblige a person or persons）。相對於一個偶發的或特別的命令，法律或規則具有普遍性，不是針對特定個人而發的，它是拘束一個人或一群人行為的行徑[8]。法律與其他的

---

[8] John Austine Ibid, p.35.

命令是由強者行使對弱者的約束或課予義務，而所謂強者，其意涵為可能表示一種可以災禍或痛苦影響他人的權力（the power of affecting others with evil or pain），而透過災禍的恐懼去強迫他們，使他們的行為配合其願望。舉例言之，上帝是人類最有力的強者，因為祂以痛苦影響我們的權力，迫使我們服從祂的意志，其權力無限制也無法抵抗。

就程序而言，主權者一人或數人（the sovereign one or numbers）就是他的屬民或公民的強者（the superior of the subject or citizen）。他是奴隸或僕人之於主人，是孩子的父親。簡單地說，誰能拘束他人服從他的願望，他就是他人的強者（支配者）；另外一方對迫切的災禍感到憎惡，某種程度而言，就是弱者（被支配者）。這裡所提到的主權，其相關的表述詞就是隸屬（或服從）（subjection），而與其不可分的關連表述詞，就是「獨立的政治社會」（independent political society），每一個實在法或每一個單純而嚴格的所謂的法律，是由一個主權者個人或一群人的主權體（a sovereign person or a sovereign body of persons）對獨立政治社會的一群人所設立的制度。在一個特定的社會裡，特定的強者，就是那個社會的主權者，而那個社會就是一個政治上的獨立社會。對於特定的強者而言，社會中其他的人都是屬民，都是家屬（dependent），其他人在社會中的地位，就處於隸屬狀態（a state ofsubjection）或附屬狀態（a state of dependent），存在於強者與附屬者的相互關係，可以稱之為主權者與屬民之關係，或主權與服從的關係（relation of sovereignty and subjections）。每一個政治上獨立的社會，其真實的實在法律，就是主權者的創造物（the actual positive Law is a creation of the actual sovereign），縱然那是以前的主權所創立的實在法律，還是當前的實在法律。

實在法律或嚴格意義下的法律，都是直接或間接由三種

創造者創立的：即①君主（monarchs），②主權體（sovereign bodies），例如最高的政治上的強者（supreme political superiors）以及③在隸屬狀態中，人作為附屬於政治強者的子民即私人（by subjects, as private persons），在追求法律權利下所創立的（in pursuance of legal rights）。但每一個實在法律或每一個嚴格意義下的所謂法律，乃是一個君主或主權者數人以政治上強者的性質所發出的直接或間接的命令。每一個實在法律，就是一個適當的法律或一個可以適當稱為法律的。法律的存在是一回事，它是優是劣又是另一回事，它與一個假定的標準是否一致，又是不同的問題。總之，一個法律實際上存在，就是一個法律，雖然我們不喜歡這個法律或對於法律內容可能表示贊同或不贊同，都不影響它作為一個法律的存在[9]。

參、奧斯丁的法律命令理論

　　奧斯丁1832年出版的《法學的確定範圍》，對法律命令理論作了經典的論述與詮釋，通篇要旨在闡述主權的性質與來源。他說，主權是由被服從的事實來確認，它的命令就是那些被人民稱為法律的事實，其概念可以簡化為「法律」如同「命令」（Law as Command），命令一詞，依照奧斯丁的法學範圍所揭示，可以下列情形理解：
　　（一）一個希望或慾望（a wish or desire）由一個理性的人所表

---

[9] John Austine Ibid. p37.

達，而其他理性的人，依其希望或慾望去作為或忍受不作為的結果。

(二)一個災禍由前者降下，當後者不能符合前者的希望或慾望表達的情形下，使後者遭受災禍。

(三)希望或慾望的表達或暗示（an expression or intimation of the wish or desire），經由文字或其他信號傳出（by words or other signs）。

在這個基礎上，所謂「習慣法」（Customary law）被排除於法學範圍之外，除非習慣法的內容已被納為某些國家機關的希望內容（as the content of a wish by some state organ），國際公法與傳統的憲法也一樣。下一步就是排除那些不是法律的命令，此即對照於特定命令的一般命令，而只有屬於法律的規則才可以適當地稱為法律[10]。

每一個法律或規則是一種命令，還是說法律規則只是命令種類之一種，其判別標準是，當普遍地對某類人的行為具有普遍的拘束力，就是法律或規則，否則只是對特定個人的命令，而不是法律或規則。這種針對特定的，個人的命令，是偶發的，或特別的命令。最後所有不適合稱為實在法的法律，都應排除於法學的範圍之外，也就是凡由某人而不是主權者或他的僚屬（the sovereign or his subordinates）所立下的法律或規則，就不是真正的法律或規則。

此一觀點，依現代行政法理論來說，不論是個人或團體，凡一種命令具普遍拘束力者，就是法規命令（行政命令之一種），等同於法律，但不得與立法機關（國會）所通過的法律相牴觸。

---

[10] J. W. Harris "Legal philosophies", p.30.

若僅對某特定個人或群體有其拘束力者，就是屬於行政處分性質的命令。此外，奧斯丁的法律或規則，只針對實在法而言，排除神意法（divine law）（神意法是指上帝普遍的命令）（the general command of God），同時也不包含私人所創立的法律，例如一個雇主的普遍命令（the command of an employer）。奧斯丁使用「實在道德」（positive morality）一詞，是指非主權者所表達的，也不是任何人命令的規則，而只是為輿論所支持者。在界定實在法方面，奧斯丁劃了一條界線，凡是個人的普遍命令，可以歸屬於主權者，就是實在法，否則只是追求法律權利而發出的命令。換言之，為一個人自己的利益而發出的普遍命令，也不是實在法。奧斯丁所表示的實在法可以包含一個監護人的命令，卻不包含一個主人的命令。

奧斯丁在其法學範圍一書裡，認為實在法或嚴格說可以稱為法律者（laws strictly so-called），是直接或間接由三種創立者所建立的，如前所述。奧斯丁進一步對法院執行的法律以及法律書籍所寫的法律，列了兩個圖表，以劃分彼此的關係[11]：

[11] J. W. Harris Ibid, p.31.

特別的命令 （particular Command）	普遍的命令 （General Commands）		
	上帝的命令 （Command of God）	主權者的命令 （Commands of the Sovereign）	其他命令 （Commands of others）
	神意法 （divine Law）	實在法 （Positive Law）	實在道德 （Positive morality）

圖表二　法律的類比（law by Analogy）

(1)法律一個接近的類比（Law by a close analogy）：實在道德，例如名譽的法律（law of honor）國際公法（public international law），憲法（constitutional Law），習慣法（Customary Law）。
(2)法律一個較遠的類比（Law by a remote analogy），例如物理的法則（Laws of physics）。

　　由以上圖表顯示，奧斯丁把許多類似的規則排除於實在法之外，這些已有法學探討的適當主題，特別是習慣法，憲法與國際公法。他的理由是這些不是命令，不過仍有三種東西，奧斯丁將他們保留在法學範圍裡，即使他承認這些並不符合命令的定義，此即①撤銷的法律（repealing law），②宣示性的法律（declarative law），③不完美的法律（imperfect law）。因為這些法律有規定的行為（命令的行為）（prescribing acts），只是沒有制裁的規定而已。奧斯丁的意思似乎認為一個法律如其內容雖有些規範的條文，規定行為應如何如何，但法律中並無對行為違反規定的處罰，這種法律仍不失為法律，因為其內容仍符合命令的定義。但

只有規定行為而無制裁，依其性質是一種宣示性或訓示性的法律，是不完美的法律。奧斯丁提到沒有制裁規定的法律，他相信只有在羅馬法裡可以找到，當代的法律裡找不到這樣的法律。奧斯丁這三種非命令形態的法律（non-Command type），只是表明例外的情況，並不能說他的命令理論不一致（inconsistency），但可能被批評為欠缺廣大目的（lack of largeness of aim）。奧斯丁顯然認為可以將撤銷的法律，宣示性的法律和不完美的法律，列入法學範圍，而把傳統的憲法（conventional Constitutional law），和單純的習慣（mere Custom）排出。今日的法學，許多分析法學家所持的觀點是運用在熟悉的法律教科書裡的概念，可以拿來比較，並且從概念的觀點來看，概念的建立，不僅可以從各種不同的傳統的法律去建立「法的概念」，也可以從道德，從各種比賽（game）的規則和其他規則管理的實務上（other rule governed practices）去建立概念。其他對奧斯丁概念分析比較不重要的批評是專門術語（terminology）的問題。奧斯丁用「法律適當地稱呼」（law properly as-called）來表達法律的類比，在意義上較實在法或「單純被稱為法律」的定義來得寬鬆，這是很奇怪的事，更奇怪的是用「實在道德」，並賦予它兩個意義，一是代表私人的一般命令（general commands of private people），而不是給予追求法律權利的意義。其二，是代表由社會輿論所建立的各種不同種類的規則（all varieties of rules set by opinion）只要你喜歡，你就可以稱為實在道德，這些實在道德究竟是在啟人深思的法律模式之內或之外？如果是在外，那和法律有何相關？誠令人費解[12]。

　　牛津大學法學教授哈里斯（J. W. Harris）對奧斯丁的命令理論提出許多質疑：①奧斯丁作為一個法律一元論者

---

[12] J. W. Harris Ibid, p.32.

（unitarism），卻相信上帝法（神意法）（God's law or divine law）是法律應然的標誌（the mark of what law ought to be），並且相信上帝的法律之被發現，是在人類幸福快樂的條件下，去問什麼規則才會有最好的結果以達到人類的幸福快樂（by asking which rules would have best consequence in human happiness），可是這些並不是法律作為法律圖像（the picture of law）的一部份。②奧斯丁說每一個命令包含三個要素，一個希望（a wish），一個制裁（a sanction）和一個希望的表達（an expression of the wish），而每一個法律命令又包括第四種要素，即普遍性（generality）。有批評者指出這與他的命令定義（definition of Command）和一般語言中的命令字眼並不相符。我們不是說在命令的內容脈絡裡（Command in Contexts），命令者的權威歸諸於尊敬，而不是懲罰的權力嗎？假設一個人所接受的現代國家的法律只有奧斯丁定義的一般命令的這些要素，而沒有其他要素，那奧斯丁的理論就正確而確定，但仍有非常小的觀點認為他自己使用的中間名詞（the middle terns for Command）是悖離任何字典的定義的。反過來說，如果他使用的命令符合一般的習慣用語（ordinary Usage），但國家的法律並沒有他所說的那些要素。可見他的法律命令理論是依他的意思使用命令，而不是其他任何意義上所下的命令理論。③如果奧斯丁的理論是正確的，那每一個實在法除了他所說的四種要素外（即希望、制裁、希望的表達和普遍性），也許還有第五種要素，即由主權者個人或主權體所發出的。測試一下我們現在的每一個法律，看看有沒有這些要素中的任何一個，或者還能看到奧斯丁所下定義中沒有的要素。我們想像一個希望，可以從心理意識上去理解（understood in a psychological sense），然而許多批評者卻指出沒有人有這個心理的能量（the psychological Capacily）能理解一個個別希望的內容，

符合每一個法律義務。④奧斯丁的命令與法律的第二個要素制裁，引起最多的注意。所有法律都一定有制裁嗎？奧斯丁以希望、制裁和主權的觀點分析所有的法律概念，特別值得注意的是他的法律義務的分析。他說如果主權者已經表達了一個希望而且有權力和意圖降下一個災禍，則一個人就處於一個義務之下，由於處罰的威脅而被拘束去做某事時，那就有一個法律義務。談到法律義務，勢必又引起三個相關的議題；第一，一個法律義務何時引起？第二，什麼動機使人民順從而遵守法律義務？第三，一個人應該遵守法律義務而行事嗎？奧斯丁的說法，肯定無關第三點問題。當他以制裁的觀點來定義義務時，他不會說「強權即公理」（might is right），而批評者責難他混淆了第一和第二兩個問題，有時候他表示制裁是一種動機（sanction is a motive），人因畏懼制裁而遵守法律義務，但他又告訴我們最小災禍的最小機會已足夠讓一個義務存在（the smallest chance of smallest evil is sufficient for a duty to exist），那就很合理的去下結論說，他的主要關照是第一個議題，只當主權者已訂定了制裁，一個人才處於法律義務之下。但一個人為什麼要服從，與一個人是否應該服從，乃是不同的問題。一旦一個實在法承認沒有制裁規定的義務，那種命令模式就是不完全的，有如奧斯丁自己承認的，法學範圍應該涵蓋不完美的法律。實事上，有很多法律並沒有課予義務的，例如授權人民訂立遺囑或簽訂合約的法律，就沒有一個法律義務存在。但奧斯丁在討論這個難題時會主張在那樣的案例裡，人民表示了有條件的命令，隸屬於無效的制裁（subject to the sanction of nullity）。如果你要立一個遺囑，必須在兩個見證人面前簽名，否則就沒有法律效果。奧斯丁這個回應，誠如哈特（H. L. A. Hart）所說的，是曲解了此規定條款（立遺囑或簽合約）的社會功能，因為該法律是授權人民從事某種事情，而並沒有表達需

要。換言之，該法律是權力賦予的規則。一個法律概念應該掌握的不僅是藏在所有法律制度背後的政治與社會事實，同時也要保握法律的典型功能，奧斯丁的命令理論毫無疑問的，是有不足之處[13]。

　　奧斯丁法律命令概念的第三個要素（經由文字或信號表達希望），會被反對的理由是，許多制定法與法官判決的語言，並不像是希望的表達語言。但奧斯丁會告訴我們說，命令是有別於其他願望的重要性，它不會以命令式的形式（imperative form），而是以如果願望被忽視時會課予一個處罰的權力與意圖。（by power and purpose to inflict a penalty, if the desire be disregarded）。這種說法不會有說服力，因為許多立法的語言，並非用任何願望、命令或其他的方式來表達。我們或許可以擴大奧斯丁的觀點，把第三個要素解釋為完全依賴第二個要素（即制裁），如果立法者在心中已有處罰的意思，然後他所使用的任何語言，就必須重建而表達出一個立法者的意向，使人民去行事或忍受後果。因此第三個要素，僅僅表示在意願成為命令並成為一個法律之前，立法者必須在隱藏內心的一個希望與懲罰的意圖之外，採取某些公開的步驟[14]。第四個要素（普遍性）可被攻擊之點，在於這個要素排除於奧斯丁法學範圍的特定司法命令與制定法所處理的一些有限的行動之外。

---

[13] J. W. Harris Ibid, p.34.
[14] J. W. Harris Ibid, p.35.

肆、奧斯丁的主權論及其評價

　　依據奧斯丁的法律命令理論，實在法乃命令的種類之一種，包括四個要素（希望、制裁、希望的表達及普遍性），這四個要素全部由一個主權的個人或主權體所發出，因此還有第五個要素，就是可認明的政治的強者（identifiable political superior）表達希望並意圖施予懲罰。奧斯丁的主權概念類似法儒布丹（Bodin）所說的主權是命令一切，而不受命令的說法。主權在憲法裡是一個重要的概念，某些憲法賦予一個特定的團體最高的立法權力，就像英國的「女王在國會」（the Queen in Parliament），而主權一詞是用來代表這個最高立法權的授與（sovereignty is the term used to stand for this vesting）。國際公法的規則，賦予國家權利與義務，但只有主權者和獨立國家才有國際法上權利義務的資格。奧斯丁並不探求這些特定主權國家的法律概念，因此無從批駁他的理論。舉例言之，某些憲法並不使用主權的法律概念，對奧斯丁來說，主權者是一個先於法律的政治事實（the sovereign is pre-legal political fact），法律乃主權者的命令，沒有主權這個政治事實，就無法律命令之產生，雖然有些時候，類似奧斯丁的主權概念可以補充一個主權國家承認外國法律的規則，例如英國貴族院（the House of Lord），承認東德的法律，即使不得不接受東德的法律，但不承認東德是一個主權國家（因為二次世界大戰後，德國分裂東西兩德國，東德在蘇聯占領下，英美等自由陣營國家不承認東德為一主權國家）而是以被承認的主權代表。

　　奧斯丁把主權定義為一個人或幾個人的團體，在一個政治社會裡接受習慣性的服從（receives habitual obedience within a political society），而不對其他任何人回報以習慣性的服從。法律被定義為主權者的一般性命令（Law are defined as the sovereign's general commands），我們會注意到有些人對他人發號施令（give directions to others），也有人服從他人的命令。但在任何一個政治社會，會發現一個人或團體的命令被普遍遵守，也會發現沒人讓他遵守命令，既然法律概念是以主權者命令的觀點來定義，接下來奧斯丁主張主權者不受法律的限制（there could be no limitation on the sovereign），主權者的權力也沒有分割（no division of sovereign power），而義務概念是被定義為主權者的命令，因此沒有任何的律令（precepts）限制主權者本身應有的法律地位（the state of law），特別是主權者不會被以前的主權者所公布的法律約束（the sovereign could not be bound by laws promulgated by previous sovereign）[15]。

奧斯丁的主權定義排除了從一個主權者到另一個主權者的法律延續觀念。前主權者所命令的任何事情，仍是今天的法律，除非現在的主權者重新命令。奧斯丁在其「法學範圍」提到：即使命令直接從另外的淵源產生，一個實在法或一個可以嚴格地稱為法律者，是由現在主權者以政治強者的性格產生的制度，或者借用霍布斯（Hobbes）的說法，「立法者是他（主權者）」（the Legislator is he），不是第一個制定法律的權威（not by whose authority the law was first made），而是使命令繼續成為法律的那個權威。雖然奧斯丁從他所假設的「先於法律的主權」（pre-legal sovereign）淵源，正確地推演出主權的無限性（illimitability）與不可分割性（indivisibility）的意涵。可是在發現誰是以前的主權者上，他並不是依照社會學的試驗去分析「習慣性服從的事

---

[15] J. W. Harris Ibid, p.36.

實」，而是從憲法的規則做實務上的觀察，這是他的命令理論最欠缺一致性與最大瑕疵之所在，因為違背了他的主權淵源於「先於法律的政治事實」的假設，但奧斯丁並不理會他的定義，而參照憲法去找尋英國與美國的主權所在。在他早期的演講裡，他假設英國（聯合王國）的主權者就是由國王（King），所有貴族（all the peers）和所有平民院的議員組成（all the members of the House of Commons），把國會（Parliament）看成是人民的集合（a collection of people），而不是一個憲法的抽象概念（not a constitutional abstraction），這也使他看到一個困難的事實，在英國國會休會期間（during prorogation），並沒有主權者。奧斯丁把國會看成是國家主權之一環，且國會是一群人民的集合，而不是一個憲法的抽象概念，則一旦國會休會了，豈不是主權就不存在了。貴族也是國會貴族院之議員，國會休會了，貴族院的貴族也不在國會。如此類推，則英國國會休會期間，英國的主權成為真空，也因此，奧斯丁最後的結論是聯合王國的主權（the united Kingdom sovereign）是由國王、貴族、和所有民選構成的一個團體。而在美國，奧斯丁說主權者是由所有各州政府的選民聯合的成員構成[16]。

牛津法學派的學者德沃金（Ronald M. Dworkin）對奧斯丁的主權模型（sovereign model）亦提出批評：

(1)奧斯丁的主要假設：每一社會有一主宰之群體或機構（in each community a determinate group or institution can be found）以控制其他一切群體。此一假設，在一個複雜的社會並不能成立，因為現代的國家裡，政治控制力乃多元且輪替的（political control in a modern nation is pluralistic and shifting），多少仰賴彼此的妥協

---

[16] J. W. Harris Ibid, p.36.

合作與聯盟（a matter of more or less of compromise and cooperation and alliance），不能說任何一個人或群體就有此巨大的控制力。

(2)奧斯丁的主權分析不能完全考慮到或承認若干重要事項，也就是一般人對法律所持的態度，強盜集團中也有他的規矩（行規）（general orders of a gangster），哈特（H. L. A. Hart）認為法律之對人民課予義務，有異於強盜集團之行規。前者（國家的法律）本身具有被遵守的強要效力，而後者（強盜集團）非法之命令（outlaw's commands）則不具拘束力，我人若反抗強盜集團之命令，並不構成違法。奧斯丁對於義務之分析並未作此區別，而徒將義務視為對力量威脅之屈服（an obligation as subjection to the threat of force），從而使法律之權威，完全建立在主權者之實力上（the authority of law entirely on the sovereign's ability），完全視他（主權者）能否對違反命令者加以制裁而定，使主權者之命令與強盜集團之命令，在形式上無異，這是對法律義務之本質未作區別之誤。

(3)奧斯丁曾說，任何規則都是一種普遍的命令，一個人必須服從法律，若不遵守法律，他可能會遭受傷害，哈特也認為這種說法抹煞了被迫去做某事與必須（有義務）去做某事之間的差別（the distinction between being obliged to do something and being obligated to do it）。假若一個人被法律所拘束，他是有遵守法律的義務，而不是被迫去服從法律。法律之所以異於命令者，乃在其具有規範性，在於確立行為的標準，而不是對其對象的強施威脅。

(4)法律永遠不會因為某人有力量要使法律具有效力，它就有拘束力。它必須是有權力發布法律或認為它是法律，此一權威來自另一個對發布法律者產生約束力的法律，此即哈特認為有效法律與持槍惡漢的命令不同之處。

因此哈特提出法律規則的一般理論（a general theory of rules），即法律之權威不可建立在發布法律之物理性力量上（the physical power），法律規則之權威可能出自兩個淵源：(1)一個法律規則可以對一群人發生約束力，是因為此一群人從身體力行中接受此一規則為其行為之標準。只當一個人承認此一規則具有約束力，而予以遵守，以及承認此一規則為一理性或行為之正當理由，並以之為批判違規者行為之理由時，由其身體力行的踐履，才能構成法律規則的接受。(2)一項法律規則也可以在許多不同方式上產生約束力，亦即根據某種次級規則（secondary rule）的規定（哈特法律概念中規則體系之一種）制定為法律，而產生約束力。一項法律之所以有約束力，是因為它被接受，所以有效[17]。（哈特規則理論將另專章論述）

---

[17] 德沃金對奧斯丁主權理論的批評，參閱Ronald M. Dworkin " Is law a system of rules? Essay in Legal philosophy", pp.31-32. Selected and edited by Robert. S. Summer, University of California Press, 1976.

CHAPTER

6

純粹法學

壹、純粹法學的一般理論

　　純粹法學的創立者，奧地利裔美國法律哲學家凱爾遜（Hans Kelsen, 1881-1972）曾任教於維也納、科隆、日內瓦及布拉格等大學，並起草1920年的奧地利憲法，也擔任過奧地利最高法院法官（1920-1930），因此他的法學理論也被稱為維也納學派，是二十世紀的法學大師。1940年移居美國，在哈佛大學及加州大學任教。他以系統方法闡述一種被稱為法律純粹理論（The pure theory of law）的實在主義（positivism），主張使法律本身能成立一種法律體系，而他所說的「純粹」是指法律理論應建立在邏輯上（logic），而不依賴法律以外的標準。法律體系（legal system）最基本的東西是被社會大多數人所接受的某種假設，他假設是一套「規範體系」（System of norms），但他也承認社會學和倫理學對立法過程及法律內容有關係。凱爾遜於1945年出版的「法律與國家的一般原理（The General theory of Law and the State, 1945）和1950年出版的《國際法的原則》（The Principle of International law）最能代表他純粹法學理論的主要著作。

　　凱爾遜說：我們必須認清，名之為法律的社會現象，其法學理論認定「強制」就是法律的一個基本要素（Coercion is an essential element of law），在人類歷史上顯示出名之為法律的社會秩序，儘管彼此間有很大的差異，卻表現出一個共同的要素，一個社會生活中非常重要的因素，那就是法律皆規定強制的行為作為制裁（they all prescribe Coercion acts as sanction）。把法律概念確定為一個強制秩序，意思是一個秩序（an order）把強制行為當做制裁。在確定法律為一個強制秩序時，純粹法學的理論認為法律就是一種特殊的社會技術（the law as a specific social technique）。此一技術的特性就是名之為法律的社會秩序，為了達成立法者所希冀的某種人類行為，乃提供強制行為，作為對違反立法者所希冀行為的制裁[1]。

提到法律與國家之間的關係時，通常一般人總是說，國家是一個政治社會（political Community），它創造或執行稱之為法律的社會秩序，這種說法乃是預先假定國家和法律是兩件不同的事，其一是，一個社會乃是一個個人的組合體（a body of individuals）；另一則是，一個秩序乃是一種規範的體系（an order, a system of norms）。然而何謂社會？眾多的人何時形成一個社會？一個社會的份子何時出現而成為一個組合體？凱爾遜以為一個法律科學，不是用來推測這些語言的字面意義的，「社會」一詞，似乎是指形成一個社會的許多個人，具有某些共同之點，但很顯然的，許多個人並非樣樣具有共同之點而造成一個社會。並不是所有人皆有黑髮而形成一個社會，有時候有人假定一個社會就是一個利益的社會（a Community is a Community of interests），這是社會契約說的古老的虛構（The old fiction of the social contract），此一虛構只能借助另一個虛構才能成立，那就是，凡在社會內對其秩序表示同意者，即表示此秩序符合他的利益。所謂國家是一個建立在所有人民的共同利益之上，或為所有人民的共同利益而行為的社會，這種說法實與柏拉圖在其「對話錄」法律篇所言者同調。柏拉圖說：「只有公正的人才快樂，不公正的人就不會快樂」（only the just man, is happy, the unjust man unhappy）。柏拉圖又說：「如果那是一種謊言的話，也是有用的謊言」（if it is a lie, it is a useful lie），因為它誘導人民遵守法律（for it induces the citizens to obey the law）。依照柏拉圖的意思，能

---

[1] Hans Kelsen "Law, State and Justice in the Pure Theory of Law" — What is Justice? p.289.

使人民遵守法律就是公正的事。因此，政府使人民相信這句話是
正當的。

　　在凱爾遜看來，許多個人具有共同的利益之事實，並不比
他們皆同有黑髮的事實，更能形成一個社會，這種說法是不確實
的。「共同利益」可以是成立一個社會的理由，但並非所有具有
共同利益的個人皆形成一個社會。事實上，有許多個人組成的社
會，並不是建立在這些個人的共同利益之上的，同時也有不少社
會是包含著不同利益之個人，形成社會的個人可能是多數民族，
也可能是少數民族。一個顯著的事實，就是一個國家的人民，當
其關係個人的真實利益時，並非必然的同心一德。人民幾乎無時
不分裂為敵對的利益團體，一個國家內的個人利益或多或少與此
社會所建立或所欲實現的利益相對立的。因此，許多個人之所以
形成一個社會，只因為他們之間存有特別的關係，而一個法律社
會存在，只因為這些關係（個人間關係）是由法律來決定[2]。

　　對於這個問題擴大研究的結果，凱爾遜指出：造成我們
稱之為國家的這個社會，個人之間的關係即是法律關係（legal
relation）。換言之，把國家當做一個超乎法律之上的實體來下定
義是不可能的事（to define the state as a metajuristic entity）。如果
我們說，國家創立或執行法律，則國家就是以一個行為人的姿態
出現。但國家事實上只能透過真實的個人而行為，國家的問題，
基本上就是這個真實的個人行為「歸屬」於國家的問題。所謂國
家創立法律，意指人類在其能力範圍內作為國家的機關而創立法
律，此亦即人類依據法律規範來創立法律，規制法律的創立。而
所謂國家執行法律，意指真實的個人作為國家的機關來執行法
律所規定之制裁。職是之故，人類執行國家法律的行為，就是作

---

[2] Hans Kelsen Ibid, p.292.

為國家的機關而行為（Human beings performing acts of the state are acting as organ of the state）。此乃語言之表現形態，意思即說，人類行為歸屬於國家，必然就是法律行為（legal acts）。人類之關係，總結起來，就稱之為「社會」，此種關係永遠是由一個規制個人相互行為之「秩序」所決定。這個社會秩序就構成社會，個人所屬之社會，具有共同之點，由此共同之點所構成之社會秩序和社會，並不是截然不同的兩件事。一個個人與其他許多個人結合在一起，只當其行為與許多人的行為發生關係而同被「秩序」來規制時，他們才屬於一個社會。作為社會的一員，其意義不過是說遵守這個秩序，為避免導致社會秩序與社會二元論（a dualism of social order and community）的錯誤，更正確的說，應該是社會秩序就是社會（the social order is the community）。作為一個社會，它就是法律秩序，國家就是一個社會秩序，但並非每一個法律秩序都是一個國家，一個相當集權的法律秩序才足以稱為一個國家。這個法律秩序的人格化，就是把國家當做一個行為的人（the personification of this legal order is the state as an acting person）。把國家假設為人格化而後說國家之為物，不同於其法律秩序，亦即把國家想像為權威社會，或法律背後的權力，就如同古希臘人把赫里歐斯（Helios）想像為太陽背後的神，把西寧（Selene）想像為月亮背後的女神一樣，即是把國家作為法律之神（to make the state the God of the law）。這是法學與政治理論上的「萬有靈魂說」的餘孽（the relics of Animism in jurisprudence and political theory），也是純粹法學理論所欲摧毀剷除的[3]。

　　純粹法學理論是對實在法的一種結構分析（a structural analysis of positive law），其基礎則是對實際上存在的或在歷史上

---

[3] Hans Kelsen Ibid, p.293.

曾以法律之名存在的社會秩序，加以比較研究。因而有關法律根源的問題（the problem of the origin of law），則不在此一理論研究之範圍。蓋以法律起源之問題乃社會學與歷史學的問題，社會學和歷史學所用的方法與對特定社會秩序的結構分析，迥然不同。法律的結構分析與法律的社會學和法律歷史學之間的方法上的差異，類似神學與宗教社會學或宗教歷史學之間的不同。神學的對象是上帝，假定上帝是存在的；宗教社會學和宗教歷史學的對象是人對上帝或神的信仰問題，不管這個信仰的對象是否存在。純粹法學理論把法律當做是人類行為所創立的一種有效的規範體系來討論，這是一種以法學的途徑研究法律問題。法律社會學和法律歷史學所要描述與解釋的是不同的人，在不同的時間與不同的空間下所具有的法律觀念，以及人的行為是否符合這些觀念的事實。很明顯的，法律思想是有別於社會思想與史學思想的[4]。

　　法學理論的純粹性是針對實在法律秩序的一個結構分析，純粹性的法理假設（the postulate of purity），是為避免方法上的眾說紛陳所絕對需要的，這是傳統法學所沒有的或未充分重視的一種假設。凱爾遜認為法律可以是各種不同科學的對象（The law may be the object of different sciences），純粹法學理論從不曾以唯一可能的或正統的法律科目自居。法律學與法律歷史學是其他的科學，此等法律科學與法律的結構分析結合運用是徹底瞭解複雜的法律現象所必需的。有人說既然是對法律的一種結構分析，就不可能有一個純粹法學的理論，因為結構分析只限於對法學的特殊問題作分析，實不足以對法律有全盤的瞭解。凱爾遜的回答是：這無異說邏輯學是不可能的，因為要完全瞭解思考的心理現象是不可能沒有心理學的，就像探討法律起源的問題

---

[4] Hans Kelsen Ibid, p.294.

一樣，對於一個特定法律秩序是否公正的問題，是不能放在實在法的架構裡並以一種結構分析的特殊科學方法來回答的。但這並不必然包括什麼是公道的問題，無法以科學的方法來解答。不過，即使我們可能客觀地決定什麼是公正，什麼是不公正，公道與法律（Justice and law）仍然必須當做兩個不同的概念來考慮。如果公道的觀念有任何功能的話，那就是提供立良法的模式（a model for making good law），就是區別良法與惡法的一種標準（a criterion for distinguishing good from bad law）。在傳統法學上對於法律與公道的用語，有混為一談的趨勢，亦即法律一詞的用法含有表示公正法的意思（to use the term law, in the sense of just law）。而法律與公道名詞混同的真正後果，就是為任何實在法做違法的辯護（an illicit justification of any positive law）。

所謂公道與不公道，事實上並沒有客觀的標準，我們說某事是公正或不公正，乃是涉及一個最終目的的價值判斷，而這些價值判斷，性質上又是主觀的。因為這些價值判斷是建立在我們心裡的情緒因素上（based on emotional elements of our mind），也可以說是建立在我們的感情與願望上（on our feelings and wish），而無法以事實來證明。最終的價值判斷（Ultimate Value judgements），大多是偏好的行為（mostly acts of preference），它表示何者較何者為優，其間包含著兩個衝突價值的選擇（the choice between two conflicting values）。舉例言之，自由與安全之間的選擇（the Choice between freedom and security），究竟是一個保證個人自由的社會體系較好，或是一個保證經濟安全的社會體系較好？這就取決於自由或安全何者為較高的價值。喜愛安全的人，則認為只有經濟上的安全，才是公正的制度。他們對自由與安全的價值判斷，以及對於公道觀念的確立，最後的基礎不是別的，只是感情，而他們個別的價值判斷是不可能得到客觀的證

實。但無論如何，我們必須堅持價值判斷與事實的陳述之間仍有差別。這種差別可以是主觀程度間的相對差別，而客觀乃表示最低程度的主觀性。

凱爾遜說：自然法歷史學說的基本方位（a cardinal point）兩千多年來就把實在法奠基在作為自然法的授權代言上，這種企圖在邏輯上是不可能的，因為法律有效乃歸屬於規範，而不是因為他們的公道。

貳、純粹法學與分析法學

純粹法學理論（The pure theory of Law）乃法學的一般理論（a general theory of law），是對於以法律為名的所有現象加以比較，以求發現法律之性質、決定法律之結構及其標準的規範，但不涉及各個不同時代與不同民族間變動不居的法律內容。作為一種理論，它的唯一目的就是認識其主體，它所回答的問題是「法律是什麼？」（What the law is?）。而不是「法律應該如何？」（What it ought to be?）後一個問題是屬於政治學的範圍，而純粹法學理論是一種科學，一種法律科學。

它之所以稱為「純粹」（pure），是因為它想從實在法的認知中排除一切不相干的因素，由於這個主體的限制，其認知就必須很清楚的從公道哲學（philosophy of justice）與社會學或社會實體（social reality）中加以區別，使不滋生混淆。蓋以通常稱為法學（或法理學）（Jurisprudence）者乃是特殊的法律科學（the specific science of law），一方面有別於公道哲學，他方面亦與社

會學或社會實體的認知有所不同。然而，法律概念（the concept of law）要想從公道觀念（the idea of justice）中解放出來是有困難的，因為法律概念與公道觀念不論是在政治思想或一般的語言裡，常含混不清。純粹法學理論只是單純的表明，它不能回答某一特定的法律是否公正的問題，亦不能答覆構成公道內容的基本問題，惟其是一種科學，故無法以科學的態度來回答這些問題。

一、規範法學與社會學法

　　純粹法學理論的對象就是實在法（positive law），實在法係以特殊方式規制人類行的一種秩序，規制的方式係以條款規定人應如何行為，此等條款稱之為規範。規範的產生不是來自習慣，便是由某些機關的有意識的行為所制定。法律規範在性質上可以是一般的，也可以是個別的（legal norms may by general or individual in character），它們得以一種抽象的方式預為一般性的規定，（例如規定：倘若有人偷竊，他就應受法院處罰。）亦可以在有關的個別具體案件裡，由法官以判決方式來創立規範（例如在一個司法判決裡，命令某甲因偷竊某乙的馬，應判處六個月有期徒刑）。故規範法學把法律看成是一般與個別規範的一種體系（a system of general and individual norms），而「事實」僅被視為形成法律規範的內容（Facts are considered...that they form, the content of legal norms）。易言之，規範法學只知道法律規範創立的程序，這個程序是由憲法的規範所規定的；它所知道的「違法行為」（the delict）是由一個規範所規定而作為制裁的一個條件（it is defined by a norm as a condition of the santion）；至於「制裁」，則是由一個法律規範所命令而作為違法行為的「後果」（the sanction is ordered by a legal norm as a consequence of a delict），

由是，只有規範（即規定個人應該如何行為的條款）才是規範法學的對象。個人的實際行為永遠不是規範法學的對象。

　　假如我們說一個規範存在，意思就是說此一規範是有效的（a norm is valid），規範之有效，乃因其規制了人的行為。因而當我們說規範對於個人有效，意思是說個人必須使他的行為合乎規範的規定，但並不是說個人的實際行為必然等於規範。蓋前者是指規範有效（valid），後者係指規範的實效（the norm is efficacious）。「有效」與「實效」乃是兩個不同的性質，惟兩者之間具有某種關連。規範法學認為一個法律規範之有效，只當它所隸屬的法律秩序（legal order）大體有實效的情況下才屬可能。換言之，如果個人的行為為法律秩序所規制，而實際上又是根據法律秩序的規定而行為，即表示法律規範有實效。反之，倘若一個法律秩序不論基於何種理由而喪失其實效（loses its efficacy for any reason），規範法學即不再承認此規範為有效。因此之故，有效與實效之間的區別仍然是必要的。不過一個有效的法律規範在一個具體的事件裡也可能沒有實效。例如它在事實上可能不被遵守或不適用於具體的案件裡，以致不發生實效。規範法學並不因為少數例外的情況而否認規範的效力，它只是把法律看做是有效規範的一種體系（regards law as a system of valid norms），非如此，則法律規範要求個人的行為「應如何」的特殊意義，也就無從表現出來。個人的行為應如何的這個「應」字（ought），就是表現在「有效」的概念裡，而與法律實效的概念有所區別。規範法學既然將法律看成有效規範的一種體系，則其描述對象的前提必是一個「應然」（an ought），而不是一個「實然」（not an is）。惟須注意者，規範法學的前提本身並不是規範，它所建立的既非義務，也非權利。課予義務或授予權利的規範，只能由造法的權威來發布。

純粹法學理論是規範法學，故其描述對象的前提所表現的規範，帶有一種純粹描述的意義（have a purely descriptive sense），其陳述詞僅僅在描述法律規範的「應然」（statements which only describe the "ought" of the legal norm），此等陳述詞可以稱之為「法律規則」（rules of law），相對於法律權威所發布的法律規範。法律規則有如「自然法則」（the law of nature）一樣，乃是一個假設性的判斷（a hypothetical judgment），亦即由某特殊條件產生特殊的結果（attaches a specific consequence to a specific condition）。但自然法則與法律規則之間，只有一種類推的性質，不同之點就在於條件與結果相關連的意義上。自然法則所肯定的是一種因果關係；當一個事件（或原因）發生時，另一個事件（或結果）就接踵而至。舉例言之，一個人犯偷竊罪，他就被法院處罰。因此，偷竊罪與法院處罰即是一種因果關係。而法律規則所強調的則是一種規範關係；當一個人以某種態度作為時，另一個人就應該以特定的方式作為。舉例而言，某甲犯偷竊罪，法院就應該處罰他。因此，犯偷竊罪與法院的制裁是條件與後果的一種規範關係。從前提意義的觀點上看，規範法學描述其對象時，可以稱之為一種規範的法學理論（a normative theory of the law），這就是純粹法學家的特殊的法律觀點之所在。

　　規範法學與社會法學（sociological jurisprudence）在認知上亦有重大之差異，必須予以清楚劃分，後者旨在闡明法律現象（attempts to describe the phenomena of law），其前提不在說明人在某種情況下應該如何行為（how men ought to behave under certain circumstances），而在陳述他們實際上如何作為（how they actually do behave），猶之於物理學家描述某種自然現象如何作為一樣。是故，社會法學所描述的對象在「應然的陳述」的特殊意義上，並不是法律規範（is not legal norms in their specific meaning of ought-statements），而只是表示人類行為的合法或不合法（legal or illegal）。它假定可以由觀察社會實際發生的事件（actual social happenings）而得到一個規則體系（a system of rules），由此一體系，就可以描述出具有法律特性的行為。此等規則被認為如同自然法則一般，可以在法律社會中提供預測未來事件的方法，而法律社會的未來行為就被形容為法律。純粹法學理論絕不否認此種社會法學的妥適性，而且事實上也將社會法學視為唯一的法律科學，彼此並駕齊驅，誰也不能取代誰。其所以然者，彼此所討論的問題不同，故在認知上亦有差別。一個側重在法律的「應然」，另一個則趨向於法律的「實然」。明白地說，規範法學（即純粹法學）所討論的是法律的有效，社會法學所討論的是法律的實效。社會法學認為法律秩序必須在有實效的情況下，個別的法律規範才屬有效，倘若整個法律秩序沒有實效，則個別的法律規範亦不會有效。規範法學雖不以實效為法律規範有效的先決條件，但亦認為必須在法律秩序「大體有實效」的情況下，法律規範才有效。倘整個法律秩序已無實效，則個別的法律規範亦不可能有效。可見兩者所討論的方向容或有差異，卻有相當的關連。

　　社會法學在某種意義上，可以說是法律的社會學（the sociology of law），它把法律視為社會現象之一種，法律的對象與社會學的對象幾無法界分清楚。究竟何種人類行為能夠形成社會學的對象？人類的實際行為如何被形容為法律而不同於其他的行為？這些問題，只可能以以下方式來回答：在社會學的意義上，法律乃是規定於法律規範的實際行為（actual behavior that is stipulated in a legal norm）而作為條件與結果。社會學家認為這種行為不是一個規範內容，而是一種存在於自然實體裡的現象（a phenomenon existing in natural reality），也就是存在於一個因果的連系裡（in a causal nexus），社會學家所找尋的是此一行為的原因

與結果。法律規範並不是社會學家的認知對象,而是法學家的認知對象。因為法律規範的功能對法律社會學而言,只是指定它自己的特定對象,並從整個的社會事件中提升而已。法律社會學的功能在描述並儘可能預測造法與法律適用機關的活動(to predict the activity of the law-creating and law-applying organs),尤其是法庭的活動。換言之,規範法學所探討的是法庭應如何依據現行有效的法律規範來斷案,社會法學所探討的則是法庭事實上如何斷案,這是兩者在前提意義上最大的不同。但如前所述,規範法學承認只當法律秩序大體有實效時,法律規範才有效,其結果,法律適用機關(法庭)的實際行為與合法行為之間自不會有太太的差別,因而法庭實際上將如何斷案與他們應該如何斷案,其可預測性極大。至於法律適用機關的活動,特別是立法機關的活動,則不受現行有效的法律規範的拘束,縱令受拘束亦極其微小,故無法予以任何可能的預測。

對於未來事件的預測是否為自然科學的一項基本任務,從而可以類推為社會學的一項基本任務是很可置疑的問題。法律社會學不僅必須描述,可能的話,尚須預測創立法律適用法律,與服從法律的個人的實際行為,同時也必須說明其因果關係,為了完成這項任務、它勢必調查在造法與法律適用活動中影響人類行為的意識型態是什麼?在這些意識型態中,公道的觀念是最重要的一環。對此一公道觀念加以思想上的批判與分析,乃是法律社會學最為重要和最有價值的任務。

二、規範的概念

由於純粹法學理論將本身限於實在法的認知,而排除了公道哲學與法律社會學的認知,故其認知趨向類似約翰奧斯丁

（John Austin）所謂的分析法學。純粹法學與分析法學皆僅從實在法的分析中求其結論，前者從奧斯丁的名著《一般法學講話》（Lectures on General Jurisprudence）中，獨自提出一些重要的觀點，而其所完成的分析法學的方法，較諸奧斯丁及其後繼者尤為嚴謹而一致。特別是對於法學的中心概念（the central concept of jurisprudence）──規範──的運用，更邁越了奧斯丁。對於「實然」與「應然」這個規範概念的基礎，奧斯丁所沒有能夠清楚劃分的，純粹法學理論均予明白廓清。

奧斯丁把法律解為「規則」（rule），而規則就是命令（rule as command）。他說「每一個法律或規則，就是一個命令。適當的說，所謂法律或規則，乃是命令的一種形式。命令就是一個人的意志真接對於其他個人行為的表達，假若我的意志是要某人以某種態度作為，而我所表達的意志和這個人以某種方式作為有關，則我的意志表達就是一個命令」。因此，一個命令包含了兩個要素：（一）直接對某人行為的一種希望（a wish directed toward someone else's behavior）。（二）以一種方式或他種方式表達（its expression in one way or another）。概括地說，只要是意志和其表達同時出現，即形成一個命令。假若某人對我發出一個命令，而在這個命令執行之前，我有充分理由假定那不再是他的意志，則此一命令即不再是一個命令。不過一個所謂「有拘束力的命令」（a so-called binding command），就是說即使「意志」這個心理現象已經消逝了，它還是堅持不變的，更確切的說，此時所堅持的並不是真實的命令，而毋寧說是「我的義務」。從另一方面講，一個命令基本上是一種意願及其表達（a command, on the other hand, is essentially a willing, and its expression），根據奧斯丁的說法，若將依照憲法規定，由立法機關所制定的法律稱之為命令或立法者的意志，這種表達與真正的命令概念殊無關連。蓋所

謂制定法有效（the statute is valid）這個概念，意思是說它有拘束力，即使制定該法律的立法機關，其議員（或委員）已全部死亡，因而法律內容已不再含有任何人的意志在內，它仍然有效。由此可知，一個有拘束力的法律（a binding law），儘管在制定時須要有真正的意志行為（a real act of will），但畢竟不是造法者的心理意志。只要對於制定法律的過程加以分析，就可知道即使是創立一個有拘束的法律之行為，也絕不能解釋為任何制定法所必備的意志行為，蓋制定法既係經由立法者多數通過而制定，顯然包括少數反對派在內，當然不意味著制定法的內容在心理學的意義上，就是立法機關所有議員（委員）的意志。同樣的，投票贊成一個法案，並不包含制定法的內容具有實際的權力意志在內。從心理學上的觀點，一個人之能行使意志，只對某些事物具有認識與瞭解時才能為之，對於一無所知的事物，自無從行使其意志。在大多數的情況下，投票贊成一個法案的大部分議員（委員），不是對於該法案的內容一無所知，就是僅有皮相的認識，這樣的議員當他舉手贊成或口頭贊成時，並不表示他對法案的內容表現了自己的意志。因此，很明顯的，將一個特別的法律稱之為命令或立法者的意志，只是一種比喻的說法（a figurative expression）。

當一定的人類行為被制定、訂定或規定於一個法律規則裡，此一制定法即相當於一個真實的命令，不過其間仍有重要的差別。通常我們說一個命令存在，意即指一個心理現象（意志）直接對著某種人類行為而言，人類行為被規定於一個法律規則裡，其間並沒有任何意志的心理作用，是故法律或可以「反心理」的命令名之。當我們說「人必須依據法律而行事」（man ought to conduct himself according to the law），這句話即寓有「應然」的概念，並顯示出規範概念的必要性。一個人應以某種方式作為，

是一種規範也是規則，但不能說此一行為即任何人的真實意志。規範的應然與命令兩者比較，只有些微相似；立法者所制定的法律，只有假設它具有拘束力時，始足以稱為命令。而一個具有拘束力的命令，事實上就是一個規範，奧斯丁學說因缺乏規範的概念，故只能借助於一個虛構的事實予以描述。究極言之，把法律規則虛構為立法者或國家的意志，實在是多餘而危險的。

三、強制的要素

純粹法學理論根據分析法學的主張，把強制的要素視為法律的根本特性（regards the element of coercion as an essential characteristic of law）。奧斯丁和其後繼者認為法律是有強制力的（enforceble）或認為是一個特定權威所強迫施行的規則，其意為：法律秩序命令個人依某種方式行為，並以特別的方法強迫人們服從法律秩序的命令。法律強迫個人服從的特別方法包括對於不服從者降以禍害，謂之制裁。根據這個觀點，「強制」（coercion）就是法律的特性，亦即是一種心理的特性，藉著恐懼制裁而達到服從法律命令之目的。惟從嚴格的分析方法的觀點來看，因恐懼制裁而服從法律，這個公式是不正確的。個人的合法行為是否皆出於制裁的恐懼是很有疑問的。只要我們對個人行為的動機有所瞭解，就不難發現道德或宗教的動機對於個人的合法行為，可能比恐懼法律的制裁更為重要，更為有效。道德與宗教的規範（moral and religious norms）在心理學的意義上同樣是一種強制力，但它們並非直接屬於法律秩序的內涵。分析法學或規範法學只能肯定法律所建立的強制手段，在一定的條件下對於一定的個人施予制裁。從這個觀點看，人類法律觀念的產生，不是來自於心理的強制，而係淵源於外在的制裁，由是而形成法律的

要素。在法律以制裁做後果的條件中，「違法行為」乃是最重要的條件，所謂違法行為就是個人的行為構成法律制裁的條件。易言之，那是一種法律所規定的反面行為，制裁於是成為任何法律規範的要件；即使法律在一個具體的事例裡，無法達到對違法行為施予懲罰的目的，制裁仍是一個要件。因此之故，法律並非如奧斯丁所說的是一種由特別權威所強制執行的規則，而僅是提供制裁為特別手段的一種規範。倘若像奧斯丁一樣，把法律看成是使人依法律而行為的一種命令，而實際上在具體案件裡，法律有時並不一定能達到強制執行之目的，於此情形下，我們又如何能把握法律之性質？

據上所述，如果我們說法律是一種強制手段的命令，只是針對所謂違法行為的制裁而言，某一行為之具有違法的性質，僅因為它是構成制裁的一個條件。從社會學的觀點看，法律的基本特性，就是以制裁為手段對抗社會所不希望有的行為，而達成社會所希望有的行為。分析法學所考慮的只是法律秩序的內容，因而也僅是違法行為與制裁之間的關係。奧斯丁雖然承認制裁對於法律概念的根本重要性，卻沒有能夠以此一瞭解來描述法律規範。純粹法學的基本公式是把法律規則看做一個假設的判斷（a hypothetical judgment），把違法行為當成一個基本的條件（an essential condition），把制裁當成違法行為的後果（the sanction as consequence），並提出一個明顯的結論；即條件與後果相連繫，在法律規範的意義上，就是「應然」的規範關係。例如：「假若一個人偷竊，他應被懲罰」。「假若一個人不為損害賠償，則民事執行應對他發出」。在這公式下，法律科學所描述的是由法律權威所建立的違法行為與制裁之間的法律規範關係，這個法律規範關係課個人予義務，並賦權利予遵守法律的個人。

四、法律義務

　　純粹法學所強調的義務概念與權利概念之關係，其主要特點和奧斯丁所說的：「義務乃權利之基礎」（duty is the basis of right）初無二致。我們說，一個人在法律上有義務遵守某種行為，意思就是說，有一個法律規範對於相反的行為（違法行為）提供了制裁。就規範的意義而言，「制裁」乃是直接對抗違法行為的個人而來。不過在原始的法律秩序裡（in primitive legal order），制裁可以不僅對抗犯過的人（the delinquent），同時也可以對抗與犯過者同屬於一個法律團體的人，這些人因與犯過著具有特別關係，諸如同一家族、部落或國家等團體，故皆可以成為制裁施行的對象。假如制裁只對犯過者本人施行，那就是屬於個人責任的案件，如果制裁是對著團體的同胞份子施行，則是屬於集體責任的案件（a case of collective responsibility），原始法律中的流血報仇或家族械鬥報復（the blood revenge or vendetta of the primitive law）即發軔於集體責任的觀念。此種集體責任原則的運用，今日的國際法依然存在。國際法承認制裁（報復和戰爭）可以直接把國家當做一個實體而施行，其結果實係對違反國際法之國家的國民施行制裁。就規範的意義說，在現代法律裡，義務與責任的主體是一而二，二而一的，惟例外的集體責任仍屬可能，且為今日國際法的規則。

　　奧斯丁的法學理論，對於義務與責任不曾做過明確的劃分。在奧斯丁的想像中，制裁永遠只對為違法行為的個人施行，而不考慮對與犯過者有特別關係的個人施予制裁，因此他不曾看到「有維持某種行為之義務」與「對某行為應負責任」之間的區別。奧斯丁對法律義務所下的定義是：「在有義務作為或忍受，

或在一個義務下作為或忍受的事件中，不遵守命令者是應負責任而理當受制裁的」。然而當受制裁者不是犯過的個人，而是另一個人時，又該如何？按照奧斯丁的想法，法律規範在此情形下，勢不能確立任何義務。不過在另一方面，根據奧斯丁的理論，法律規範的本質（the nature of a legal norm）係在確立一個法律義務（to set up a legal duty），此法律義務即是「拘束個人的命令」，這個命令的概念使他無法在義務與責任之間劃一明顯的界限。依照奧斯丁的意思，一個法律規範就是對於法律行為的一種命令。純粹法學理論則把法律規範視為對於違法行為所發布的一個制裁，因而在對違反法律命令的個人施予制裁與對於應負他人的違法行為之責任者施予制裁之間，才能加以區分。申言之，純粹法學理論對於制裁之施行，原不限於為違法行為的個人本身，有時亦可對與為違法行為者具有特別關係的其他個人施予制裁，因為此人對於為違法行為之個人負有責任，故成為法律制裁之對象。

五、法律權利

　　「權利」一詞具有多種意義，通常包含兩種意義，一是自己有權以某種方式行為（a right to conduct oneself in a certain way），另一是有權要求他人應以某種方式行為（a right that some else should conduct himself in a certain way）。當我們說某人有權如此行為，意思只是說他無義務為其他的行為，也就是說他是自由的。舉例言之，「我有權在公園裡呼吸、思想、散步」（I have a right to breathe, think, walk in the park），這個自由只是一種消極的義務，不過此一句法仍可以有積極的意義，那就是某些人有相對地行為的拘束。舉例而言，「我有權使用自己所有的東西」，其意包含：任何其他人有不得干擾我的使用之義務。又如「我有權表

達我的意見」，即意味著它是國家的義務，更正確的說，就是代表國家的機關，有不得妨害我表達意見的義務（not to hinder my expression）。因此，把一個人的權利預先假定為他人的義務，這個權利如係對於他人的某種行為而發，則益為清楚。當我說，「我有權使某人付我一筆錢」時，必然包含著「某人有付錢的義務」在內。可見每一個真正的權利，並不僅是消極的免於負擔義務的自由。權利在這個意義上，就是一個相對的義務（"Right" in this sense is a "relative" duty）。

奧斯丁說：「權利」一詞與「相對的義務」係從不同的方面來表示同一概念。但如前所述，奧斯丁的理論並未將不同於義務的權利概念包含在內，此一權利之存在是由於法律秩序給與個人有機會有效地使他人盡其義務，其方法為經由訴訟程序而對違反義務者施予制裁。純粹法學理論把權利的概念限制在「司法程序之推動」的情勢中，法律規範乃有其動態的意義。

六、靜態與動態的法律理論 —— 規範等級

奧斯丁所倡導的分析法學，認為法律是一種完全為適用的規則體系（a system of rules complete and ready for application），而忽視了其創立的過程（the process of their creation），這是法律的靜態理論（a static theory of the law）。純粹法學理論以為法律的靜態研究雖屬必要，但仍應以動態的研究予以補充，此地所謂動態的研究，即是對於法律創立的過程加以研究。這個必要性之存在，是因為法律並不像其他的規範體系一樣約制了自己的創造性。從實在法律的分析，說明了一個法律規範創立的過程乃是由另一個法律規範所規制的（a legal norm is regulated by another legal norm），事實上，另一個規範的存在不僅決定法律規範創

立的過程，而且在某種程度上也決定被創立的規範的內容（the content of the norm to be created）。因此憲法一方面規定了制定法創立（制定）的程序，另一方面亦包含有關制定法內容的條款。同樣地，民事與刑事訴訟法律規定了民刑事訴訟的程序和法官判決的方式，而民刑法典則規定法官判決的內容。易言之，法官必須依民刑法典所規定而做判決，依照純粹法學理論，民刑法典是立法機關所創立的一般規範（the general norm），法官在具體案件裡所做的判決是個別的規範（the individual norm），一般規範高於個別規範，個別規範必須依一般規範所定的程序（方式）而創立，其內容亦不得違反一般規範的規定。決定法律規範創立之方式與決定法律規範之內容，這兩種法律規範，在英美法律術語裡，其區別就是「程序法」與「實體法」（adjective and substantive law）。

創立其他規範的內容與規範之被創立，其間之關係可以空間的形態來表示。第一個規範是「高級的規範」（the superior norm），第二個規範是「低級的規範」（the inferior norm）。如果我們以動態的觀點來看法律秩序，則此一法律秩序與靜態觀點下的法律秩序就有所不同。靜態的法律秩序是一個平等位階的規範體系（a system of norms of equal rank），動態的法律秩序則是一個等級的規範體系（a hierarchy of norms），在此等級的體系中，憲法的規範居於最高層級（the topmost stratum）。在功能的意義上，憲法即表示創立一切規範之規範，通常在某種程度上並決定規範的內容。至於一般法律規範的功能則為對於諸如司法判決之類的個別規範的管理。規範的複雜關係主要是在規定立法之機關與立法之程序；同時它包含承認習慣為法律創造者之規範。在這個複雜關係裡，一個規範不必是見諸於成文的憲法，它可能是由習慣所創立而成為不成文憲法的一部份。高級規範與低級規範之

關係（例如憲法與依據憲法而制定的法律之關係），表示了高級規範乃是低級規範所以有效之原因。一個法律規範所以有效，即因為它是由另一個規範所規定，這是法律有效之原則（the principle of validity），也是實在法特有之原則，亦可說是一個徹底的動態的原則（a thoroughly dynamic principle）。法律秩序的統一（the unity of the legal order），即靠這個關係而達成。

倘若有人問，一個司法判決何以有效？答案是：司法判決包含了個別的規範（containing the individual norm）。舉例而言，「甲有義務付乙一千元」，此一個別規範之有效，是因為這個判決係適用了制定法或習慣法的一般規範（by the application of general norms of statutory or customary law），該制定法或習慣法授權法庭在一個具體的案件裡，以某種方式決定（判決）。法庭適用一般規範何以有效？則係因為一般規範是依據憲法而創立。然而什麼是憲法所以有效的理由？答案是憲法之效力來自於法律秩序的基本規範（the basic norms of the legal order）。負起統一國內法律秩序責任的基本規範又是什麼？這個問題只能從國內法與國際法的關係上來解答，而要解答這個問題又必須對於法律與國家之關係先有一個明晰的領悟（a clear insight into the relation of law and state）。

參、法律與國家

奧斯丁學說的特徵之一，就是缺乏國家的法律概念（lack of a legal concept of the state）。奧斯丁的學說中，曾有一個「獨立的政

治社會」的概念（the concept of an independent political society），不過那不是一個法律概念，奧斯丁本人也不把這個「獨立的政治社會」稱為國家。他所謂「獨立的政治社會」，意思是指一個由主權與人民組成的社會（a society consisting of a sovereign and subjects）。主權可以是一個人，也可以是一個群體，但絕不是包含政治社會的所有人。他說：「一切法官所造的法都是主權或國家的產物」（all judge-made law is the creature of the sovereign or state）。但此地的「國家」，很顯然地並不是指一個政治社會，而是社會之中的「主權的傳達人」（the bearer of the sovereignty within the society）。在其他的場合，奧斯丁很少使用「國家」這個字眼，顯示他厭惡「國家」這個概念。當他說：「法律是由國家創立」時（law is created by the state），意思是說，每一個實在法都是由一個主權的人（a sovereign person）或一個主權的群體（a sovereign body of persons）所建立的；也就是說，主權居於政治社會之中且為其一部份。由於一切法律皆由主權而產生，因而主權本身在法律之上，而不在法律之下。

　　奧斯丁理論的主要原則之一，就是「主權的權力是不受法律限制的」（sovereign power is incapable of legal limitation）。根據這個說法，主權之本質，主要的事實是個人或群體可以被指定為主權的意志（the individual or group designated as sovereign will），這個主權的概念可以說是社會學的或政治學的，但不是法學的概念。然而卻是奧斯丁法學的一個基本要素。依照奧斯丁的法學觀點，法律只能當做主權的命令加以瞭解，這樣一來就很難與分析法學的論理方法相諧，蓋分析法學只能從實在法的分析得到概念（derives its concepts only from an analysis of positive law）。在實在法的規範裡是找不到「主權」或「不受法律限制的個人或群體」之類的東西的。奧斯丁法學的主要難題，就是當他討

論主權概念時，此一主權並不是國家，而只是國家的一個機關（an organ of the state），故奧斯丁的法學對於國家本身的問題，絲毫不發生關係。這一點與純粹法學有很大的差別。按純粹法學並不反對把國家看成一個政治社會，但更進一步指出，許多個人只有在一個「秩序」的基礎上才能形成一個社會單位，或一個較佳的社群（better community），易言之，構成政治社會的要素就是一個秩序（the element constituting the political community is an order）。國家不是政治社會的許多個人，而是許多個人的特別聯合（the specific union of individuals）。這個聯合就是秩序的功能（the function of the order），負責約制彼此的行為。只有在這個秩序裡，群居的社會（the social community）才能存在，此一有秩序的社會亦是一個政治社會（a political community），因為在某種程度上，這個約制的秩序用以達到目的的特別手段，就是發布強制措施的命令（the decreeing of measures of coercion）。法律秩序誠如我們所知的，正是這樣一個強制的秩序。純粹法學特別的結論之一，就是承認構成我們所謂「國家」這個政治社會的強制秩序，即是一個法律秩序，而通常所謂國家的法律秩序（the legal order of the state），或由國家所建立的法律秩序（the legal order set up by the state）就是國家本身。準此以論，倘若我們承認國家依其本質乃人類行為的一個強制秩序（the state is by its very nature an ordering of human behavior），而這個秩序的基本特徵同時亦是法律的基本特徵，則傳統的法律與國家二元論即無存在之餘地。把國家的概念涵蓋於一個強制秩序之下，從而放棄了國家的概念，這個趨勢在奧斯丁的學說裡已顯露端倪，然而卻由純粹法學理論予以實現。奧斯丁亦曾覺得國家的政治概念在法學理論上沒有立足之地，因而設法以另一個政治的概念來代替，此即主權的概念。他把一個擁有法律秩序的國家想像為一個人，這個人只是法

律秩序統一人格化（personification of the unity of the legal order），國家與法律二元論即由此人格化的假設而產生，把這個比喻的說法當做一個真實的存在（to be a real being），於是這個擬制的「人」，乃與法律相對而存在。假若法學思想可以不受虛構的拘束，則一切有關國家與法律二元論的探討，將顯得虛幻而不真。

　　基於上述的分析，國家是否創立法律這個懸而未解的問題，似乎可以得到以下的答案：所謂國家創立法律，可以說是人在一定的規範基礎上創立了法律。易詞言之，人根據法律秩序的一個較高規範創立了法律規範，人就是法律秩序的機關，亦是國家的一個機關。人所以為機關是因為在某種程度上，他們依據法律秩序的規定完成其功能。一個人之可以成為國家的一個機關，其意僅指他所行使的某種行為是「歸屬」於國家（certain acts performed by him are attributed to the state），此一歸屬關係到法律秩序的統一。如果有人問，何以一個人的某種行為要歸屬於國家？我們只能說：個人的這個行為是由法律秩序所決定的。是故，假若法律秩序的一個規範是依據這個法律秩序的另一個規範而創立，則創立法律的個人就是法律秩序的一個機關，也就是國家的一個機關。在這個意義上，可以說是國家創立法律，但這只意味著法律規制了它自身的創立（the law regulates its own creation）。假若我們要解決法律與國家的二元論問題，同時假定我們承認國家是一個法律秩序，則所謂國家的要素－領土與人民，似乎只能在國內法律秩序有效的範圍內來加以探討。若然，則奧斯丁所謂的主權，似亦成為國內法律秩序的最高機關（the order's highest organ），惟「主權權力」不是一個包含這個機關的個人或群體，而只是國家本身的一個特徵。因此當我們說，主權權力是國內法律秩序的一個特徵時，其意為：沒有任何秩序可以假設為高於主權權力。

肆、國際法與國內法

　　就動態的法學理論而言，國內法律秩序並不是一個最高的法律秩序，然則倘若有一種法律秩序優於國內法律秩序的話，那又是什麼？對於這個問題，純粹法學的答復是國際法高於國內法律秩序。但問題的關鍵在：國際法是否如同國內法意義上的真正法律一樣？作為一種法律秩序，國際法是否高於國內法律秩序（stands above the national legal orders）？奧斯丁對於這兩個關鍵問題的答復都是否定的。他認為國際法之有效，只能以「實在的國際道德」（positive international morality）視之。因此，國際法理論正如同國家的理論一樣，被劃出於奧斯丁法學的領域之外。純粹法學理論從另一個角度，認為國際法是可以當做真實的法律加以考慮的，良以國際法包含了法律秩序的一切基本要素（it contains all essential elements of a legal order），它和國內法一樣，是一個強制的秩序。使國與國間負有一定的相互行為的義務（it obligates states to definite mutual behavior），對於違反國際法的行為提供了制裁。而國際法所提供的制裁就是報復和戰爭（the sanctions provided by international law are reprisals and war）。純粹法學理論指出「義戰的原則」（the principle of bellum justum）乃是實在國際法的一個重要原則（a principle of positive international law）；職是之故，國際法是真實的法律，但屬於原始法（international law is real law, but it is primitive law）。因為對於違法的行為，國際法將制裁的執行保留給國家自身去行使，而不是授權給一個如同國內法秩序一樣的國際中央機關來執行。由此可見，國際法秩序是極端的分權，由國際法所造成的國際社會並不是一個國家，而只是許多國家的聯盟（a union of states）。

今天談及國內法與國際法之間的關係時，有兩個相對的主張值得注意：一個是二元論的，另一個是一元論的。前者主張國內法與國際法是兩個完全不同而且彼此獨立的規範體系，就像是實在法和實在道德一樣（like positive law and morality）。純粹法學理論認為此種二元論的概念在邏輯上是不可能的（logically impossible）也沒有人能維持其前後一致的觀點。倘若有人假設，國際法與國內法這兩個規範體系，從同一個觀點可以同時並存的話，他必須假設這兩個體系之間有一個規範的關係存在（one must also assume a normative relation between them），亦即必須假定有一個規制彼此關係的規範或秩序存在，否則將無法避免存在於每一個規範體系間難以解決的矛盾。而排除矛盾的邏輯原則，對於規範的認知（the cognition of norms）與自然實在的認知（the cognition of natural reality）同屬必要。當我們把實在法和實在道德視為兩個完全不同且彼此獨立的規範體系時，只是意味著法學家在決定什麼是法律時，不去考慮實在道德的問題。反之，當道德家在決定什麼是道德時，也不去注意實在法如何規定的問題。故實在法與實在道德可以兩個完全不同且彼此獨立的規範體系視之。在某種程度上，此兩種規範體系不能從同一個觀點被認為同時有效（they are not conceived to be simultaneously valid from the same point of view）。但我們一旦承認國內法與國際法二者都是實在法，則很明顯的，此二者必須從同一法學觀點被認為同時有效（both must be considered as valid simultaneously from the same juristic point of view）。因此之故，他們必須屬於相同的規範體系，他們必須在某些地方彼此互為補充（They must in some way supplement each other）。一元論者符合了這個邏輯的必備條件（logical requirement），它把國內法和國際法看成一個規範體系，一個統一體（as a unity），如有不同意見的話，只是對於整個體系如何

的建造罷了。

　　有人主張，國際法是國內法的一部份，也就是說，國內法的規範規制著國與國之間的關係。依此規則，國際法之能拘束個別國家者，只有在個別國家承認它，從而將其接受為本國的法律時始克為之。這就是國內法優先的理論（the theory of the primacy of national law）。很顯然的，這個理論是從國家主權的觀點產生的。易言之，國內法秩序是一個最高的秩序（an order of the highest rank），沒有任何一個秩序能高於國內法秩序而被認為有效。對每一個國內法秩序來說，此說頗為正確，因為根據這個理論，並沒有一個國際法存在，而只是許許多多的國內法律秩序存在。事實上，也沒有這樣一個國際法的。因此不同的國內法秩序間的關係，只能從一個特定秩序的觀點來建立，其規範也只能決定對其他秩序之關係。從一個確定的國內法秩序的觀點來看，其他所有秩序似皆不應視為主權，而只是受委任的秩序（delegated orders），他們僅在為不同觀點的國家的法律秩序所承認時，才能成為有效的規範體系。

　　純粹法學理論指出這種一元論的論據，在邏輯上是可能的（this monistic theory is indeed logically possible），不過此一主張與所有國家或所有國內法秩序都是同等的觀念，又有些不和諧。國內法「優先」的理論，其意並不僅僅指一個國內法秩序與國際法有關時，國內法應優先；同時也指一個國內法秩序與其他所有國內法秩序發生關係時，國內法仍應優先。從國際社會中各國皆應立於平等地位的觀念而言，國內法優先的理論，一般說來是不錯的，惟所謂國際社會中各國皆應立於平等地位的說法，只有假設在所有國家之上，或在國內法律秩序之上，仍有一個法律秩序存在，並藉以劃分彼此有效的範圍而使之平等的情形下才屬可能。而這個立於國內法之上的秩序，亦唯有國際法始克當之。純粹法

學理論由分析實在國際法，說明了國際法事實上確在執行上述的功能。因而可以被認為是一個高於國內法秩序的規範體系，它給各國平等的地位，同時約束他們，使之納入一個普遍的法律秩序裡（binding them together into a universal legal order），這就是國際法優於國內法的理論（the theory of the primacy of international law），其理論基礎實以純粹法學理論為嚆矢。

　　純粹法學理論最重要的結論之一，就是「主權權力並不是真實事物的一個真實特徵」（sovereignity is not a real characteristic of a real thing）。「主權權力」乃是一個價值判斷（a judgment of value），就如同一個假設一樣。十八世紀與十九世紀個人主義的哲學，乃是從「人類個人就是主權」（the human individual was sovereign）這個觀點產生的。換言之，人類個人就是最高的價值（of the highest value）。由此一假設而得到一個結論：一個社會秩序，只當它被個人認為具有拘束時，才能對個人產生拘束力（a social order can be binding on the individual only when it is recognized by individual as binding）。亦由此假設，而有社會契約學說之發生。社會契約學說（the doctrine of the social contract）雖仍有其繼承人，惟今天的思潮毋寧說是更趨向於普遍的價值哲學（universalistic philosophy of values）。根據此一哲學思想，社會優於個人（the community is superior to the individual）。在國際關係的範圍裡，主權國家的觀點亦是建立在國家個別性的個人主義哲學基礎上（an individualistic philosophy, based on the individuality of the state）。主權權力的教條並不是對國家現象加以科學分析的結果，而只是一個價值哲學的假設，因此也就不能予以科學的反駁。我們只能指出，這是從國際法律社會的主權權力產生而來的假設。這個假設是可能的，蓋只要實在國際法本身之效力被承認，就需要這個解釋。

純粹法學理論對實在國際法分析的結果，說明了國際法的規範是不完全的，而需要由國內法秩序的規範予以補充。一個普遍承認的前提是，國際法只對國家課予義務（international law obligates only states），但這並不表示國際法不能對個人課予義務，而只能說國際法就像任何法律一樣，當它對個人課予義務時，是透過國內法秩序做媒介而間接施行的，我們說國際法對一個國家的某種行為課諸義務，意思是說，國際法就如同國家的一個機關，對於個人的行為課予義務。不過國際法只是直接決定行為，而讓國內法秩序去決定誰的行為構成了國際法義務的內容。是以國際法假定國內法秩序在包容國際法的同一法律規範體系裡，同時有效。

　　另一個普遍接受的國際法原則是：假若一個權力在任何地方，以任何方式建立起來，而能保證個人長久服從此一強制秩序並使其行為受此秩序之約制，則由此一強制秩序所建立的社會就是國際法意義上的一個國家。這個強制秩序持久有效的範圍，就是國家的領土，居住於這個領土內的個人，就是實在國際法意義上的國家的人民。這就是整個國際法上非常重要的「實效的原則」（the principle of effectiveness），由這個法律原則，國際法乃確定了國內法秩序中領土與人民的有效範圍，並確定了每一國家所必須彼此尊重的範圍。此一法律原則同時也決定國內法秩序的有效。因為在某種程度上，它滿足了國際法意義上實效的要件（they satisfy the requirement of effectiveness）。我們前面所述，一個法律規範只當它所隸屬的法律秩序大體有實效時才算是有效，此即運用了實在法本身的一個原則，亦即國際法的一個原則。

　　既然國內法秩序之有效係從國際法秩序中得到依據，同時又在國際法秩序中確定其有效範圍，則國際法秩序自應該優先於每一個國內法秩序，由是國內法與國際法乃形成一個統一的普遍

的法律體系（one uniform universal legal system）。我們知道自然科學的任務是在一個自然法則體系裡描述其對象，以此類推，法學之任務即在一個法律規則的體系裡探討所有人類的法律。這個任務是奧斯丁的分析法學見所未及的，純粹法學理論，在細節上容或有不完美不精確之處，但對於這個任務的完成確已邁進了一大步。[5]

伍、純粹法學的評價

純粹法學著重於抽象的法律理論之研究，希能發現一種純粹科學的要素，使法學植基於普遍真實的客觀因素上，而非建立在個人喜愛的流沙之上，但法律存在之理由，是對社會問題提供答案，社會法學派的龐德（roscoe pound）假設法律必須適應變動的社會價值而發展，法學家所能做到的工作，充其量只是適用法律以符合他所處時代之需要。在一個衝突的意識型態中選擇一個為社會所共同需要的。

凱爾遜的法學範圍乃是研究規範等級的性質（a study of the nature of the hieracly of norms），每一個規則之所以有效，有賴於它依據上級規範而如是規定。他強調法律並非陳述實際上所發生之事（the law does not state what actually does happen），而是想確立人類必須遵循的行為標準，（to lay down standards of action which

---

[5] 以上各節係根據凱爾遜（Hans Kelsen）所著the Pure Theory of Law and Analytical Jurisprudence 一文加以譯述，原文收集於"What is Justice"一書第266頁至第287頁，University of California Press. 1957。

men ought to follow），若張三違反刑法規定，他就必須受到懲罰。純粹法學認為法學研究的唯一對象，就是由法律所建立的規範之性質（nature of norms），凱爾遜說：我們不能以「公道」為條件來給法律下定義，良以許多規則容或不公正，但並不失為法律，「公道」乃不合理性的理想（Justice is an irrational ideal），意即公道並不能由理性清楚的予以定義。凱爾遜的純粹法學對於規範的性質與規範等級之分析，頗能滿足邏輯的和諧與完整性，惟論者認為此一學說有演變為「惡法亦法」之危險，卻無法說明法律之目的與存在之理由，惡法亦法為分析法學與純粹法學之必然結論，也是法律實在主義的必然結果。凱爾遜既不承認形而上學的理論，在制定法後面沒有形而上學的絕對真理，又沒有自然法的絕對的正當與公道觀念為指引，自然以權勢為法律基礎，這樣的法律定義，並不能解決法律基礎的問題。尤有甚者，凱爾遜企圖從法律的研究中擯除歷史與社會的成分，但事實上，法學不能完全離開其他社會科學而獨立，有時甚至於需要歷史和社會學的協助與合作。

　　凱爾遜著作的偉大價值在於他的批判力（its critical force），他厭惡把政治偽裝當做法學，為了維持公正無私的立場，凱爾遜認為所有自然法的討論，都不在法學範圍之內；所有法官探求規則之法源，皆不在法學範圍之內。社會法學派的學者則認為所有社會，當其達到某一發展階段時，必然創造出一個法律體系，以保護某種利益，當社會發展越進步，法律概念亦將更為精密，而利益的保護也會起變化。迄至目前為止，各國之間尚未形成普遍的規則來解釋一切的法律變遷。依社會法學的觀點，法學乃是對於法律體系所發展的概念作功能的研究，亦是法律所保護的社會利益的功能研究，而利益之要素常伴隨價值問題。純粹法學的研究方法，固然使法律科學非常純化，但卻使法律科學與生活本身

的一切利害失去關連。因此澳洲墨爾缽大學教授佩頓（George W. Paton）批評純粹法學所留下的只是法律的枯骨而失去血肉。事實上，我們從這種方法得到的並不是法律發展的理論，而僅是法學思想的形式原則而已[6]。

佩頓教授（G. W. Paton）進一步指出：今天儘管大家承認「分析」的工具可能有用，但仍不足以解答法學的所有問題。法律云者，亦非如一些奧斯丁的後繼者所誇張的，可以很精確的從「應然」的法律中擺脫出來，強調法律乃主權者之強制命令的分析法學，似乎假設所有法律問題皆可由存在的規則（既存的規則）加以分析與推演而得到答案。事實上法律並不能只靠邏輯的發展，而是要由社會生活中推演出新的價值。要靠逐漸再造的規則，使其符合今日之標準。建立於奧斯丁的理論分析，實無補於法律的創造因素。純粹法學與分析法學理論本身僅限於實在法的認知，而排除了公道哲學與法律社會學的認知，兩者皆僅從實在法的分析中求其結論。純粹法學所完成的分析法學方法，較之奧斯丁及其後繼者尤為嚴謹，其邏輯的一致性（Consistency）更邁越了奧斯丁。惟邏輯的一致性並非法律存在的唯一目的，許多在理論上不合常態的規則，常常是建立在公共政策的健全觀點之上的。佩頓教授舉例說，英國民事侵權法（English law of Tort）在沒有過失即無責任方面，（Liability never arose in the absence of fault）可能相當一致，然而由於公道觀念的強烈理由（strong reason of justice），已促使法律創造某些嚴格責任的事例。羅馬法學家最大的優點之一就是不願將一項原則推至邏輯的極致，而產生不公道之後果。對於分析法學與純粹法學的批評，論者常強調兩個法

---

[6] G. W. Paton對Kelsen純粹法學理論之批評，參閱George Paton "A Text Book of Jurisprudence", Oxford At the Clarendon Press, 1955。

學非常重要的基理：其一，實在法並非從少數主要的原則演繹而來的完美而均衡的規則，亦非為此而存在。因此任何想在邏輯基礎上使規則一致的嘗試，很容易使法學的研究成為「法律應如何」的研究，而不是「法律實際上是什麼」的研究（a study, not of the law that is, but of the law that should）。其二，對於任何學派而言，抗拒建立一個理想，以為建設性法律批評之基礎，是非常困難的。

龐德（Roscoe Pound）指出十九世紀的法學派有三，即分析派、歷史派及哲學派，三者各有特點，但也各有缺點。他對於三個學派的總評是，三者都企圖於法律本身尋求法律科學，特別是分析學派及歷史學派。就分析學派來說，龐德認為由於分析學派所採方法，發生了兩大不良結果，其一，耶林（Jhering）所謂的引法學於概念法學（Jurisprudence of conceptions）之途，視法律制度係由概念中演繹得來，忽視其邏輯推理的前提批判，及法律目的能否實現。其次，分析法學派注重法律的命令因素，認法律為人類意志有意創造之物，只求法律表面的完整及穩定，而忽視實際案件中的正義，而且機械的執法（mechanical administration of justice）毀損了法律本身的目的。龐德的批評，似乎也適用於純粹法學派。

CHAPTER 7

概念法學

壹、前言

　　哈特（Herbert Lionel Adolphus Hart, 1907-1992）是二十世紀後半葉英美法律哲學世界中非常重要的法學家，他的法律哲學直接繼承邊沁（Jeremy Bentham）與奧斯丁（John Austine）的分析法學傳統（Analytical Jurisprudential tradition）。哈特於1907年出生於英國哈洛蓋特（Harrogate），父親為具德國與波蘭血統的猶太裁縫師（Jewish tailer of German and Polish Origin），哈特畢業於牛津大學的新學院（New College, Oxford），1932-1940年曾任大法官法庭律師（the Chancery Bar），表現極為出色。二次世界大戰期間服役於英國軍事情報單位，戰後放棄律師工作，在牛津新學院任哲學研究員，他自陳此期間深受奧斯丁分析法學的影響。1952年膺選為牛津大學法理學教授，1969年退休，由德沃金（Ronald Dworkin）接任其職位。哈特的法理學與法律哲學的研究方法在英語世界開創了一個革命性的嶄新局面，他運用分析的工具（the tools of analytic），特別是語言學（linguistic）與哲學的方法來研究法學理論的核心問題（the Central problems of legal theory）。哈特的方法結合了二十世紀分析哲學的精細分析與邊沁的法學傳統，而創造出足堪與凱爾遜純粹法學相抗衡的法學理論。哈特於1961年出版的《法律概念》（the Concept of Law），被認為是二十世紀法律實在主義（legal positivism）理論的經典之作。這一本書對於傳統法律哲學上開宗明義的「法律是什麼」（what is law?）的問題，提出一套極富原創性的理論架構。通常在各種學術研究上對某種概念下定義（definition），無非是為尋求某一種事物所共同具有的本質（essence）或特性（feature），而哈特的法學理論一開始就放棄尋找法律本質（nature of law）及

法律定義，他認為法律這個名詞所指涉的事物之間，絕非沒有某種組織性的原則或基本理由（principle or rationale），但這些隱藏在事物之間的原則或基本理由，並不容易發現。因此，哈特認為對於法律概念的探求，不必去尋找它的定義，仍然可以找出法律這個概念被運用的原則或基本理由。

哈特1961年出版的《法律概念》一書的內容是哈特自1952年起一連串的演講組成，該書的第二版包括他的一篇後記，於1994年哈特逝世後兩年出版。其法律概念發展出一套精細老練的法律實在主義（或稱法律實證主義）的觀點，書中包括對奧斯丁理論所謂「法律乃主權者之命令，藉由懲罰的威脅來支持」的論點提出嚴厲的批評。哈特認為法律概念的核心，就是現代國家的國內法體系，哈特選擇「規則」（rule）這個概念，作為他分析實在法律的基本單元，而不想回到奧斯丁的老路上，以「命令」（Command）作為分析實在法律概念的基本單元。他提出具獨創性的初級與次級法律規則（primary and secondary legal rules）的假設。初級規則為管理行為的法律規則（primary rule governs conduct），而次級規則則掌初級規則的創立（creation），變更（alteration）與撤消（extinction of primary rules），並以承認規則（the rule of Recognition）作為判別實在法律有效或無效之標準的一種社會規則（a social rule），而有異於凱爾遜的規範等級理論由上級規範作為下級規範有效或無效之淵源的觀點。

哈特的其他重要著作包括1959年出版（1985年二版）的《法律因果論》（Causation in the Law），1963年出版的《法律、自由與道德》（Law, Liberty and Morality）以及1965年的《刑法的道德性》（The Morality of the Criminal Law），這本書是他與德弗林男爵（Patrick Devlin, Baron Devlin）在一場有關刑法在執行道德規範中的角色（on the role of the Criminal Law in enforcing

moral norms）的著名辯論結果而寫的，這是一場關於同性戀歧視
（the discrimination of homosexuality）的辯論。哈特也在工黨（the
Labour Party）發表關於關閉租稅漏洞（on closing tax loopholes）
的演講，哈特承認自己是左派（Left），但不是共產主義的左派
（the Non-Communist Left），並表明對柴契爾首相的憎惡。

貳、法律的要素

　　哈特談到法律的要素時，首先從想像一個沒有立法機關，
沒有法院或任何種類的官員的社會（a society without a legislature,
courts or official of any kind），在這樣一個原始的社群中（primitive
community），只有以習俗形式存在的初級規則（primary rules）
作為社會控制的唯一手段（the only means of social control）。社
會中人對其標準行為模式的一般態度（general attitude of the group
towards its own standard models of behavior）正是我們所歸屬於義務
規則的特性[1]。此種類型的社會結構，通常被稱為習慣的社會結
構（a social structure of this kind is often refered to as one of custom）。
不過，我們不打算以習慣來說明這種義務規則的本質，因為習
慣所隱含的規則，是一個古老而不像其他規則那麼具有大的社
會壓力支持。因此我們以「初級規則」的義務（primary rules of
obligation）作為原始社會結構的唯一社會控制的手段，如果一個
社會生活只靠此種初級規則來維持，則這個社會必須是建立在一

---

[1]　H. L. A. Hart "The Concept of Law", chapter V, Oxford Clarendon press, 1961.

些對於人性及我們所生活的世界裡有一種人同此心，心同此理的共識共見之上，這些社會生活的條件中，第一個就是初級規則必須以某種形式的限制，包括濫用暴力，偷竊以及欺騙行為之限制，這些都是人類很容易被誘而犯的事。人類如果想要緊密生活在一起，必須對這些行為予以抑制。事實上，在我們所知的原始社會裡，總是可以找到此類規則的，甚至伴隨著其他各種不同的積極義務（positive duty），使社會中人履行任務，而對共同的生活有所貢獻[2]。

社會生活中的第二個條件是這個社會在接受規則與不接受規則的人之間可能出現緊張關係，這時候只有對社會壓力產生畏懼才會使他們遵守規則。不過，很清楚的，不接受規則的人只能是少數。在這個原始社群（primitive Communities）中，雖有異議份子（dissidents）和作姦犯科之人（malefactors），但其他多數人在生活中仍是從內在觀點（the internal point of view）來看待規則的。很明顯的，只有靠血緣（kinship），共同情感（common sentiment）和信仰（belief）而緊密結合在一個穩定環境下生活的小型社群（a small Community）才能成功地依賴此種非官方規則的生活規範（regime of unofficial rules）而生活，這樣一種簡單形式的社會控制是有缺點的，而必須以不同的方式來補充。首先，這種群體生活所依賴的規則，並不會形成一個體系，而只會是一套個別獨立的標準（a set of separate standards），沒有可供鑑別的或共同的標識（without any identifying or common mark）。這樣一種生活規範類似我們現代社會中的禮儀規則（rules of etiquette）。因此我們可以將僅具初級規則的簡單社會結構中的這個缺陷稱之為「不確定性」（uncertainty）。

---

[2] H. L. A. Hart Ibid, chapter V.

原始社會的第二個缺點是初級規則的靜態性格（the static character of rules），而一個簡單社會結構的規則，其變動會是一種緩慢成長的過程（the slow process of growth），先是一種隨意的（optional），而後變成習慣（habitual）或經常性的（usual），最後才變成義務性的（obligatory），接著又經歷反向的衰退過程（the Converse process of decay），與偏離行為（deviations）。偏離行為開始時被容忍，隨後就慢慢變成不在乎了。然而在此社會中只有初級規則，而且又是靜態的性格，因此對此情況的補救辦法，可能只有訴諸其他具法律性格的義務規範了。每一個社會中人將只擁有固定的義務或責任去做或不做某些事（Each individual would simply have fixed obligations or duties to do or abstain from doing thing.）[3]。

　　簡單形式的社會生活（simple form of social life）的第三個缺點是用以維持規則的社會壓力是分散的，且無效率的（the inefficiency of the diffuse social pressure），如果沒有一個機構被特別授權來對違規的事實做最後與權威的確定 （to ascertain finally and authoritative by, the fact of violation）而任由群體無組織的努力去捉拿並懲罰違規者，必然徒勞無功，並且因為缺乏官方獨占性的制裁（the absence of an official monopoly of sanction），取而代之以自力救濟（self help）所造成的世仇宿怨（the smoldering vendettas）是很嚴重的。

　　以上三個主要缺點，其每一個補救方法都是屬於另外一種類型規則的所謂「次級規則」（secondary rules）來補充初級規則，而課予義務。這三個補救方法一起運用，就足以使初級規則的體制轉變為法律體系（legal system）。儘管這些補救方法所引進的

---

[3] H. L. A. Hart Ibid.

規則，彼此不同，但他們之間仍有共通的特徵，並且以各種不同的方式使彼此關聯。因此我們可以說，它們全都屬於一個不同於初級規則的層次。初級規則所涉及的是個人必須去做或不可以做的行為，相對地，次級規則所涉及的都是初級規則本身的事項，亦即規定了初級規則之被確定、引進、廢止與變更的方式（the primary rules be conclusively ascertained, introduced, eliminated, varied）以及違規事實被確認的方式[4]。

對於初級規則的不確定性，簡單的補救方式，就是引進（introduce）我們稱之為「承認規則」（a rule of recognition）的規則。承認規則會指出某個或某些特徵，如果一個規則具有這個或這些特徵，而被確認為該社群的規則，就應該由該社會的壓力予以支持。此種承認規則可能以各種不同的形式存在，包括簡單的或複雜的。在許多早期社會的法律中，這些承認規則可能是記載於某文件上，或鐫刻於公共石碑上（carved on some public monument）而已。從歷史演進的角度來看，由前法律社會到法律社會（from the pre-legal to legal）的這一步，可以分為幾個階段；其中第一個階段就是將本來不成文的規則形諸文字，雖然這是相當重要的一步，卻不是關鍵的一步。關鍵的一步是承認此書面或鐫刻於石碑上的規則具有權威性（the acknowledgement of reference to the writing or in scripting as authoritative），凡有此種承認存在之處，就存在著一個相當簡單的次級規則，這是一個能決定性鑑別課予義務的初級規則的規則（a rule for conclusive identification of the primary rules of obligation）[5]。

---

[4] H. L. A. Hart Ibid.
[5] H. L. A. Hart Ibid.

在一個已發展的法律體系中，「承認規則」當然更為複雜，它們不是透過單獨一份文本或列表來鑑別初級規則，而是透過初級規則的一般特徵來鑑別，這個特徵可能是指這些初級規則是由特定機構所制定的（their having been enacted by a specific body），或者被作為習慣而長期實踐的（or their long customary practice），或著它們（初級規則）與司法裁判有相關性（or their relation to judicial decisions）。通常在法律體系的適用上，我們會讓成文法優於習慣或判決先例，從而使成文法成為「法律」較優越的淵源（the statute being a superior source of law）。「承認規則」還展現了許多法律特徵，透過提供權威性的標識（by providing an authoritative mark），引進了法律體系的觀念，如此一來，規則就不再是一群個別而沒有聯繫的規則的集合，而以簡單的方式被統一起來。此外，在確認某規則是否在權威性規則的列表上時，我們可以「法律效力」（legal validity）作為這個觀念的根源（the germ of the idea of legal validity）[6]。

對於初級規則體制的靜態特質，我們引進了所謂「變更規則」（rules of change）加以補救，此種規則最簡單的形式，就是授權給某個人或一些人為整個群體的生活或其中某一階層的人的生活，引進新的初級行為規則（empowers an individual or body of persons to introduce new primary rules for the conduct of the life of the group, or of some class with in it），以及廢止舊的規則（to eliminate old rules）。這個規則（變更規則）可能相當簡單，也可能相當複雜，因為所規定的權力（授權的權力）可能毫無限制，也可能以各種方式對於授權加以限制。這些規則除了規定誰是立法者之外，可能還以硬性的措辭，界定立法所須遵循的程序（define in

---

[6] H. L. A. Hart "The concept of Law", Chapter V參閱。

more or less rigid terms the procedure to be followed in legislation）。變更規則與承認規則之間有非常密切的關連，凡前者存在之處，後者（承認規則）必然要將立法包括進來，作為規則的鑑別特徵。在承認規則之下，通常某份官方的證明文書或官方立法文件將足以作為立法行為已完成的證據。如果一個簡單的社會結構，其立法是唯一的法源，則承認規則將簡單地將立法行為作為唯一的鑑別標準或判準。

簡單的初級規則體制中，因社會壓力之分散，而導致無效率的補救，我們給它的第三個補充的方法，就是由幾個次級規則組成，授權某些人對於特定場合中，初級規則是否被破壞做出權威性的決定。這個最低度的裁判形式（the minimal form of adjudication），我們稱為「裁判規則」（rules of adjudication）。除了指定誰是裁判者外，也同時界定裁判者必須遵循的程序（define the procedure to be followed），就像其他次級規則一樣。這種規則（裁判規則）和初級規則處於不同的層次，雖然可能透過其他規則對法官課予裁判的義務，藉以強化裁判規則，但裁判規則本身並沒有課予任何義務，而是授予司法權力（they do not impose duties but confer judicial powers）及對違反義務所作的司法宣告（judicial declaration）。像其他的次級規則一樣，這些裁判規則界定了一套重要的法律概念（define a group of important legal concept），諸如法官或法院的概念。（the concept of judge or court），審判管轄權的概念（the concept of jurisdiction）等。一個授予審判管轄權的規則也會是承認規則，而法院的判決也將成為法律淵源（a source of law）。

如果我們回到課予義務的初級規則，承認規則，變更規則和裁判規則等次級規則之結合所產生的結構，我們不僅掌握了法律體系的核心，也有最強有力的工具來分析困惑著法學家和政

治理論家（the political theorist）的一些問題。此不僅是律師在專業上所關注的特定法律概念，其他如義務和權利，效力及法源（obligation and rights, validity and source of law），立法和審判管轄權（legislation and jurisdiction）以及制裁（sanction）等概念，從這些要素結合的觀點，都可迎刃而解，而且國家權威和官員等概念也需要同樣的分析，這些新概念，包括立法、審判管轄權、法律的效力，以及私人或公共的法律權力等，必須透過內在的觀點（the internal point of view）加以分析[7]。

參、法律體系的基礎

　　依照奧斯丁的命令理論，一個法律體系的基礎（the foundations of a legal system），建立在以下這個情境：社會群體的大多數成員習慣性地服從由主權者所發布，以威脅為後盾的命令，而主權者本身並不習慣於服從任何人（the majority of a social group habitually obey the orders backed by the threats of the sovereign person or persons, who themselves habitually obey no one）。奧斯丁認為這是法律存在的必要且充分的條件（the necessary and a sufficient condition of the existence of law），這種社會情境（social situation）的理論無法闡釋現代國家內部法律體系的一些顯著特徵（the salient features of a modern municipal legal system），這個理論包含一些關於法律的重要面向的真理。然而這些真理唯有透過另一種更

---

[7] H. L. A. Hart Ibid.

為複雜的社會情境作為基礎，才能說得清楚，其重要性也才能正確評估；此即屬於次級規則的承認規則被人接受且用來作為辨識課予義務的初級規則，如果有任何一種社會情境能夠成為法律體系的基礎，那就是這一種社會情境[8]。

任何一個承認規則被接受的地方，民眾與政府官員就擁有辨識課予義務的初級規則的權威標準（authoritative criteria for identifying primary rule of obligation）。這種標準可以各種不同的形式呈現（take any one or more of a variety of forms），包括引證權威性的文章（reference to an authoritative text），立法規章（legislative enactment），習慣的踐履（customary practice），特定人士所發表的一般性宣示（general declaration of specified persons）或過去特定案件中的司法裁判[9]。（past judicial decisions in particular cases）。

現代法律體系中的法律淵源（source of Law），相當多樣，因此相對應的承認規則也更為複雜，鑑別法律的標準也多，通常包括一份成文的憲法，立法機關通過的法案，以及司法的判決先例。大多數情況下都會以明文規定這些鑑別標準適用的先後順序。例如英國是一個不成文憲法的國家，它的法律體系就明定成文法（statute）優於普通法（Common law）適用，在英國的法律體系中，成文法優於習慣法與判例，因為習慣法與普通法皆可被成文法（制定法）剝奪其法律地位（legal status）。但習慣法與普通法的法律地位，並非來自國會立法權的默然的行使（默許）（tacit exercise of legislative power），而是來自於承認規則的接受，此承認規則賦予習慣與判例獨立的法律地位，但在法律適用的優先順序上遜於成文法。在法律體系的日常運作中，「承認規則」

---

[8] H.L.A. Hart "The Concept of Law", Chapter VI.

[9] H. L. A. Hart Ibid.

殊少直接被設定為一項規則（a legal system its rule of recognition is very seldom expressly formulated as a rule），大多數情況下，承認規則並未被陳述出來。（is not stated），而只是在特定規則被認定時，才顯示其存在（its existence is shown in the way in which particular rule are identified）。

當法院判斷某項特定規則可以正確地被認定而成為法律時，在這個基礎上所作的判決結論，法院所說的，就具有特別權威的地位（has a special authoritative status），就這個性質而言，一個法律體系的承認規則就像一項比賽的得分規則一樣（like the scoring rule of a game）。在比賽過程中，決定參賽者得分的行為，它的一般規則很少被詳細陳述出來，通常是被裁判或參賽者直接使用，以判定那個特定階段分出勝負[10]。

在法律體系中，也如同官員（裁判或記分員）在比賽中的聲明一樣，擁有由另一些規則所賦予的權威地位。但在鑑別法律體系中的特定規則時，法院或其他人員對於未經明述的承認規則（unstated rules of recognition）的使用，如同比賽中裁判與球員對於一般比賽規則未經明述一樣，對於承認規則的使用，正是表示一種內在的觀點（the internal point of view），以表明他們接受承認規則作為指導的規則（as guiding rules）。例如一般人或法官常常會說，「法律規定如何如何……」這樣的表達方式是表明接受承認規則的一種內部觀點，但如果我們說「在英國，他們認為凡是女王在國會所通過的，就是法律……」（whatever the Queen in parliament enacts……as law），這就不是以一種內部觀點表示接受承認規則，而只是以一個法律體系的外部觀察者（an external observer）自然而然使用的語言。這位觀察者自己並不接

---

[10] H. L. A. Hart Ibid.

受該項承認規則，而僅說出他人接受該承認規則的事實而已[11]。內部觀點與外部觀點的陳述，牽涉到法律效力（legal validity）的問題，而法律效力這個概念。在法律有效（validity）與法律實效（efficacy of law）之間產生複雜的關係。「法律實效」意味著一項規範某種行為的法律規則，大部分情況下都會被遵守。舉例來說，如果一個人犯法，依照法律規定，一定會被制裁。這樣的陳述語，表示法律規定是一種強制的要素，這個規範在大多數情況下是有效的。換言之，一個人犯罪而被法院判刑，並依規定服刑，就表示這個法律具有實效。反之，一個人犯罪，依法應受制裁，但由於某種原因，無論是犯罪逃逸或司法行政的環節出問題，以致犯法者逃過法律的制裁，這就說明法律規則有效，但無實效。不過在法律體系的規範上，任何規則的效力與實效之間沒有必然關係。除非該體系的「承認規則」被稱為「廢棄規則」（rule of obsolescence）的條款，任何規則如果早已不再具有實效，則不能被視為該體系內的規則。但某特定規則的缺乏實效（inefficacy of a particular rule），應與人民或官員對於某法律體系之規則的普遍漠視（general disregard of the rules of the system）區隔開來。如果人民與官員對於構成法律體系的次級規則長久的漠視，是發生在一個新的法律體系上，我們可以說，此一次級規則從來沒有成為某群體的法律體系。若是發生在一個曾經存在過的法律體系上，則我們可以說，此一次級規則已不再是該群體的法律體系。在這種情形下，不管是使用該體系內的初級規則來衡量特定人的權利義務，或是在該體系內根據承認規則來衡量一個規則是否有效，都已不具意義。

---

[11] H. L. A. Hart Ibid.

一個人若對於法律體系內特定規則的「效力」做出內部陳述（internal statement），即是建立在「這個體系是普遍具有實效」的基礎上。假如一個法律體系從未成立或已被廢棄，也是無意義的。法律體系效力的理論認為主張一個規則有效，就是預測它會被法院執行，或預測其他政府官員會依照它的規定採取某些行動。這種理論類似對於義務（obligation）的預測性分析（predictive analysis）。這兩種理論有著相同的動機，就是希望藉此避免對「效力」這個概念做出形而上的詮釋，但把法律效力理解為對官員未來行為的預測，把效力等同於官員的特定行為，也是錯誤的。在裁判過程中，法官所說的「某項規則是有效的」，他只預設（presuppose），而非說出（state）法律體系具有普遍實效。

　　法官所說的「某項規則是有效的」，只是一種內部陳述，這樣的陳述所構成的，不是一種預言，而是裁判理由（reason）的一部分。但如果這句陳述語是由一般人民所說的，就可能比較接近某種預言。提供衡量法律體系內其他規則之效力的「承認規則」，在某個重要意義上，可以說是「終極的規則」（ultimate rule）。在最高判別標準（supreme criteria）與終極規則這兩個概念中，我們可以對「優越的」（superior）與「從屬的」（subordinate）的判別標準，來做比較。所謂優越的與從屬的，其意義只是指出規則在天平兩端的相對位置，絕不隱含任何在法律上不受限制的立法權力（unlimited legislative power）。在法律理論中，「最高的」與「不受限制的」兩個比較詞，十分容易混淆，因為在較簡單的法律體系中，「具有終極性承認規則」，「最高的判別標準」與「法律上不受限制的立法者」，這幾個觀念往往是重合的。如果一個立法者不受任何憲法上的拘束，並有權立法廢除任何從其他來源產生的法律規則之法律地位，則在此

法律體系中勢必有這樣一條承認規則，即「該立法者所立之法，乃法律效力之最高判別標準」。檢視各國憲法理論，英國的情況就是這樣，在英國有句諺語說：「英國國會（parliament）除了不能使男人變為女人，女人變為男人外，其他無所不能」。在美國就沒有「法律上不受限制的立法者」的立法機關，但美國的法律體系仍然包含一個具有終極性的承認規則，並在其憲法條款內包含著一個最高效力的判別標準，例如美國國會的立法權限並無明白限制，但聯邦國會的立法是否合憲或有效，可經由聯邦法院的司法審查（Judicial review）加以判定，此一司法審查權具有終極性的「承認規則」的性質。在英國則某項法律符合「凡女王在國會（Queen in Parliament）通過者」即為法律，這就是英國制定法有效的終極規則。因此，在英國不論法院、政府官員或一般人民，都使用這條終極規則作為終極承認規則。

強調承認規則具有法律終極性（legal ultimacy）的學者，認為一個法律體系內的其他規則之效力，可以透過承認規則而被確認，但承認規則本身的效力卻無法被確認，它的效力是被「假定的」（assumed）。作為前提的（postulate）或是一種「假設」（hypothesis），這種說法很容易產生誤解，若謂透過承認規則所確認的「法律效力」是被假設而無法被證明，無異說一個「度量衡」所定的標準只能被假定，但不能被證明，這豈非荒謬？因為如果重量、體積、數量等標準是檢驗一項規則是否存在的方法，就是去查明一件事實是否存在。這件事實就是：一定的行為模式，實際上是否被接受為一項準則，並是否具備作為社會規則所應擁有的特徵，而能夠與單純的眾人一致的行為習慣區分開來。在英國存在一條規則，要求人們進教堂時脫帽，透過在社會群體的實踐中發現一項存在的事實，我們就能夠理解「承認規則」作為一項社會規則，其存在乃是一項事實。如果這種規則確實存在

於社會群體生活的實踐中，我們就沒有必要再去討論這項社會規則「有沒有效力」，一項存在的社會事實（social fact），到底有沒有價值或合不合意，是可以討論的。一旦它的存在已被確認為事實，再去肯定或否定它的效力，或者說「我們假定其效力，但無法證明」，只會把事情弄得更模糊。

在一個成熟的法律體系中包含著一條承認規則，任何規則都要透過符合該承認規則所提供的判別標準，才能成為該法律體系的一環。如此一來，「存在」（exist）這個字就有了新解。「一條規則存在」這項陳述，僅僅說出一種特定的行為普遍地被接受為實踐上的標準，這件事實意味著「在符合法律體系的效力判別標準下，是有效的」，承認規則的存在是事實的問題[12]。（a certain mode of behavior was generally accepted as a standard in its existence is a matter of fact）。因此，一個法律體系的存在，有兩個最低的必要與充分的條件：其一，這些行為規則（those rules of behavior）之有效，根據體系的最終有效標準（the system's ultimate criteria of validity）必須普遍被遵守。其二，承認規則所規定的法律效力標準以及變更規則或裁判規則（rules of Changes and adjudication）必須有效地被接受為官員行為的共同標準（as common public standards），第一個條件是公民私人唯一需要滿足的，他們無論何種動機只會遵守那部分，在一個健康的社會裡，他們在事實上經常接受這些規則當做行為的共同標準，也認知到一個遵守行為規則的義務，甚至於將這個義務推進到遵守憲法的普遍義務。

第二個條件必須同時由這個體系的官員來滿足，他們必須把這些規則視為官員行為的共同標準，嚴厲評估他們自己和其他人

---

[12] H. L. A. Hart Ibid.

的偏差行為為失誤不當的行為。除了這些外，還要有許多初級規則適用於官員，他們只需要去遵守[13]。

肆、哈特學派的遺緒

　　哈特的《法律概念》一書於1961年出版後，其有關法律本質（the nature of law）的觀點，大受肯定。但也相繼有許多法學家對哈特的觀點提出批評，其中最重要也最有力的挑戰者，應屬哈特牛津大學法理學的後繼者，美國法律哲學家德沃金（Ronald Dworkin）。他對哈特的批評可以說是全面性的，從質疑法律的規則性格，反駁哈特所謂的「承認規則」有能力辨識所有的法律規範，一直到否認法官在判案過程中有司法裁量權等等。德沃金更以英美法上幾個知名的困難案例（hard case）為例，抨擊哈特的學說忽略了「法律原則」是法律體系中的隱含的法律（implied law），無法由哈特所提出的承認規則來鑑別，這一點後來哈特也在其《法律概念》一書的〈後記〉（postscript）裡承認是該書的一大缺陷。英美法律實在主義（legal positivism）陣營，經過德沃金的挑戰之後，一分為二，形成了所謂剛性與柔性法律實在主義（Hard and soft legal positivism）兩種理論。剛性實在主義者堅持法律是由不涉入任何道德價值判斷之社會淵源（social source）所認定的社會事實（social fact），而法律原則乃是法律背後的詮

---

[13] 本章各節參閱1 H. L. A. Hart "The Concept of Law" chapter V and VI. 2 J. W. Harris "Legal Philosophies" second Edition, pp.118-127. Oxford University press, 2004. 3許家馨、李冠宜合譯，哈特著《法律的概念》，台北，商業周刊社出版，2010二版。

釋理由,不是法律本身。柔性法律實在主義者則主張法律有效性的判斷標準,除了形式的規則之外,也可以包含實質的道德原則(moral principles),是以法律原則是有效的法之規範。至於哈特本人則在其1961年的原著的〈後記〉裡,肯定柔性法律實在主義之主張,認為承認規則可以溶入(incorporate)道德原則或實質價值判斷作為法律有效性的判斷標準[14]。

　　德沃金注意到在法律案件裡,法官通常會訴諸一些法律原則為其判決辯護,可是這些原則並沒有明顯的成為法律。他以雷格斯控帕爾瑪一案(Riggs V. Palmer)為例,該案中一個年青人為了從祖父的遺囑中繼承遺產而謀殺其祖父。雖然被判謀殺罪,但這個年青人仍然提出繼承財產的法律訴求(made a legal claim on the estate),主張沒有任何法律阻止謀殺者繼承被害人的遺產,因為制定法白紙黑字在那裡,並沒有取消謀殺者從被害人那裡繼承財產的規定,但法院仍然提出駁斥所請求的原則,理由是沒有人應被允許因自己犯錯而獲利[15](no one should be permitted to profit by his or her own wrong-doing)。法官在此案中訴諸道德原則所做的判決,看似違反白紙黑字的制定法(plain reading of statutes)或既成的判例(settle precedents)所要求的,但這種判決卻是司空見慣,也是行得通的解釋(one available explanation)。但對於實在主義者的法律探討方法卻是有很深的傷害,因為這些原則在道德上有吸引力,使其成為法律的一部分,可以被法官援為特定判決的辯護理由。凡接受那樣解釋的法律實在主義者,就不再是一個法律實在主義者了。這樣的結果將會否定所有法律規範終究有它作為社會事實的地位,要維持一個法律實在主義者,必須繞過

---

[14] 參閱哈特《法律概念》中文譯本序文第VIII-XII。
[15] Mark C. Murphy "philosophy of Law" the fundamentals, p.32, Blacksell publishing ltd. 2007.

直截了當的解釋，而提供一個另外的選擇。提供另外的選擇，其任務就是不使道德原則成為法律的一部分，這就是在法律實在主義陣營一分為二的根源所在。

　　不管法律實在主義應該是剛性的（hard），還是柔性的（soft），是排他的（exclusive）還是包容的（inclusive），非置入主義的（nonincorporationist），還是置入主義的（incorporationist），兩個陣營之間的問題，應該放在法律是一個社會事實應被理解的拘束上。剛性與柔性兩種實在主義皆承認法律與道德之間沒有必要的關連（there is no necessary Connection between law and morality），他們所不同意的觀點在道德有無可能置入法律裡（Whether it is possible for morality to beincorporated into law）。剛性實在主義者說，「不可以」。蓋法律的社會性，其意義乃是法律存在任何社會，完全是一個社會事實的問題（the existence of law in any community is entirely a matter of social fact），一點也不是道德的事實（not at all a matter of moral facts）。剛性實在主義者回應德沃金的說法，主要是否定道德原則成為法律的一部分而被法官運用，而不是當法官從事道德的推理時（judges engage in moral reasoning），不可以越過法律去做判決。柔性實在主義者則說：是的（yes），某個社會的法律內容（the Content of the law），是否包括道德規範（moral norms），它本身就是該社會的一個社會事實的問題。柔性實在主義者回應德沃金的說法則是；道德原則將成為一個社會的法律的一部分，因為該社會裡的承認規則認知道德或道德的某部分，如同法律一樣[16]（that society acknowledges Morality, or some part of morality, as law）。

---

[16] Mark C. Murphy Ibid, p.33.

讓我們更具體的來看問題之所在，舉例言之，假定我們考量美國憲法條款所宣示的，不可以加諸人民殘忍而不尋常的處罰（Cruel and unusual punishment shall not be imposed）。有人可能會想到「殘忍」在此是一個道德的意念（a Moral notion），稱呼一種行為「殘忍」，有一部分就是對該行為的道德評價（to make a moral assessment），現在問題是這個憲法條款的存在，包含了已經置入法律的道德（imply that morality has been built into the law），因此法律涉及處罰就不是單純的所謂承認規則，在美國倚輕倚重的問題（not simply a matter of the rule of recognition holding sway in the united states）。我們不認為憲法的地位就如同在該承認規則之下的法律，也認知那些行為在道德相關意義上是殘忍的問題。剛性與柔性實在主義者都同意，殘忍與不尋常的處罰是否會被施加，那也是美國依賴一個社會事實的法律。事實上，有一個道德評價的「承認規則」把美國憲法的內文像法律一般的固定著。他們所不同意的是，道德的事實是否包括殘忍，而殘忍的定義又如何解釋？把人的手指放在滾燙的油上是殘忍的，同樣的，用長柄大鎚打人的膝蓋骨也是殘忍的，這些道德判斷都隱含在法律裡（implied in the law）。

柔性實在主義者主張法律沒有理由不能置入「殘忍」或「不尋常處罰」這類的道德價值（moral values），雖然哈特在《法律的概念》一書裡並沒有清楚提到這個觀點，但在該書的〈後記〉裡，哈特回應了德沃金的批評，表示肯定柔性實在主義者的觀點。但他也承認容許道德價值置入法律，可能使法律內容更不確定，因而提醒柔性實在主義者，法律不確定也是一種罪惡（one of the evils），正好引進法律朝向救濟。然而柔性實在主義者卻認為「確定性」並不是法律要去實現的唯一價值（certainty is not only value that law might aim to realize），「不確定性」也可能有助

於社會在他的法律規範裡置入道德價值。柔性實在主義者似乎附和法官尋求適用規範的事實，讓法官看到自己從事於道德推理（moral reasoning）以發現法律是什麼。不過，除非道德價值本身已含蓋在法律裡，否則很難發生法官從道德推理中發現法律是什麼的案例[17]。

剛性實在主義者陣營中最精巧細密的捍衛者（the most elaborate defence of hard positivism）應屬拉茲（Joseph Raz），他是哈特的學生，也是哈特法律實在主義的主要傳人。他在哈特所建構的法理基礎上進一步補充實在法學不足之處，他提出有關法律規範性（the normativity of law）與法律權威性（authoritative dictate）兩個觀點，他說老生常談的法律權威性，必須被理解為法律要求真正的權威，如果法律要成為真正的權威，它就必須要有一種能夠成為真正權威的東西，我們可以稱為「權威的潛能」（authority-potential）。拉茲的第二個觀點，「權威的角色」（the role of authority）是要能給人民指令，幫助人民有好的行為，也就是做好事，依理智做他們所做的事。拉茲稱這個叫「權威的服務概念」（the service of conception of authority），如果人民依理智做好事，那就是適用法律規範。拉茲結合這兩個觀點為剛性實在主義辯護。因為法律必須有權威的潛能，只是一般老百姓能理解的法律的必要條件，而沒有經過道德的思考（moral deliberation），沒有經過道德思考的道德價值就無法置入法律[18]。

拉茲當然承認法律裡有清楚的道德置入的法律語言，但他所否定是那些法律的表相。當法律說不可以對人民施予殘忍的處罰時，在拉茲看來，其意思並不表示法律置入了道德價值，而

---

[17] Mark C. Murphy Ibid, p.34.
[18] Mark. C. Murphy Ibid, p.35.

必須等到一個權威的裁決，例如一個法官在法庭上決定什麼樣的處罰算是殘忍。在此之前，法律在處罰上是未決的（the law on punishment is unsettle）。法律可能授權法官從事道德推理以決定是否取消某項制定法，只是我們不瞭解這是一個法官在發現法律是什麼的案件，還是法官在操作一個有限度的立法的權力。

剛性與柔性實在主義的爭辯，是一個關係社會性與權威性如何結合在一起以適合我們法律概念的辯論。剛性實在主義者要求權威的必要條件，實際上是放在一個很高的需求上，使法律由社會事實來決定；而柔性實在主義者反對，他們主張法律規則的內容，由社會事實來決定，在這些問題上，剛性實在主義者最後走上與自然法理論結合的路上。

法律實在主義的傳統，在英國歷史上常將邊沁、奧斯丁和十七世紀的霍布斯連結在一起。霍布斯是英國法律實在主義的先驅，他主張除非經由某種理性意志刻意訂定的命令，且有施加於他人的權力，否則沒有實在法律的存在。這個主張係針對某些獨立存在的行為標準或原則而來，而法律則源自於此一標準或原則，此一法律原則即是自然的權利原則。人所制定的實在法律與自然法相牴觸就不是真正的法律。不過，十九世紀的法律實在主義法學家奧斯丁卻說：「法律存在是一回事，法律的好壞是另一回事」（The existence of law is one thing, its merit or demerit another）。自是以後，英國的法律實在主義法學家就必須認真區別兩個任務（two tasks）；一個是說明任何法律存在的先決條件是什麼（the task of elucidating what are the prerequisites of any law's existence），並對法律的實際存在予以描述；另一個任務則是審查現行法律的道德價值與其優劣點，並對拙劣的法律提出改革建議（the task of reviewing the moral merits and demerits of existing laws, coupled with proposals for reform of the unmeritorious one）[19]。

　　邊沁與奧斯丁同屬功利主義者，其主張之基礎雖不同，但對法律的道德價值之優劣有一個客觀的檢測標準，就是含蓋在「最大多數幸福的原則上」（Contained in the geatest happiness principles）。哈特並不同意所有法律都是經過深思熟慮的立法決定的。他的法律規則理論是以社會規則（social rules）來建構的，他認為法律規則如同社會規則一樣，有其社會淵源（social source），且完全根植於社會中人的實際踐履實行，法律規則既不是，也不包括源自於客觀上先存有效的人類行為的自然標準（legal rules neither are, nor include, nor derive from objectively pre-existing and valid natural standards of human Conduct）。哈特同意法官在法律適用上有某種裁量權（judges have certain discretion in applying the law），他們有運用解釋的裁量（interpretive discretion），在裁量時也許必須求助於道德標準（have recourse to moral standards），但道德標準顯然有別於法律規則，不是實在法律的一部分。從這點來看，剛性與柔性實在主義兩陣營所持的論旨，其實差別不大。在理論與道德的基礎上，哈特選擇道德價值不應被當做法律有效的必要條件處理。他的立論基礎相當薄弱，也不令人滿意。因此哈特最後只有訴諸於道德批判的自主與至上的論述（an appeal to the autonomy and supremacy of critical morality）。究實言之，法律事實上與道德是有相關性的，只是就實在主義的立場，永遠不能認為道德在法律上是決定性的（should never be deemed, morally conclusive）。法律之所以稱為法律是由於它屬於法律體系的結構與功能的特性，而不是也不可以假設為一個開明的道德需求（not can be presumed to be demands of

---

[19] Neil MacCormick, "H. L. A. Hart" Edward Arnold, Ltd, 1981.

an enlightened morality）。哈特作為一個法律實在主義者就是因為他是一個批判的道德主義者（a Critical Moralist）。依照哈特的觀點，一個法律秩序，在實在道德意義上，就是一個道德秩序（a legal order is, in the sense of positive morally, a moral order）。

　　哈特接受富勒（Lon Fuller）的觀點，承認即使惡法也有某些內在的道德（even bad laws have a certain inner morality），凡屬於一個規則體系的法律，經過公布且能夠執行，由官員正當的施行，則在此一法律體系裡，至少具有某種內在真實的道德性（some intrisic moral virtue），在法律與道德之間有一個必要的概念連結（conceptual link between the legal and the moral），但法律效力（legal validity）與道德價值之間應作區別，乃是法律實在主義者所堅持的。總之，哈特所堅持的是法律效力與道德價值之區別，就是一個道德的理由，每一個實在法律或實在道德秩序，永遠要接受一個開明的道德批判來評斷[20]。

---

[20] Neil MacCormick Ibid. p.161-162.

CHAPTER 8

社會法學

壹、前言

社會法學（The sociological Jurisprudence）淵源於奧地利法學家龔普洛維奇（Ludwig Gumplowicz, 1838-1909），龔氏原為波蘭的猶太人，1897-1909年任教於格拉茲（Graz）大學，教授公法。他推崇社會學，把一切社會現象看成是不同因素間的一場無止境的鬥爭，亦即認為社會之發展起源於衝突（social development rose out of conflict），最初是種族群體間的鬥爭衝突，其次是由強者集團所形成的國家間的鬥爭衝突，（the conflict between the states formed by stronger group），最後則是國家中階級間的鬥爭衝突（finally between the classes within the states）。法律是國家中強者為達到目的的一種最重要工具，法律依照龔普洛維奇的看法，乃是少數強者支配多數弱者的工具，並作為不平等與社會差異的一種必要的表現（a necessary expression of inequality and social differentiation）。龔氏的思想頗受英國生物學家達爾文（Charles Darwin, 1809-1882）「進化論」所謂物競天擇，適者生存，以及哲學家史賓塞（Herbert Spencer, 1820-1903）社會演變學說之影響。也鑑於奧匈帝國統治時期各種種族間不停鬥爭，而激發他原始鬥爭的社會學理論，認為法律是社會的產物，不是由神的啟示或人的理性所創造，自然法根本是一種想像的荒謬的產物（preposterous product of the imagination）。制定法律不是為了實現公道，而是便於社會中的統治階級進行他們的剝削工作[1]。

---

[1] 參閱W. S. Carpenter "Foundations of Modern Jurisprudence" Part one (Theories and systems of Law) 及劉鴻蔭著《西洋法律思想史》第184-185頁

龔普洛維奇的社會學思想橫越大西洋後與新思想交會，其主張被大大修正。美國偉大的心理學家威廉詹姆斯（William James, 1842-1910）於十九世紀末期以實驗主義的方法研究人類經驗，反對當時風靡一時的理性主義（rationalism）。詹姆斯是美國著名的心理學家和哲學家，也是十九世紀末二十世紀初實用主義（Pragmatism）的創始者之一。詹姆斯把人類的需求（demands）與願望（expectations）的滿足，賦予倫理的價值。他指出：「善的本質乃是單純的滿足需求」（the essence of good issimply to satisfy demand），因為每一樣東西為人類所冀望者，就那事實而論，便是一種善（a good），從而倫理哲學的指導原理，無非在隨時盡我們所能去滿足眾多的需求。歷史的過程不是別的，而僅是人們奮鬥，一代一代尋求一個包羅廣泛的秩序（the more inclusive order），發現某些實現你自己理想的方式，同時並能滿足別人的需求。只有那樣的秩序，才是走向和平的途徑[2]。

　　詹姆斯的倫理觀念對當時美國最負盛名的法學家龐德（Roscoe Pound, 1870-1964）影響甚大，可說是龐德社會法學理論的奠基者之一。其他對龐德法學產生影響的，有德國的法學家耶林（Rudolf von Jhering, 1818-1892），柯勒（Joseph Kohler, 1849-1919）和史丹姆勒（Rudolf Stammler, 1856-1938）。龐德1870年出生於美國中部內布拉斯加（Nebraska）州的一個邊城小鎮（林肯城），1884年進內布拉斯加大學修習植物學，1888年畢業。其父親是一名律師，後來任法官，他希望龐德棄植物學改讀法律。1889年龐德到哈佛大學法學院攻讀法律一年後，回家鄉林肯城執行律師業務；並繼續修讀植物學，得到植物學博士學位。1890年至1903年在加州大學任教，並擔任內布拉斯加州最高法院上

---

[2] 參閱張文伯編者《龐德學述》第39頁，中國文化學院法律研究所叢書，民國56年11月出版。

訴審法官（1901-1903）。1907年至1910年先後在芝加哥大學，西北大學任教。1910年至1936年在哈佛大學任法學教授和法學院院長，1936年自哈佛大學退休。1946年至1949年應邀到中國擔任國民政府司法行政部及教育部顧問，從事中國的司法與教育制度的改革。他的法學理論有一部分鼓舞了二次世界大戰期間美國羅斯福總統的新政計劃（New Deal）。龐氏治學精神有非常人所及者，由於天分極高，他不僅為社會法學派之代表人物，為當時的法學泰斗，其對植物學之研究亦卓有成就。而其法律哲學之造詣，堪稱二十世紀法學之巨擘，他精通英、法、德語文，對拉丁文、希臘文、意大利文和西班牙文亦都能運用自如。一生著作宏富，其法學論著達十數本之多，內容涵蓋社會法學、習慣法、法律哲學、法制史、刑事司法、法院組織法、民事上訴程序、法理學、社會利益研究等。其生平最偉大的一部巨著，從1911年計劃寫作開始，歷經四十餘年，直到1959年出版的《法理學》（Jurisprudence, 1959）凡五大冊，約四百萬言，在法律哲學史上罕見其匹，其法學思想之博大精深可見一斑[3]。本章僅就其對社會法學理論影響最大的社會利益學說，摘其精華論述之，縱然不足以一斑窺全豹，亦可幫助研習法律哲學者，得其學說之梗概。

　　龐德採取了詹姆斯實用主義的觀點，以實用的尺度去調整，並保障人類的需求與願望，把法律看成是慾望最大的滿足，而不是自我主張的最大滿足[4]（law as a maximum satisfaction of wants, not a maximum of self-assertion）。

---

[3] 張文伯前揭書參閱。
[4] W. S. Carpenter Ibid.

貳、文明社會的法律基理

　　社會法學派一度是對十九世紀分析法學的一種反動（a reaction against analytical jurists），也是對自然法學說的一種反抗（a protest against the doctrine of natural law）。社會法學派認為公道不是靠對某種假設的更高法律的盲從而來（justice is not to be attained through blind obedience to some supposed higher law），而是透過人類生存的材料加以耐心的實驗才能獲致（but by patient experimentation with the materials of human existence），他們特別強調法律應放眼於法律規範以外，以人類經驗來發展法律，這一方面打開了無限的可能性。法律必須作為整個社會科學的一部分來研究，把「書中的法律」（law in Books）和「生活中的法律」（law in life）分開來。霍姆斯（Holmes）曾經給龐德指出，「研究法律應走功能的路線」，也就是所謂「功能的法學概念」（Functional Conceptions of Jurisprudence）。

　　所謂「功能」就是平衡存在於社會的衝突的利益（conflict of interests），以確保維護最大的社會利益。法律可與其他社會科學合作，本著法律多重意義去研究法律，就各種不同立場去研究價值的問題。研究方法可兼採心理學及哲學的研究，這些都足以說明法學的領域遠較分析法學，歷史法學及實在主義各學派所見到的更為廣闊。功能法學已與各種社會科學聯繫起來，在各方合作下，盡其社會功能。因此，龐德指出當前的社會法學，無論在世界任何地區都要主張下列八點或其中幾點：

　　① 研究法律制度，法律規章及法律學說的實際社會效果。
　　② 為立法的準備而作社會學的研究。
　　③ 研究關於制定法律規章的方法，如何使其在行動中見其

實效。

④ 重視研究法學的方法，就司法、行政、立法及法學各方面為心理學的研究，並就其理想為哲學的研究。

⑤ 創導社會學的法律史，研究法律學說在過去產生什麼社會結果，以及他們如何產生那些結果。

⑥ 承認法律規章個別適用的重要性，就個案為合理與公平的處理。過去曾因儘可能尋求穩定性而犧牲個別公平正義。現在要注意到個別適用制度的研究，包括司法程序與行政程序間關係之研究。

⑦ 在普通法國家（如英國、美國）應有司法部的設置。

⑧ 以上各點趨向於一個目的，亦即就多方面努力，以期達成法律秩序之目的（purpose of the legal order）[5]。

新康德學派的史丹姆勒（Rudolf Stammler）與新黑格爾學派的柯勒（Josef Kohler）這兩位社會哲學派的法學家，對龐德的法學思想有重要的影響。龐德認為史丹姆勒在法律哲學方面的地位，有如康德（Kant）在認識論（知識論）方面的地位。史丹姆勒提醒世人，法律並不是一個抽象規條中的抽象公道問題，而是要尋找通過法律規條所得到的公道結果及與社會理想相適應的法律理念。換言之，不要問法律如何才算公平，而要問我們如何用法律求得公平，亦即不問某一法律規章的抽象公平，而是要以法律規章為工具以實現公平。其次，是把社會理想（social ideal）予以嚴密組織，通過法律規章以衡量公道，並視此為法律之主導因素[6]。但龐德對新康德學派也有批評，認為該學派的法律概念，

---

[5] 張文伯前揭書第33-34頁。
[6] 張父伯前揭書第35頁。

固然重視價值判斷，其結果卻不可能表明出來，而只能以哲學家主觀上所能接受的若干假定為依據，因此，其學說至少需要有所補充。

　　新黑格爾學派的柯勒則認為法律是一種生活的規範，以規範人類之生活。法律不僅是以往文化的產物，而是企圖把過去文化的結果適應於現代文化的產物，亦即法律負有文化傳遞之功能。我們應以人類力量的進步與觀念之發展來解釋法律。因此解釋法律要本諸社會學的觀點，而不是重視尋求立法者個人意思或意志。社會才是真正的造法者（real law-giver），所有立法機關或法典起草人，只是造法者意思表示的機關而已。柯勒最大的貢獻在於將某一個特定時期，特定社會的文化，給予法理的假設（postulate），那便是若干關於正當或公平的原理（principles of right）。而法學家的任務就在如何去發現並編製某一特定時空文化的法律基理（jural postulates），由是而組成一種衡量尺度，並創立理想，以為立法的準據與學理的闡揚，以及司法裁判之適用。凡此重要的觀念，皆為龐德所採擷，以建構其社會法學的思想體系[7]。因此龐德社會法學的立場與觀點，兼採了史丹姆勒與柯勒的觀念，他觀察西方文明社會，發現其間的一些基本原理可以作為文明社會正當或公平的基本原則，龐德在1919年制定五條法律基理，1942年再把這些基理略加修正如下[8]：

　　⑴在文明社會裡，人人必須假定，別人不會故意侵犯他人。（In civilized society, men must be able to assume that others will commit no intentional aggressions upon them）。

　　⑵在文明社會裡，人人必須假定，凡自己所發現並供自己

---

[7]　張文伯前揭書第35-36頁。
[8]　參閱馬漢寶《西洋法律思想論集》第46-47頁及張文伯前揭書第36-37頁。

使用的一切，因自己勞力而獲得的一切，以及在現存社會和經濟制度下取得的一切，均可為有利於自己的目的而加以管制。（In civilized society men must be able to assume that they may control for beneficial purposes what they have discovered and appropriated to their own use, what they have created by their own labor and what they have acquired under the existing social and economic order）。

(3)在文明社會裡，人人必須假定，凡與人交易往來，會依善意而行動，從而①凡因約定或其他行為所造成的合理希望，應設法實現之，②凡自己所承擔之事，應依照該社會之道德觀念予以實現。③凡錯誤所得之物或意外取得之物，而其物在現實環境下，本來不能合理希望取得之者，須用對方所指之物或同值之物償還。（In civilized society men must be able to assume that those with whom they deal in the general intercourse of society will act in good faith and hence: 4a will make good reasonable expectations which their promises or other conduct reasonably create; 5b will carry out their undertaking according to the expectations which the moral sentiment of the community attaches thereto 6c will restore specifically or by equivalent what comes to them by mistake or unanticipated （or not fully-intended） situation, whereby they receive what they could not reasonably have expected to receive under the actual circumstances）。

(4)在文明社會裡，人人必須假定，凡從事某種行為之過程中，應予適當之注意，使別人不致受到不合理之損害危險（In civilized society men must be able to assume that those who are engaged in some course of conduct will act with due care not to cast an unreasonable risk of injury on others）。

(5) 在文明社會裡，人人必須假定，別人保有之物品，若容易遺失，而造成損害者，應將此類物品扣留或保管於適當之場所（In civilized society men must be able to assume that others who maintain things likely to get out of hand or to escape and do damage will restrain them or keep them within their proper bounds）[9]。

龐德所稱文明社會，當指西方科學物質文明發達之各國社會而言，其所提出之法律基理，亦偏重於民事方面，而未及於刑事和其他。而且社會不斷演進，其所包含之法律基本原理，勢必隨時間的演進而斟酌損益，永無已時，實有待法學家審時度勢，增刪其內容，所以龐德於1941年作了三項補充要旨如下：①從事工作者，應予工作上之保障。②實業社會中的企業，應負起眾人謀生之責任。③個人於社會所遭遇之意外不幸，應由整個社會負其責任[10]。

參、龐德的社會利益理論及其評價

龐德的社會利益理論（The theory of social interest）是他對法律哲學的最重要貢獻，也是二十世紀最重要的觀念之一，不僅因為該理論保存了與過去不可避免且有價值的延續性（Continuity

---

9　以上英文文字見Roscoe Pound "Social Control through Law", 1942, pp.113-115.
10　張文伯前揭書第37-38頁。

with the past which inevitable and valuable），同時也因其代表了理性
與妥協的方法（it stands for the method of reason and compromise），
成為民主與自由社會不可或缺的元素。他的社會利益清單（table
of social interests）似乎包羅立法機關與法院的所有公共政策，
至少像俄國化學家孟得列夫（Mende-lejeff）的化學元素周期表
（Mendelejeff's table of chemical elements）在尋找失掉的元素一樣，
提出了鉅細靡遺的利益清單計劃。不過龐德的利益清單並不是由
價值的命題所組成（not composed of value-propositions），諸如法
律基理（jural postulates）一般，而是法律規範構成的價值，既是
目的，也是手段的價值（as ends and as means, for the construction of
legal norms）。但也保留了價值的選擇，舉例而言，如果為了公
共安全（public security）與健康（health）這個社會利益的需要，
而拆除高速公路上妨礙視線的廣告看板（advertising billboards），
這是取得安全的社會利益，然而廣告看板是一項財產，在一般
的價值判斷上，財產權歸類於普遍安全之下（property rights also
classified under general security），這時候財產權須做某種程度的讓
步，但業者廣告收入的損失（owner's loss of advertising revenue）是
否必須補償，其所依賴的因素，龐德的利益清單裡並沒有含蓋[11]
（not covered by Ponnd's table）。

　　事實上，社會利益的調查或清單的編製（the survey or
inventory of social interests），只是決定法律體系之範圍與主要事
項之總計劃的一部分，總計劃（general plan）包括四個其他的
步驟或過程（four other steps or processes）：①決定法律必須尋
求確保的利益（The interests which the law should seek to secure）；

---

[11] John Chipman Gray, "Roscoe Pound: Theory of Social Interests" Selected from Edwin, W. Patterson, "Jurisprudence: Men and Ideas of the Law", pp.518-527.

②被選定的利益，應加以界定與限制的原則（The principles upon which such chosen interests should be defined and limited）；③決定法律所能確保的手段（to determine the means by which the law can secure them）；④考量有效法律行動的限制[12]（to take account of limitations on effective legal action）。

　　龐德利益理論的研究工作始於1913年，至1921年已有初步成果，1943年經過修訂後，再出版。前後歷時三十年，早期的初稿顯示龐德想從社會學尋找社會利益的理論，其理論的形成，霍姆斯（Holmes）的激勵是有功的。法律必須推定人有自我主張，攫取與群居的本能（the law had to reckon with the instincts of self-assertion, of acquisitiveness, of gregariousness），他的結論是，法學家不能安全地使用社會的本能（social instincts）當做利益分類的基礎，因為社會學家不會同意他們的分類。事實上，杜威（John Dewey）社會心理學的著作已經顯示，如果沒有習慣（custom）與習性（habit）作為中介的話，本能並不適宜解釋人類的行為與態度（human conduct and attitudes）。龐德於是轉向一種較不矯飾的方法，找出社會利益的分類（a classification of social interest）。他把法律現象當做社會現象來研究（the study of legal phenomena as a social phenomena），律師可以獻身於一般社會科學的研究，如同法律學一樣，經由觀察法律體系去主張什麼請求（claims）或需求（demand）已迫使或正迫使承認與滿足，而多久才能被承認或確保。這個觀察的資料（the data of the survey）主要在司法的判決與立法，也就是大部分是關於價值評估的命題（for the most part they are propositions about valuations），其實就是觀察者的抽象或概念化的價值（the survey of abstracts or generalizes values）。

---

[12] John Chipman gray Ibid, p.519.

「利益」一詞是邊沁（Bentham）用來當做一種不明確或原始的名詞（as an indefinable or primitive term）。耶林（Jhering）把法律權利當做法律上保護的利益，而詹姆斯（William James）則把要求或需求作為倫理義務之淵源（Jhering's conception of the legal rights as legally protected interest with Jame's conception of a claim or demand as the source of ethical obligations）。龐德結合邊沁與詹姆斯的概念。把個人利益當做要求或需要或慾望即時介入個人生活之中，並以此種生活的名義提出主張。不過論者對龐德的個人利益說，提出兩點質疑：其一，要求（Claim）或慾望（desire）有必要成為實際且持續的主張嗎？一個一歲大的嬰孩正繼承父親留下的一片廣大土地，你說他有一個利益在土地上嗎？如果利益意味著一種主張的請求或慾望的話，那答案顯然是否定的。其二，如果利益意味著一個基本法律權利的核心價值（the kernel of a (primary) legal right），那答案是肯定的。激進的行動派（a radical operationist）如霍姆斯者，有時也會說，在法律訴訟問題未經司法裁決以前，對於財產，是沒有法律權利的（there is no legal right to the property until an act at law is brought in which that issue is judicated）。所以一個基本的權利只是一個法院將做什麼的預言，如果某些事情發生的話[13]（a primary right is only a prophecy of what a court will do if certain things occur）。

霍姆斯的觀點，承認一個基本權利具有潛在的地位（having a potential status），即使現在沒有提出請求或需求的主張，但個人利益的概念已包括了潛在的請求或需求的案例，例如前面提到的那個小嬰孩，當他（她）長大之後，他（她）就會提出請求或需求的主張，即使該嬰孩長大後變成白痴，也可以透過監

---

[13] John Chipman Gray Ibid, p.520.

護人（Guardians），或私人公司透過管理人的指示，主張他的利益。這個概念所蘊含的是個人利益的事實和價值嗎？杜威教授（professor Dewey）主張價值就是事實，（Values are facts），而不同意將事實與價值作對比，個人利益只是人們單純的請求或需求（individual interests are the mere claims or demands of men），杜威把它比喻為一項獎品（prizing）。他說一個扒手在地下鐵在某種情況下，對於我口袋裡的手錶有一個利益，但這不是法律會保護的一種利益。因此，法律的一個功能就是區別法律會保護的利益與不會得到法律保護的利益。第三類的個人利益，龐德稱為「實質的利益」（interests of substance），亦即財產與契約的權利（property and contract rights）。龐德的利益綱目（inventory）包括另外兩個利益的分類，即公共的利益與社會的利益；公共利益（public interest）指在政治組織的社會下（a politically organized society）生活的一些請求或需求或慾望以及以該組織名義提出的主張，這些通常被認為是一個法律的實體（a legal entity）；社會利益包含在文明社會裡社會生活的請求或需求或慾望，以及以此社會生活的名義提出的主張，但通常不會看成是全部社會群體的主張。至於國家則如同一個法律人（The state as a juristic person）具有實質的利益（has interests of substance），它是財產的所有人（a property owner），自然就有實質的利益。例如美國在郵政大樓的利益，即是在此種利益（財產所有人的利益），國家同時也有人格的利益（interest of personality），所謂人格的利益，在某一意義上，是指在國際法上國家的尊嚴與榮譽被承認的利益（national dignity and honor are recognized in international law）。在近年許多制定法下，國家在民事侵害上，如同在契約上一樣可以提起訴訟（the state is surable in tort as well as in contract），亦即國家可以作為訴訟當事人。

公共利益的概念，與羅馬法裡的公民財產概念沒有關連，與英美法裡的公共政策也無關，這個專門術語（the terminology）一開始就混淆不清。龐德把公共利益從社會利益裡分開出來，這一點顯然比耶林更為進步。國家的財產利益和公共政策不一樣，公共政策是在執行公共利益（enforces for the public good），它是社會利益，是整個社會的訴求（They are the claims of the whole society），而政治組織的國家就是社會利益的保護者。龐德指出英國普通法很久以來承認公共政策可以作為法院宣告契約無效的基礎，但英國和美國的法官一般都不信任公共政策，因為它不是清楚能獲致結果，而不信任的理由是基於其他的公共政策，諸如私有財產權利必須保護不被沒收或損害（private property rights must be protected against confiscation or impariment）。因此，十九世紀和二十世紀初期，看法相同的法官都認為公共政策是一匹難以駕馭的馬（public policy as an unruly steed），他們寧願一起騎另外的馬（riding another steed），他們稱為契約自由或賦予財產權利或沒有過失就沒有責任（freedom of contract or vested property right or no liability without fault），其實那只是不同的公共政策，只是一匹不同顏的馬而已。一旦承認司法過程中政策的比重可以考慮（once it is recognized that policy-weighting goes on in the judicial process），因此下一步就要設計一種平衡利益的方法（to devise a method of balancing interests），使它放在同一平面上。龐德的計劃就是在爭議中把各別競爭的利益統攝於社會利益下，以衡量後果的方法，決定支持那種利益。

　　龐德對於社會利益的觀察，歸納出六項分類以及許多的次分類（subclasses）：

(一)普遍安全的社會利益（social interest in general security）：

　　這個利益在法律發展的嚴格法時期（in the period of strict

law），在政策促進下，社會利益得到保護。在後來的政策促進下，個人的自由獲得保護。這些個人自由包括以下各項：

① 免於外部與內部侵犯的安全（safety from aggression, external and internal）；如殺人犯罪（crimes of homicide），重傷害（mayhem），攻擊（assault）和毆打（battery）以及民事侵權的責任（Tort liability）。

② 健康（health），獲得一個成熟的法律體系的關注（a concern of mature legal systems）。

③ 和平與秩序（peace and order），在成熟的法律體系裡，不僅要求對暴民施予鎮壓（not only suppression of mobs）也禁止過分喧嘩（excessive noises）。

④ 交易的安全（security of transactions），包括契約的執行與有效的運送（giving effect to conveyances），取得的安全（security of acquisitions），財產權利的保護（the protection of property rights）。

(二)社會制度安全下的社會利益（social interest in security of social institutions），可細分為：

① 國內（Domestic），即國家內部的關係（the domestic relations）。

② 宗教的（Religious），即對褻瀆宗教及其他傷害宗教感情之行為的懲罰（as indicated in penalities of blasphemy, and other conduct injurious to religions feeling.），但有時認為言論自由的利益比較重要（sometimes outweighed by the interest in free speech）。

③ 政治的（Political），即維護國家與其內部分工部門和政治實務上之必要，諸如言論自由（the freedom of speach）

與投票自由（freedom of the ballot），防止官員的收賄行為（protection against bribery of officials）。

④ 經濟的（Ecomonic），即商業的便利對商業法的影響，此點與交易安全重疊。

(三)普遍道德下的社會利益（social interest in general morals），即保護社會的道德情操（the protection of the moral sentiments of the community），包括以各種方法處罰不誠實行為的政策（policy of penalizing dishonest conduct in various ways），例如性的不道德（sexual immorality），淫穢的文學（obscene literature）和社會的其他道德標準（other moral standard of the community）。

(四)社會資源保存的社會利益（social interest in conservation of social resources），包括以下兩種：

① 物質的資源（physical resources），例如森林的保持（conservation of forests），瓦斯與石油（of gas and oil），灌溉用水（of irrigation water），河岸水濱的權利（riparian rights），遊戲的法律（game law）。

② 人力資源（human resources）：對於家庭眷屬和身心障礙者的保護與訓練（the protection and training of dependents and defectives），例如英國首席法官對於嬰兒、心智不全者（lunatics）和白痴者的保護，以及少年法庭對少年犯罪矯正有管轄權，同時也在社會安全立法範圍內有小額貸款的立法（small loan legislation）。

(五)普遍進步下的社會利益（social interest in general progress），包

括以下各項：

① 經濟的（Economic），諸如自由貿易（free trade），自由競爭（free competition），鼓勵發明（encouragement of invention）和財產自由（freedom of property），解除對財產轉讓與使用的限制（free from restrictions on alienation or use of property）。

② 政治的（political），包括批評的自由（free criticism），意見的自由（free opinion）。

③ 文化的（Culture），包括科學研究的自由（free science）寫作的自由（free letters），鼓勵藝術與創作，以及受高等教育（enconragement of arts and letters and of higher education）。

(六)個人生活的社會利益（social interest in the individual life）；

① 個人自我主張（individual self assertion），包括生理的（physical），精神的（mental），經濟的（economic）。

② 個人的機會（individual opportunity），包括政治的、文化的、社會的、經濟的。

③ 個人的生活條件（individual condition of life）例如美國的公平勞工標準法（Fair Labor standards Act）和州的最低工資法（state minimum Wage Laws）與較早的破產法（Bankruptcy Acts）及免除執行（and exemption from execution）。

以上摘要仍不足以呈見龐德引自羅馬法、歐洲大陸法、英國與美國法包含制定法與判例法所說明的豐富而多樣的內容。龐德社會利益的清單（綱目）是否他的最佳目的，仍有爭論，

惟其分類計劃（plan of classification）已受許多不同因素的影響，包括法官與律師對某些目的的態度，以及其他的歷史發展。派特遜教授（Edwin W. Patterson）質疑龐德的利益綱目（清單）所使用的方法，似乎沒有提出一個客觀的價值標準。他認為龐德的每一個社會利益必須鎖定在三個方法上，也就是必須滿足三個條件：第一，它必須是一個衡量與測試個人利益的工具（it must be a measuring or testing device for individual interests）。第二，它必須從一個特定社會的實在法與法律發展過程中推演出來的。第三，它必須符合該社會成員流傳廣布的一套需求或信念（it must conform to a wide-spread set of demands or conviction of the members of that society）。派特遜認為或許還可以增加第四個條件，就是一個社會利益必須是維持一個文明社會的手段（must be means to the maintence of a civilized society）。所謂文明社會是指有成熟的文化水準（having a mature level of culture），而個人的要求（individual claim）與社會利益的關係，就是維持一個文明社會的屬性（attributes）。龐德的社會利益理論代表了一個目的論的價值觀（represents a teleological axiology），就像邊沁和耶林一樣。不過龐德的社會利益並不是為了取代或推翻實在法的先驗價值（transcendent values），因此批評他的理論是另一種自然法或自然權利學說是錯誤的。社會利益的稱號（the referents of social interests）乃是公共政策所針對的價值，是法律體系的一部分，在這個意義上，龐德精切觀察而編製的社會利益的清單（the table of social interest）乃是一個以文明的法律秩序為目的的想像結構[14]（an imaginative construction of the ends of a civilized legal order）。

---

[14] Edwin W. Patterson Ibid, p.526-527.

龐德的理論，就像邊沁的功利主義一樣，對於立法的形成是有利的（useful in framing legislation），對於上訴審法院的司法過程更為有利，大部分美國法官和幾乎所有的英國法官一樣，喜歡尋找指導他們在問題思考上的精準規則（precise rule）。龐德的社會利益清單適合此類選擇的思考與推論，其與流行的法律秩序的主要價值結合起來，代表了社會秩序穩定與變動的一種需要。

肆、法律作為社會控制之工具

龐德把法律視為現代國家中一種高度專門性的社會規範，透過政治組織與社會壓力，預先設想一種特殊形式（例如法律制度、學說及規條等）以達到社會控制（social control）之目的。換言之，法律乃社會控制之工具。龐德認為社會法學家的任務，是在人類眾多的需求與願望或慾望中求得最完全的保障與實踐，在方法上則以最小的衝突，最小的犧牲，滿足最大的需求的願望。這個問題的解決，只有在法律秩序下，以創設的模式（即立法或創立規則）或有關的技術，循司法與行政程序予以實施。法律之目的，無非是在實現社會的公平正義，而所謂公平正義或公道的概念，就社會法學家的觀點，就是對於社會生活中各種衝突利益或關係的一種調整以及對社會中人行為的管制，而不是以階級鬥爭的方式尋求解決衝突的利益。因此，法律的工作，也可以說是一項社會工程（social engineering）的難鉅工作。

社會法學家和純粹法學派的凱爾遜一樣，主張利益受法律保護才構成法律意義上的權利。因此，無論何種法律，無不為保

護人類的利益而存在，離開利益的概念，法的概念實不能想像。
而所謂利益，依照龐德歸納分類，不僅指物質的，經濟的利益，
尚包含所有能滿足人類價值、感情之意思者，無論是經濟的價值
或倫理的，美的、宗教的價值，凡能使人類感到滿足的事物，皆
有其利益。此不僅指外界的事物而言，內在的人格與尊嚴的滿足
也都包含在內。而法律所保護之利益也不必是各個人主觀感情上
皆認為有利益者，凡在社會一般認知上，認其為有價者，縱使受
保護之個人主觀上不認為有價值者，在法的意義上，仍作為其人
之利益而予保護。然而法律所保護之利益隨著社會國家之演進變
化，而益趨複雜，往昔不視為有利益存在者，今日可能視為必須
受保護之利益。而存在社會群居生活的利益既多且複雜，彼此可
能互相衝突，法律之作用就在維持各種衝突利益的適當調和。在
保護社會全體之利益外，尚須使社會中人各能享有其正當人格的
精神利益與物質的經濟利益。

尤有甚者，法律所保護之利益，常隨社會之情況而異，隨
著時代與社會環境之變遷，法律所保護之內容，必須因應變遷之
需要。社會目的越單純者，其法律所保護之利益亦相對單純。反
之，社會目的越廣泛，其法律所保護之利益則益複雜。是以龐德
以社會法學的立場，編訂了一份法律所要保護的利益綱目或利益
清單（the scheme of interests），此綱目大致分為三大類：(1)個人
的利益（individual interests），即直接與個人生活有關之利益，例
如關於人格、家庭及生計等。(2)公共利益（public interests），即
與政治社會生活有關之利益，例如國家之尊嚴與行政行為等。(3)
社會利益（social interests），即與整個社會生活有關之利益，例
如關於普遍的安全，一般道德（公德），資源保存，普遍的進步
等等。

就社會的客觀現實來觀察，社會上既有各種的利益存在，則

利益與利益之間的衝突，自屬勢所難免。當利益與利益發生衝突時應如何解決？龐德的解決方法是將其所編訂的三大類利益統攝於社會利益，然後衡量其輕重緩急，做一個價值的選擇。具體的說，就是保障其一部，而犧牲其另一部分，而所犧牲的部分，在整個利益綱目內縮小至最低限度，也就是犧牲越小越好的原則。在價值判斷上（value judgement），以符合最大多數人的最大幸福為原則，這也是來自邊沁所創的功利主義的價值標準。凡列入法律保護的利益綱目之內的各項利益，則要保障其充分實現，以期尋求一個更包容的法律秩序（an inclusive legal orders）。法律之功能即在種種衝突的利益中，予以適當的調和與規整，以最低限度的犧牲，最小的磨擦，實現最大多數的最大利益，或使文化價值上比重最大的利益得予實現，法律乃是此一社會工程的工具。

　　上述利益分類之標準，在邏輯上可能無法做到精確的劃分，亦不可能在完全不同的基礎上，用法律所要保護的利益作為標準加以分類。事實上，在龐德的許多分類綱目裡可以發現重複的分類，這說明了有時候一個法律可能要保護許多利益，而一個單獨的利益（a single interest）也可能需要許多法律來保護。通常我們所謂的利益，是以其能得到保護且能充分滿足人類需求或慾望或主張等要素者，才能構成法律意義上的權利。此種受法律保護的利益，即一般所謂的法益，而法益包含個人法益與社會法益等，無論利益綱目如何編訂，必須實實在在地把一套價值或標準轉化為實在的法律規則，才能盡其社會控制之功能。這些只有在一個成熟進步的文明社會裡，透過健全的立法制度與公正的司法程序與行政程序之運作，而形成一個公正有效的法律秩序才能實現[15]。

---

[15] 參閱羅成典著《立法技術論》第3-6頁，民國76年9月修訂三版，台北。

龐德基本上認為法律乃是透過政治社會力量的系統運用，以調整人類的關係。易言之，法律就是規制人類活動的生活規範（as the regime of ordering human activities），在這個意義上，所謂法律，事實上是指眾多具有法律意涵的規範集合體（the aggregate of norms），包括由一個社會所建立或承認的信念（箴言）（precepts），技術（technique）與公認的理想（received ideals）。龐德說，在廣泛的意義上，法律的信念體（the body of legal precepts）可以作為司法與行政的一種權威基礎與指導，同時也可作為司法與行政行為的預測（of prediction of judicial and adminitrative action）。而所謂公認的理想，亦即一個社會的法律理想（legal ideals），其構造或焦點（the frame or focus）可能成為某種社會概念。法律理想的發展方式不同於法律本身，因此龐德呼籲法學家，他們最重要的任務就是誘發法官的良知，使在法律發展中發揮社會與法律秩序的理想圖像[16]（ideal picture of social and legal order）。

　　龐德同時也指出社會發展如同文明的發展，社會與法律的發展相互關連，立法者或法官的任務（the task of the legislator or judge）乃在促進與傳遞文明（to further and transmit civilization）。而法學家的任務則在研究方法，俾法官在維持、促進與傳遞文明時有所助益。法律作為社會控制之手段，應使文明的各個接續階段，得到有效與安全的傳遞。整體來看，法律已適當而有效地執行這個功能。因此法律的發展，事實上已在文明發展的接續階段反映出來。他說，我們看到文明的發展以持續演進的方式在社會中進行，同樣的，法律也在發展，公認的社會理想已在法律中具

---

[16] Law and Society-Ideas and ideologies. pp.21-22. Edited by Eugene Kamenka, Robert Brown and Alice Erh-Soon Tay. Edward Arnold. 1978.

體表現（the ideals embodied in the law），在任何特定時間，將可預期的包含許多恆久的價值會在法律中具體化。法律在一個發展的社會，其演進是經過許多的階段持續進行的。龐德觀察法律的發展歷經了幾個階段進行：其一為原始法時期（the period of primitive law），二為嚴格法時期（the period of strict law），三為衡平與自然法時期（the period of equity and natural law），四為成熟法時期（the period of maturity of law），第五個時期就是當前階段的法律，也就是法律社會化的時期（the socialization of law），這個時期法律的重要觀念就在確保社會利益，其意義在盡可能滿足人類最大的需求，在這方面，社會理想的發展（the development of Community ideals），需由社會哲學家來完成[17]。

伍、法律社會化之目的與功能

龐德在法律發展階段中所稱的原始法（primitive law），係指古代法（ancient law），是一個社會宗教組織與政治組織雛形時期的社會規範，其法律是採習慣的形式。此時期無所謂立法，習慣是被確認並經權威的宣布，目的在維持和平。原始法的特徵是「以牙還牙」的報復主義與集體責任，法之目的在對於血統報復之限制與對加害人之起訴，使侵害行為負賠償責任，而以和解為手段。惟對於侵害行為之補償，並不依其加害之程度及嚴重性予以衡量，而是以加害行為所激起族人的報復情緒為衡量尺度。在

---

[17] Law and Society, pp.22-23參閱。

此階段中，法律之主體為血緣團體而非個人，法律所處理的是有關團體的事，而非僅是個別的加害者，例如雅典最古老的法律——屈拉古法律（law of Draco）就規定，族人中一人被殺害，被害者親人可以捕捉加害者親屬三人，以為報復。

至於嚴格法時期，政治組織社會已出現，並超越血統團體與宗教團體。此一階段以西元前四世紀至二世紀的羅馬法及十二世紀至十六世紀的現代羅馬法，以及十三世紀至十七世紀的英國法為代表，嚴格法的主要特徵為法律高度形式化與程序之嚴格而無變通，而且只有很少數人具有法律人格。此時期的法律程序之所以嚴格而無變通，主要是社會中對政治團體中執法官吏及法庭獨斷權力，懷有恐懼。在法律權利未有明確規定前，以嚴格的程序來制衡法官及司法行為的獨斷專橫，藉以保障人民的權利。但也因為嚴格法的極端形式主義與程序之僵化無變通，而使法律適用結果容易流為非道德。舉例言之，羅馬人用橡樹餵豬，因此十二銅錶法（Twelve Tables）規定，砍他人之樹，可以被起訴。後來羅馬人種葡萄樹，那些尊重傳統的人，便認為葡萄樹包括在「樹」的定義之內。如以砍樹起訴，告訴人必須提出證明他的葡萄樹已被砍下，其訴訟案件法官可以受理。但他如果以葡萄樹被砍為由起訴，則法官不會起訴，因為法律只規定砍樹可以起訴，並未規定砍葡萄樹可以起訴，因為葡萄樹可含蓋於樹的概念裡，而不能成為獨立的法律客體。又如在羅馬法與英國的嚴格法裡，如果以形式契約承認欠人債務，其後確已還清債務，而未取得清償的約據，則債權人仍可訴令其再為清償，亦即必須有一個形式的解除債務約據，才能解除契約義務。凡此等案例，均足以說明嚴格法於道德因素之忽視，而致程序之極，即非道德之結果。因此之故，而有衡平法之興起。衡平法之特點在注重法律原理之推理，而不注重法律條文之表面規定，法官依理性或自然法

之原則，使法律符合道德與公道之要求，由是審理案件較依法官之自由裁量、推理與法庭之道德判斷。換言之，衡平法重實質而輕形式，堅持誠信，以個人之權益保護，代替自力救助，是公力救助之初期。經過這階段才有成熟法的出現。

　　成熟法從西元三世紀末期到六世紀前期，並由十九世紀的現代羅馬法與英美法為代表，其特徵在經由一致性與平等性而尋求安全與利益之保障，非如嚴格法之僅求其確定性。其與嚴格法最大的不同有幾點：①依恃合法的公道，而非法律規定。②關於概念的界說與標準的確立。③尋求利益之保障，並作適當的確定與限制，使與公共安全相容。④環繞權利概念而發展法律體系。此時期關於法律目的及國家功能的新觀念開始提出，並多方面影響法律制度，使法律的發展導入一個新的階段，我們稱之為「法律社會化階段」。

　　法律社會化有一明顯的特徵，就是關於財產使用的限制，十九世紀認為充分自由行使財產權利是所有權的一個主要因素，到了二十世紀法律社會化後，法律對於私有財產的使用限於社會有益方面的自由使用。成熟法時期主張為公共福利著想，需要有訂立契約的充分自由及契約的全部履行，而今日則訂立契約的權力日益受限，且側重於保障無經濟地位之人，使處於平等地位。對於權利的行使也日益限制，以保障債務人的個人生活，債權人與債務人同樣負擔風險。對於債務人日常生活之必需品或生活工具可免於強制執行。在上一世紀（19世紀）財產處分權，被認為是所有權的必要因素，今日則為顧及家屬的利益，此一權利之行使，須加以限制，發生爭訟時，法院注重家屬利益。法律社會化的發展至少顯現五個特徵：①國家日漸增多各類公共服務，政府的職能擴大，法律制度受到行政的協助。②法律制度更為自由。③人民對國家所訂的標準較多信賴。④國家有一種政策指導，而

非任由個人冒險去選擇行為的途徑。⑤法律主體已擴張，例如法人可以成為刑法處罰之客體。

　　就法律秩序之目的或功能而言，古代原始法在維持和平，嚴格法在求安全與確定，衡平法與自然法在求合於道德，成熟法在提倡個人自我肯定（自我主張），而法律社會化時期的法律秩序之目的或功能為何？目前雖尚未有定論，惟很多人認為在於合作（Cooperation），但合作只是一種手段，而非目的。史丹姆勒就認為法律隱含著合作的觀念，人民透過合作為生存奮鬥，過著比在孤立中更好的生活。他的合作觀念暗示了一個理想社會的觀念，就是社會中每一個人必須部分承擔他人的負擔，每一個人承擔了一個社會的法律義務，而取得了參與社會的權利，這個權利也限制了他的義務。龐德的社會法學也受史丹姆勒的影響，認為合作之目的在維持並促進文化的發展，或追求個人生活的最高限度的發展，而與公共安全保持平衡。要而言之，法律社會化的功能就在使社會利益系統化，以完成社會理想的充分發展[18]。

---

[18] 張文伯前揭書第134-135頁參閱。

CHAPTER 9

法律唯實主義

壹、前言

　　1920年代到1930年代，出現了以預測法官將如何依其喜好做判決的所謂法律唯實主義運動（Legal Realism Movement），這個運動有兩個傳統；一個在美國，一個在北歐斯堪地那維亞（Scandinavia）。參與這場運動的法學家、法官及律師們被稱為「唯實主義者」（realist）。惟就哲學史的關連性而言，這個名詞實在不是一個妥切的哲學標籤。唯實論者這個名詞被用在柏拉圖的信徒上，因為柏拉圖教他們說：每日生活的種種事物（the things of everyday life）不過是「真實」（理想）形式的不完美的範本（but imperfect copies of real（ideal）forms）。法律唯實主義者（the legal realists）攻擊那些普遍流行的傳統法律科學，說他們的法律概念，就像天空中一個游移不去，無所不在的東西（the Conception of law as a brooding omni-pressence in the sky）。他們說律師通常談到的規則（rules）就像是真正的實體（genuine entities）佔據了某一個世界。卻不是時間與空間的世界（occupying some World other than the world of time and space），這個法的宇宙（the universe of law）把權利（right）義務（duty）或擁有（possession）這些法律概念，拿來當做某種形上學本質的字眼，像是其他相同世界的對應物（as their counterpart），這樣的神話必須驅除（must be dispelled），科學的真理才能見到曙光[1]。

　　在美國的法律唯實主義運動，是在1920年由一批美國的法學家如霍姆斯（Oliver Wendel Holmes, 1841-1935），盧威林（Karl Nickerson Llewellyn, 1893-1962），庫克（Walter Wheeler Kook），

---

[1] J. W. Harris "Legal realism and critical legal Studies" selected from "Legal philosophies", p.98.

法朗克（Jerome Frank）等人所創立。這些法學家認為法律的傳統過於形式化，過於保守，按照傳統的解釋，法律是由一些帶有連貫性的原則、觀念與法則所組成的完備體系，為了實施法律，只須解釋這些規則即可，法官的判決只能按照既成的法律規則，與法官私人的見解無關。審判不過是尋找法律（seek for law），而不是創造法律（creation of law），法官的判決對於訴訟案件是必然的，毫無選擇餘地。因此，法律的確切性（definitive）是不可獲致的。法律只是政治的工具，而審判應以社會事實為本，不應以法律概念為基礎。唯實主義者認為法律應當反映社會，而不是在塑造社會，現代社會不停的在變，必須有一個富彈性的法律體系，方能符合社會變遷之需要[2]。

唯實主義運動發起人霍姆斯是當時美國聯邦最高法院大法官，他特別強調法院的判決應以社會政策及利益為基礎，而法學家格雷（John Chipman Gray）也認為法律是由法院的解釋而產生，因而宣稱：一切法律都是法官制定的法律（all law is judge-made law）。而霍姆斯在他的〈法律之路〉（The Path of the law）一文中強調：「法律的生命，不是邏輯，而是經驗」（The life of the law has not been logic, it has been experience），因此，法律必須與許多實際情況相結合，諸如時代的需要，流行的道德和政治理論以及公共政策等。霍姆斯認為立法是立法機關的事，而不是法院的事，人民在憲法範圍內有權通過他們所選出的代表，選擇制定不管好的或壞的法律。霍姆斯主張思想自由不僅要包含我們所同意的思想，也要包含我們所不同意、厭惡的思想。

---

[2] 參閱劉鴻蔭《西洋法律思想史》第238頁。

貳、美國唯實主義運動

　　美國唯實主義者運動主要歸功於霍姆斯，霍氏為美國著名的法律史學家和法律哲學家，1861年畢業於哈佛學院，1866年畢業於哈佛法學院，翌年取得律師資格，並在哈佛大學授課。1902年（美國老羅斯福總統（Theodore Roosevelt時代）被任命為美國聯邦最高法院大法官（a Justice of the Supreme Court），直到1932年退休，任期長達三十年。霍氏在任內被認為是當代最著名的法學家，也常被稱為「偉大的異議者」（The Great dissident）。他在1881年出版的普通法（The Common law），提出許多遠見與創造性觀點，為世人所推崇。霍姆斯基本上不是一個憤世嫉俗的人（he was no Cynic），他不相信法官能為所欲為（can do what they like），在法官所遞交出來的判決書裡，在在說明法律並不是法官想要怎樣就怎樣。霍姆斯本身是普通法的專家，也是美國憲法的專家，他是一個溫和的自由的改革者（a moderate, liberal reformer），但他前面提出的名言（法律的生命，不是邏輯，而是經驗），一再被那些想戳穿法律思考上過度概念主義者所引述，「法律的生命不是邏輯，而是經驗」，進一步引伸，就是法律應該從壞人的心態來看（law should be viewed from the stance of the bad man），對法院事實上將做什麼的預言（the prophecies of what the Courts will do in fact）。這不是一種矯飾的說法，而是我所說的，就是法律用意如此[3]（What I mean by the law）。

　　霍姆斯認為為所有以前留傳下來的法條作合理的辯護，以及任何詮釋法律的趨勢，對法院的判決並沒有直接的意義（did not

---

[3] J. W. Harris Ibid, p.99.

have a direct bearing on Court's decisions）。他相信大多數的法律在歷史脈絡裡曾經創造過的，都已被取代。法律在變遷條件下，所要執行的真正目的，應經常被拿來審核（the real purpose served under Changed Conditions should be constantly reviewed）。法律依據某些概念的推理過程是一回事，而法院實務上提出的那又是另一回事。在美國法理學上強調以法院為中心的偏見（Court Center bias for American jurisprudence），就是由格雷（John Chipman Gray, 1839-1915）教授提出的。他也不是法律革命派的學者，他所寫的有關財產法（property law）是屬於傳統的一類，然而作為一個理論家，他堅持法律包括法院立下的規則（law was comprised of the rules laid down by the courts），而制定法（statutes）和其他的法律材料僅僅是這個法律的淵源（statutes and other legal materials were merely sources of this law）。

1920年代和1930年代是自覺的唯實主義者的全盛時期（in the heyday of self conscious realist），對傳統的概念化模式的攻擊最為激烈，出現了基本上反偶像崇拜的東西。法律唯實主義運動的成員之一盧威林（Karl Llewellyn, 1893-1962）就警告讀者要反對「紙上的規則」（paper rules），反對只從書本上讀法律。他說：法律乃是政府官員用來處理爭端的，我們必須考量不同地方、不同時代流行的不同的司法解釋風格的淵源材料（different styles of judicial interpretation of source materials），以及可能提供實際判決的所有資訊與研究。僅僅規則（mere rules）通常無法告訴我們許多判決有關的事，因為一項判決有可能建構在不同的方法上，因為不同的規則可能取材自大量可以支持達成判決的理由，這與規則並沒有關係[4]。

---

[4] J. W. Harris Ibid, p.100.

盧威林在他後來的著作中，批評的力道軟化了。他說，我們可以在普通法的歷史發現正式的判決樣式（formal style），號稱從規則中演繹出來的結論，這個正式樣式也是一個令人激賞的堂皇樣式（an admirable grand style）。於此，具遠見的法官超越規則，刻意迂迴的去考量公道與政策的明智指令（wise dictates of policy），那是依規則行事的法律工作，在許可範圍內扮演一個適當的角色。

在所有美國唯實主義者中被認為最極端的就是法蘭克法官（Judge Jerome Frank, 1889-1957），他批評盧威林他們只是「規則的懷疑者」（rule-sceptics）而他卻是一個「事實的懷疑者」（fact-sceptics），他認為即使規則如同解釋那麼清楚，在較低層級的法院中，對於判決可能沒有決定性的影響。因為法院的事實庭（a tribunal of fact），特別是陪審團永遠照其喜歡的去發現事實，由是一個規則將隨其所要的做出判決，而真正促成法庭決定採取方式的，則是意識（Conscious），下意識（sub-conscious），態度（attitudes），信仰（beliefs），和成見（prejudices）。這些因素對於訴訟雙方，證人（witness）以及每一個案件的事實（the facts of each case）都是奇特的。法蘭克的結論是，對任何一個特定的外行人來說，法律關於任何特定的一套事實的認定（any particular set of facts），就是法院關於那些事實的判決而影響特定的人，在法院評判這些事實前，在這個議題上仍然沒有法律存在。法蘭克告訴我們，他無意給法律界定一個適合所有目的的定義，同時他所舉的例子也過甚其辭，唯實主義者只說規則並非司法行政中的所有問題，這個說法無可否認。更正面的說，唯實主義這個運動在引導非規則治理運作（non-rule governed operations）的研究上，已有某些影響。其他如對於法官個人背景的研究，對於陪審團體系的實際作法，對於法律陳

述，在實務上的重要性，以及訴訟程序中規定程式的結果（the consequence of formality in procedure）也都有某些影響。其實，這些事情在運動開始前也沒有被忽略[5]。

從法院的觀點，只要有爭端發生，在大多數案件中，法律規則即被假設來提供答案。法蘭克主張法官和其他人應迴避這個問題，因為他們對審判的安全有一個心理的需求，有被一種信念所滿足的幼稚想法，以為法律有如一個父親對那些發生的事下指令一樣，這必然是一個虛幻的妄念。因為判決實際上是由眾多操作事實發見者的動機而導致法官發見適合的事實，以附合將來支持判決的規則，這些動機不管依什麼規則都將產生相同的判決。

對於任何特定的外行人而言，法律關於任何特定的一套事實的認定，其結果就是一個政府官員實際上適用於那個人的某種強制手段。無論何時，當法律不確定時，我們必須放棄法律的推理。司法推理的性質（the nature of judicial reasoning）在不確定的案件上（in unclear case）是具有高度爭議的。一個唯實主義者對這個問題所在意的，不是在法官所作的判決理由上，而是實際上影響法官的動機上（on the motives which actually influence them），我們要關注的，不是法官說什麼，而是他們做什麼（not on what they say, but on what they do）。然而許多批評唯實主義的觀點指出，如果法律科學將變為預測科學，你想法官會如何去做？在案件中實際參與者可能預測司法判決，但法官不會，他們必須聲稱判決的正當性。法蘭克法官給法官忠告的是，他們必須儘可能在反省他們的動機時是有良心的，也就是依良心去審判。至少他們必須清楚案件在法庭上的公道（公平正義）是他們的目標，也就是他們的責任是在尋求法庭上繫屬案件的公平正義，而不是根據

---

[5] J. W. Harris Ibid, p.101.

法律去尋求某種問題的解決[6]。

　　如果對法官適用規則問題，不論法院內部或法院之外，都徹底的不信任，不僅坐實了犬儒主義者（cynicism）對法律的許多批評，也會導致法律改革功效的全盤悲觀論調（total pessimism about the utility of law reform）。這樣一來法律改革唯一可能的，將是去替換一些帶有偏見的官員，我們也可能明白的告訴新的法官，規則是用來指導他們，而不能左右他們。另一種批評者反對唯實主義者的理由是，如果沒有了規則，我們如何知道誰是官員，他們不正是依照規則任命的嗎？對於這些批評，唯實主義者可能會回答，我們有各種不同的心理機制（psychological triggers）來觀察某些在爭端解決議題上法官的舉動，例如法官出庭時對於帶假髮與法袍是否遵守的反應，不過盧威林認為這對唯實主義的評價沒有任何理論上的意義。他說唯實主義者並不是一種哲學，而是一種技術（Realism is not a philosophy, but a technology），唯實主義過去是什麼，現在還是什麼，它不過是一種方法而已（What realism was, and is, is a method nothing more）。這個方法由唯實主義運動的成員來應用，是司法實務資料的紀錄與粗淺實用常識為基礎的直覺的混合（盧威林稱為horse sense（馬的常識）[7]。

---

[6]　J. W. Harris Ibid, p.102.
[7]　J. W. Harris Ibid, p.103.

參、斯堪地那維亞的法律唯實主義

　　有人說規則是抽象的實體（rules are abstract entity），作為某一法律體系的部分而存在，是穩定法律靠岸的一種方式，現實上（in reality）等同於官員的行為，這就是到達極端的美國唯實主義的途徑。另一種說法是以心理的事件來認同法律（to identify the law with psychological occurrences），亦即將產生於人民心智上的感情，著為法律文字的結果。把法律視同心理事件這種觀念的，就是通常被稱為斯堪地那維亞的唯實主義學派（a school commonly called Scandinavian realists）。這個學派源自瑞典的教授艾塞爾、海格史脫姆（Axel Hägerström, 1868-1939），此外，還有瑞典人卡爾奧立佛克羅那（Karl Olivecrona, 1897-1980）和丹麥人阿弗羅斯（the Danc, Alf Ross, 1899-1979）。海格史脫姆（Hagerstrom）對法理學與道德哲學持懷疑的態度，反對道德或法律真實存在的主張。他說關於對與錯的價值判斷（value judgement about right and wrong），純粹只是感情上的判斷（purely emotive），只是表達我們喜好或憎惡的感覺（They mere express our feelings of like or dislike）。在法律上也相類似，有一個使真理神秘化（mystifies the truth）的有拘束力的規則存在，而拘束力（bindingness）作為一種特質（as a quality），在感官經驗裡並沒有對應物（has no counterpart in sense experience）。海格史脫姆對歷史的研究，使他確信在原始的法律裡（in primitive law），人真正相信神奇的力量（magical powers）而受兩個相關連字眼的約制，即權利與義務（right and duty）。當法律發展後，這些神秘實體的信仰退去，但人民仍然持續使用這些規範，帶著相同的心理效應（the same psychological effect），超越他們輕信

神秘力量的祖先，主張一個人有一種權利，就產生一種權力的感覺（produces a sensation of power）。同時也主張某人有一個義務，就象徵在他身上產生禁制的感覺（has an obligation typically produces in him feelings of constraint）。

這種對法律規則與法律概念持懷疑論的研究方法，已經由這個學派的學者發展出來，其中兩個在英語世界的著名作者就是瑞典人卡爾奧立佛克羅那（Karl Olivecrona）和丹麥人阿弗羅斯（Alf Ross）。他們都在尋求建立一個法律圖像（build up a picture of law），由海格史脫姆所提供的灼見（the insights）開始，他們與海格史脫姆共同的假設是，與法律相當的唯一的真實，就是心理上的真實（psychological reality）[8]。

奧立佛克羅那把法律等同於獨立的強制命令看待（equate law with independent imperatives），他辯稱把法律想成是一個真實個人的命令（as the Command of an actual persons）是錯誤的，因為沒有人能夠對所有含蓋在法律中的人下達命令，而由國家或人民去鑑別法律命令是在討論抽象的東西，是處在一種不真實的狀態的。實際上，當立法通過時，那只是一個建議計劃（a proposal），有如一個法案（a bill）是隸屬於某種形式的投票行為（certain formal acts of voting），簽署（signing）與公布（promulgation）法案的內容，獲得一種特殊的心理效果（acquire a special psychological effectiveness）。一個法律條款（a legal provision）包含兩個因素：一個行動的觀念（an idea of an action）和某種強制命令的符號（some imperative symbol）（如應該〔ought〕，義務〔duty〕，服從〔deference〕）。法律條款本身只是寫在紙上的文字（just words on paper），科學論文關於法律的真實（reality）必須包含個

---

[8] J. W. Harris Ibid, p.104.

人心理的反應（the psychological reaction），當一個法律條款傳到我們的聽覺或引起視覺的注意時，才產生想像行動的觀念（the idea of imaginary actions）及強制與限制的感情（the sensation of compulsion and restraint）。奧立佛克羅那指出，在事實上，一個國家的法律包括關係到人類行為的大規模的觀念，是透過無數人的合作，經過幾世紀累積起來的貢獻，這些觀念已由他們原先的行動者以強制命令的形式表達出來。特別是透過立法的形式，保存在同樣形式的法律書籍裡，這些觀念一再在人類心智上復活，（The idea are again and again revived in human minds），而藉由強制命令來表達。這條指示行為方向的線，達到某些相同的效果。

奧立佛克羅那同如同凱爾遜（Hans Kelsen）一樣採取法律整體功能的觀點（view of the overall function），意即在政府官員手中的壟斷力量（the monopoly of force in the hands of state officials），但奧立佛克羅那反對凱爾遜把法律概念當做超越現實的規範。他認為法律規則必須放在因果世界裡（legal rules must be placed within the world of cause and effect），把法律規則當做心理的現象來理解，才是唯一可能的。奧立佛克羅那正視一個掌權者渴望的社會，是去制定某些活動的新形式使服從當權者的禁令，公布禁止有問題行為的規則，然後配合著制裁的威脅，一開始當禁令引起注意時，人民會仔細盤算不服從禁令的後果，是否值得冒制裁的危險。而人類的個性無法抵抗誘惑與恐懼之間經常不斷的警告，最後就將誘惑與恐懼裝進潛意識裡，在意識的心智上被某種非理性的強制命令符號（諸如「不該」（such as "ought not"））所取代。一旦規則以這種方式內化在人的心理，通常也就不須懼怕實際的威脅力量，這個禁止行為的觀念，將以「不允許」的符號刻印在人心裡。奧立佛克羅那認為這是一種大多數所謂道德標準被創造的方式，這就是奧立佛克羅那顛覆歷史上關於道德與法律關

係的一種假設[9]。

在孩子教育上，內化的規則（internalized rules）將直接傳遞標準的觀念形式，加上應然的符號（ought symbol），而社會附帶著道德這個心理負擔的名詞（psychological loaded term）。使人民心理上握住超越心智的「法律」會有特別的好處，那就是使社會中掌握權力者能夠引進新的標準，運用心理上負擔的立法形式，即使沒有實際威脅力量存在，也能獲得某種凌駕我們人格的優勢，但如果內化的過程必須維持的話，力量也是必要的。不過大多數時候，力量可以做後盾，法律與力量因此以兩種方式集結：其一，法律獲得原本持有的，且時時刻刻透過制裁的運用，加強它所掌握的。其二，法律規定的內容，獨自決定力量行使的情境（Circustance）被認為是恰當的。

對奧立佛羅克那來說，法律哲學的語言是重要的，因為它被當做一種社會控制的技術。權利或義務，此類名詞是空洞的，因為它們並未指涉什麼，但有心理的效果（psychological effects），當律師聲稱提供法律信息時，事實上是在回應社群中響起的共同心理的關鍵名詞而已（crucial terms ring in the common mind of the community）。奧立佛羅克那說：法律語言並不是一個描述性的語言（legal language is not a descriptive language），而是一種指導性的有影響力的語言（a directive, influential language），充當社會控制的一種工具（an instrument of social control），空洞的文字就像路標（signposts）一樣，用來教導人民去聯想涉及他自己與他人行為的觀念。法律有一種教育的角色，如果立法上對某類行為貼上「非法」的標籤，例如性別與種族歧視的行為為非法時，除了使人對有關制裁可能性的特別考量外，難道不會改變人民的態度

---

[9] Harris Ibid, p.105.

嗎？所以說它具有一種教育的角色應不為過。

　　對奧立佛羅克那的主要批評，是他想透過不切實際的理論推理（armchair theorising），而不是透過經驗的研究，他的結論是藏在法律背後必須如此如此的心理因果關係，只有這樣我們才能假設法律語言能賦予任何意義。許多人對於法律是否在這種方式下創造了道德，頗有疑義。可能引起爭論的是，立論的基礎應該建立在心理學的概念上，而不是建立在對概念的空想上。

　　另一個對斯堪地那維亞唯實主義的批評，是關於法律在知識階層的運作，假使法律規則真能透過內化的過程而達到效果，那教科書的作者，實務人員（practioners）和法官所形容的法律不正是在探討市民心理的生活嗎？

　　羅斯（Alf Ross）修正斯堪地那維亞唯實主義的主要論據，以應付各方的反對意見。他說：行動中的法律，正如同奧立佛克羅那所形容的，當法律科學談到法律時，並不指涉市民的心理方面的生活。「法律指令」（The directives）所描述的，構成一個法律解釋的綱要（Constitute a scheme of interpretation）使人能預測官員的行為。而法律應然的觀念（the ought ideas in the law），如同老師把法律的精神傳到學生那裡一樣，是應然的模式（ought moulds），而沒有刺激的效果。但經過應然觀念的裝備，學生能說出法官將會為他所知的去做決定，在司法的精神上（judicial mind），他們會燃放強迫的感情（sensations of Compulsion）。

　　羅斯與海格史脫姆唯實主義的傳統互通聲氣，這是1920年代和1930年代傳下來的運動，名為邏輯實證主義（legal positivism），羅斯相信他的法律科學的觀點符合邏輯實證主義的標準。如果有人說：「一個有效的規則」是意味著某種獨立於時間與空間世界存在的實體，而且有某種強制拘束的非自然特質（non-natural quality），這是一種把無意義的形上學當做唯實主

義來呈現的結論。但如果有人指出一種特殊的心理現象將發生在法官精神生命裡，那個人的主張就是與邏輯實證主義相符，它可以在法庭上由實驗來證實。羅斯就像美國唯實主義者一樣，以法院中心為導向，因此批評他的聲浪自四面八方而來。批評者指出：一個法官的法律觀點如何可以解釋為一種法官自己將怎樣判決的預測。羅斯的觀點與美國唯實主義明顯不同，美國唯實主義者堅持法官的決定與先存的規則（pre-existing rule）一致，如果不是這樣，法官將無法補充他所堅持的確認聲明。羅斯與法蘭克皆同意律師的職責是去預測法院將會做什麼，但法蘭克說，他們當心留意作為預測基礎的規則。而羅斯卻說，規則之存在正因為它們是預測的基礎。兩種情況出現，說明當法官宣告所發生的結果時，法律在這個觀點上，很清楚的必須為被告作最後的決定，這樣一來，法官當他陳述法律是什麼，不是什麼時，就是在法律面前做成任何種類的預測[10]。

肆、唯實主義的評價

自然法理論與法律唯實主義理論，對許多人來說，似已雙雙被排除於法律生活的現實之外。如果想要找出法律是什麼的答案，法律唯實主義者會告訴我們必須去看法律官員（legal officials），主要是法官實際上在做什麼（what legal officials, primarily, judge actually do），法律除了作為我們行為上「應為」

---

[10] J. W. Harris Ibid, p.108.

的一些指引外，到底還有什麼觀點決定法律是什麼，美國聯邦最高法院大法官霍姆斯（Oliver Wendell Holmes）在他早期有關法律本質（the nature of law）的著作裡，嘗試給法律定義為：「法律官員將做什麼的預測」（the prediction of what legal officials would do），他說「壞人最有興趣去找出法律將會對他做什麼」（the bad man as Holmes put it was most interesting in finding out what the law would do to him），亦即最有興趣看看法律在實際的法律官員運作下，會怎樣適用到他的行為上。也因此霍姆斯說：「像所謂一種法律義務這樣的事，不過是一種預測」（things like "a legal duty" so called），假使一個人作為或不作為某些事情，他將遭遇法院法官做出什麼決定，如此就有法律權利的問題在（so of a legal right）。同樣地，假如你想要知道法律是什麼，而不管其他的事，那你必須看起來像是一個壞人（you must look at it as a bad man），因為壞人只關心案件的決定性後果（who cares only for the material consequences），此種認知使他去預測在法律之內或法律之外，在隱晦的良心制裁中，誰會發現他行為的理由（who finds his reasons for conduct）。也許最著名的一句話，「法律將做什麼的預言」，就是我們所謂的法律[11]。由於霍姆斯的重點放在法律官員實際上將做什麼，接踵其後的許多理論家就稱自己為「法律唯實主義者」。他們通常看起來對法律哲學沒有興趣，而更多的興趣是法律在特定的法律體系中，事實上如何運作的經驗檢驗（empirical examination of how law in fact operated in specific legal system），可是在經驗探究下的卻是一個關於法律性質的哲學立場（a philosophical position about the nature of law），那樣的哲學立

---

[11] F. Schaver, Walter sinnott-Armstrong "The Philosophy of law" p.50. published by Oxford University press inc. 1996.

場是值得嚴肅看待的。

　　我們或許會問為什麼法官會做他們所做的那一種方式，而不是以另一種方式去做決定。當然標準的說法是，法官參酌了一套規則，就是哈特（H. L. A Hart）所說的一個有效的承認規則，據此承認那些規則在法律上有效（the one recognized as legally valid by a valid rules of recognition）。由於參酌了這些有效的規則，法官在決定爭端問題之前是依法律規則所指示的方式去做。不過，如果那些爭端是一個經驗上的問題，而法官以另外某種方式做判決，那可能造成一種經驗的挑戰，從而點燃了一個全新的法律觀念。美國德州審判庭與上訴法院法官哈契遜（Judge Joseph C. Hutcheson Jr., 1879-1974）1929年主張法官首先要去預感正確的結果（to hunch about the correct result），然後從法律規則裡找尋另一個基礎上所達成的合理化理由，以支持這個結果。聯邦法院法官法蘭克（Jerome Frank, 1899-1957）1930年所寫的《法律與現代精神》（Law and the modern mind），以及哥倫比亞大學法學教授盧威林（Karl Llewellyn, 1893-1962）同時間所寫的「荊棘灌木」（The Bramble Bush, 1930）一書所主張的，合理化法律規則變成一個意外的經驗問題。在某些法律體系中（如美國的法律體系）有足夠的法律規則提供法官不同的指引，他們可以時常找到一些支持他們判決結果的法律規則[12]。

　　如果是這樣，法律對於法官基於自認為最佳理由所達成的結果，就可以證明為正當嗎？如果哈契遜、法蘭克、盧威林和其他的學者說法是對的話，那行之有效的法律規則的一項經驗問題，就可以合理化法官在其他基礎上所選擇達成的決定嗎？深受心理分析理論影響的法蘭克法官認為，答案就在法官心理上先入為主

---

[12] F. Schaver, Walter Sinnett-Armstrong Ibid, p.51.

之見和態度上，法官即使不承認自己有先入為主之見，還是常常趨向於偏好某人而不利於他人，也可能如哈契遜所論述的，有某種直覺意識（intuitive sense），認為誰在某個案件上基於特定的事實，應該贏得官司。盧威林也強調某些他稱之為「法官的情境感覺」的東西（a judge's "situation sense"）。他和其他人比較強調心理的解釋（psychological explanation）。許多唯實主義者後來把法官看成正試圖決定政策的人，他們所決定的案件因而不再適用既成的法律規則，但也不像一個立法者或行政官員那樣去形成最好的政策[13]。他們只是在自認為最好的政策上做決定，然後再去尋找一個法律規則來粉飾他們的政策決定，而再次當做一個意外的經驗問題。現在來探討法律的性質問題，如果法官在他們自己的心理基礎上，或依據他們認為的最好政策來決定案件，那法律領域（the domain of law）與其他領域可能就不能清楚劃分了。雖然大部分唯實主義者的主張與自然法理論相去甚遠，但因為唯實主義者對於政策的興趣遠大於永久道德的興趣，以致不認為有一個過度迂迴的根本的法律本質問題存在（an over-arching essential nature of law），不過他們對於法律實在主義（legal positivism）的基本義理，也有分歧的傾向。這個基本的義理（the basic tenets）就是法律在理論上是一個有限的領域（law is in theory, a limitted domain），是由哈特所稱的承認規則來創造與描述的，對於法律實在主義者來說，並不是每一個價值或判決的淵源，都算是法律（not the source of value or decision counts a law），而只有由承認規則所特別承認的淵源才被認為法律。

　　法律唯實主義者通常會說，法官實際上是運用一切事物達成判決決定的，而這個判決之有效是由一個如哈特所稱的承認規

---

[13] F. Schaver, Walter Sinnett-Armstrong Ibid, p.52.

則來界定的。但這樣的觀點能區分出法官所運用的規則是法律或非法律嗎？（distinguishes law from non-law?）再者，如果法律與非法律已作了區分，而結果是法官使用的非法律的規則和法律一樣多，這樣的區分又有何意義？藏在法律唯實主義心中的經驗主張，當然可能錯誤，因為法官參酌法律並受法律指導應優先於決定案件應該如何出現結果的經驗主張。但美國法官有些時候對於他們暫時決定案件如何出現結果的意見是不會寫出來，因為他們找不到一個法律規則或原則或先例所支持而能說服人的辯解理由，來支持他的暫時決定（tentative decision）。這種事經常發生，那不僅是經驗的問題，也可能是如何瞭解真正法律觀念的問題，這對判決有實質的影響。這個問題最能讓我們瞭解甘乃迪教授（Duncan Kennedy）所提的見解，也就是政治的或意識型態的問題。甘乃迪教授是哈佛大學法學院的教授，也是「批判的法律研究運動」的發起人之一（one of the founding members of the Critical Legal Studies Movement），這個運動有部分在法律唯實主義傳統的議題上進行著。許多「批判的法律研究運動」的成員與法律唯實主義分道揚鑣，因為他們的主張傾向於看到政治或意識型態（being more inclined to see politics or ideology），而法律唯實主義者看到的是心理學或社會政策（where the legal realism see psychology or social policy），把心理學和社會政策看成是司法判決經驗上的主要驅動器[14]（as the empirical dominant motivator of judicial decisions）。雖然「批判的法律研究運動」的主張，也是值得注意的方式，但我們看到他們暴露了藏在看似中立的法律程序背後的政治假設，（the political presuppositions lying behind seemly neutral legal procedure），而代表一種從左派到看起來像基本上是保守派

---

[14] F. Schaver Walter Sinnett-Armstrong Ibid.

的一種挑戰。亦即代表一種在大多數法律實務上，從左派到看起來如同本質上保守的傾向。

　　我們最大的關注乃在這種批判的法律研究，對法律唯實主義帶來的有趣的扭曲，甘乃迪教授在一篇重要文章名為〈法律的形式禮儀〉（Legal Formality）中指出，那是法官在不會遭受彈劾或眾多批判的情況下，關於美國法律的一種意外的事實（It is a contingent fact about American law that judges, without being subject to impeachment or much criticism）。這個意外的事實有時也會做出違反既成法律規則清楚表示的判決。如果法官以廣泛社會的、道德的、意識型態的、經濟的以及政治因素作為判決的基礎，這對我們所理解的真正法律本質，就會有很深層的影響。到頭來，如果法官能夠凌駕法律，在一百個案件中出現一個依據非法律因素而做的決定，且以此為案例，那法律在實在法的意義上，將無法控制（if this is the case in which the law in the positivist sense, will not control），接著我們看到的是法律唯實主義的傳統，在法律領域上如同在經驗上和概念上被嚴重的誤導[15]。

伍、新實用主義興起對法律之意義

　　1960年代開始，邏輯實證主義（logic positivism）與實用主義（pragmatism）均已式微，1970年代由「批判的法律研究運動」所吸收，1980年代則由法律新實用主義者學派（school of legal

---

[15] F. Schaver Walter Sinett-Armstrong Ibid, p.53.

neopragmatists）所接收，這些人包括馬沙米諾（Marth Minow），格列（Thomas Grey），華柏（Daniel Farber），費利基（Philip Frickey）等。實用主義者真正的興趣不在真理的探索，而在被社會需要正當化的信仰[16]（in belief justified by social need）。這個方向的改變並不必然造成實用主義的排斥科學，只是實用主義者將重點從哲學轉到自然科學的發現，再經由人類慾望的激發而形成自然的理論，藉以預測並控制其環境。換言之，科學的理論乃是滿足人類需要與慾望的功能，而不是探求事物的本質。實用主義的歷史（Histories of Pragmatism）通常認為始於皮爾斯（Charles Sanders Pierce），皮爾斯把棒子交給詹姆斯（William James），然後杜威（John Dewey），米德（George Mead）以及在英國的席勒（F. S. C. Schiller）。法律唯實主義受到實用主義的影響，也受到霍姆斯（Holmes），格雷（John Chipman Gray）和卡多索（Benjamin Nathan Cardozo, 1870-1938）著作的啟發，卻由一群自稱為唯實主義者在他們的工作中實現，諸如法蘭克（Jerome Frank），道格拉斯（William Douglas），盧威林（Karl Llewellyn），柯亨（Felix Cohen）和雷登（Max Radin）等。實用主義和法律唯實主義加入杜威的法律論文裡（join in Dewey's essays on law），不過到第二次世界大戰結束時，實用主義與唯實主義皆已褪色淡出。首先由邏輯實證主義，再由剛性的分析哲學（hard analytic philosophy）所取代。其他的唯實主義者則被納入法律的主流，特別是法律過程學派（the legal process school），該學派於1958年達到最高點，隨後與哈特（H.L.A. Hart）和薩克斯（Sacks）的法律過程派整併，成為新的實用主義運動。新的實

---

[16] Richard Posner"What has pragmatism to offer Law". Selected from "Philosophy of Law and Legal Theory", 1980. Edited by Dennis Patterson. Blackwell publishing Ltd. 2003.

用主義其實並不新，它和老的實用主義一樣，並不是一種定義清楚的哲學運動。該運動某些趨勢的形成，仍用實用主義的傳統，而被吸入法律唯實主義的形式，特別是由霍姆斯與卡多索所明定的形式。這些新趨勢許多年前已成功地納入法律唯實主義，事實上有助於新法學的形成，不過這個經過整修的現代化的唯實主義，對於新的實用主義其實很少甚至於沒有意義。

卡多索（Cardozo）曾任紐約州上訴法院法官（1914-32），1932年至1938年任美國聯邦最高法院法官，他一生致力於找尋正確管道以解決法律穩定與法律改變而產生的衝擊問題。他在《司法過程的本質》（The Nature of Judicial Process）書中提到法律的最終目標（the final cause of law）就是社會的福祉（the welfare of society），卡多索的意思並不是法官只要為他所服務的那些男人或女人，就可以自由的更換其理性與公道觀念。他說法官的標準必須是客觀的，但客觀在實用的意義上（in a pragmatic sense），並不是與外在的真實相關連的意思。而是指任何案件不是法官說對的，就算數，在諸如此類問題上，法官相信是對的，也要符合其他人以正常的知識與良知可能理性認為是對的才算數。卡多索認為法律是前瞻的（law is forward-looking），法律的概念就是功用的，是一種工具性的概念（an instrumental concept of law），實用的法律概念（the pragmatic concept of law），就是法律乃人類需求的奴僕（law as the servant of human needs）。而法官的知識，需要著重於形塑法律的社會利益，他必須從生活中的經驗、學習與社會現實的反映中得到這個知識。法官並不是法律的發現者，而是一個法律製造者（The judge is not a finder, but a maker, of law）。最能彰顯這種觀點的就是美國聯邦最高法院大法官馬歇爾（John Marshall 1755-1835），他是美國史上最偉大的法官之一，給美國憲法烙下他自己精神的印記（Gave to the Constitution of the United

States impress of his own mind），美國憲法在他身上強烈的信念之火中是彈性而可鍛造的。馬歇爾大法官對美國憲法的形成與司法審查制度的建立功不可抹，他是一位經驗主義者，不是教條主義者。

　　卡多索「司法過程的本質」，聚焦於普通法，他認為任何法條的意義不應侷限於文字本身的表面意思，其原意才是審判的依據。他不認為司法想像的創造力（the creative powers of the judicial imagination）會受到憲法文字解釋的挑戰而萎縮。雷登（Max Radin）也釐清並強調制定法與普通法的等同地位，他認為法官不能像他們自由使用普通法那樣去修改制定法。不過，解釋法律是一項創造性的工作，不是冥想的工作（interpretation is a creative rather than contemplative task）。法官決定困難的制定法案件時，如同在決定普通法的案件一樣，有很大的自由。然而立法證明了對唯實主義傳統的挑戰，唯實主義在1940年代以後逐漸消失，1950年代被「法律過程學派」取代後，唯實主義從此一去不復返。唯實主義的災難從霍姆斯把法官描繪為一個法律空隙的立法者開始（the judges as interstitial legislator），這個描述也在卡多索的《司法過程的本質》一書出現，其隱含的意思卻是法官與立法者都是一丘之貉的官員，（judges and legislators are official of same stripe），他們被同樣的目的、價值、動機和約束所指導與控制。在立法過程中常被利益團體的壓力所牽制，其結果是一個法律體（a body of law）很難由健全的政策判斷來提供資訊。因此我們不再可能想像一個好的實用主義的法官僅僅只是作為立法的忠實代理去行事。法律唯實主義失敗的原因，一個比較可信的說法是他們對政府的熱心過於天真（its naive enthusiasm for government），那是一種把法律唯實主義貼上「自由」運動（a liberal movement）標籤的熱情。對於今日新實用主義而言，它是法律唯實主義遺產的部分，而今日的法律實用主義卻被一群自由

派或激進人士的遊說，使運動本身似乎成為左派思想的學派。他們是穿著實用主義外衣的教條主義者。法律唯實主義其他重大的缺點，就是缺乏方法（the lack of method），唯實主義者知道要做什麼，但思而不言，知道要追尋法律學說的實際後果（trace the actual consequences of legal doctrine），但如何去做這些事情，卻茫然無頭緒。這不是他們的錯，因為經濟學、統計學和其他有關科學工具的不足，以致不能帶給法律一個社會工程的發展途徑。當司法過程的本質（The Nature of the Judicial Process）一書出現後，杜威（John Dewey）成為實用主義領袖群倫的哲學家，他的實用主義論述在卡多索的書中清楚可見。杜威繼續著書立說，直到1960年代，惟對實用主義而言，已少有新義發明。

邏輯實證主義本身，以其著重於「可證明性」（Verifiability）與持續敵視形而上學之特性，就是在事實世界與經驗世界間作區別的實用主義。而反基本原理主義（anti-foundationalism），反形而上學（antimetaphysicality）與反對確信（rejection of certitude）成為後來魏特堅斯坦（Wittgenstein）和昆因（Quine）學說的中心思想，這些主張可視為詹姆斯與杜威觀念的延伸（can be thought of as extensions of the ideas of James and Dewey）。到了1970年代與1980年代，這些流派經過整併，出現一種成熟的實用主義（a mature pragmatism），其代表人物如戴維遜（Davison），普特南（Putnam）和駱堤（Rorty）等。駱堤在分析哲學（analytical philosophy）；哈柏馬斯（Habermas）在政治哲學；濟爾慈（Geertz）在人類學（anthropology）；費息（Fish）在文學批評（Literary Criticism），以及其他學院派的律師，紛紛登場，我們稱這個實用主義再出發（recrudescence of pragmatism）為新的實用主義（the "new" pragmatism），它至少包含兩個實用主義學派，這兩個實用主義學派既非舊的亦非新

的。問題是實用主義是否有任何共同的核心主張。若無,則使用這個名詞的意義何在,新的實用主義一詞,有三個基本的要素(has three essential elements):其一是不相信形而上學的實在(reality)、真實(truth)、自然(nature, etc)等抽象實體,可視為確信的保證(Viewed as Warrants for Certitude),無論是在認識論(epistemology),倫理學(ethics)或政治學方面皆然。其二堅持命題(propositions)必須由其結果來驗證(be tested by their consequences)。其三,計畫方案(projects)是否科學的、理論的、政治的、或法律的,應視其是否符合社會的或其他人類的需要而定,而不是符合一個不具人格的客觀標準(impersonal criteria)。史利波(R.W. Sleeper)把實用主義的觀點概略描述為杜威植基於常識的哲學(a philosophy rooted in common sense)以及致力於文化的轉變(dedicated to the transformation of culture),與衝突的解決(to the resolution of the conflict)。

實用主義的觀點有助於我們對法律神秘的實體(mysterious entities)維持一個適當的批評態度,神秘的實體似乎在許多法律的區域扮演相當大的角色,特別是民事侵權法與刑事法方面。這些實體如心智(mind)、意圖(intent)、自由意志(free will)和因果關係(causation)等,時常在民事與刑事責任問題上引發辯論[17]。

---

[17] Richard Posner Ibid, pp.183-184.

附錄　法律哲學家小傳

Althusius, Johanne
（阿爾圖秀斯，1557-1638）

Althusius, Johanne（阿爾圖秀斯）

　　德國法學家及政治家，也是喀爾文教派的新教徒，自幼接受喀爾文教義薰陶，早年攻讀亞里士多德哲學及羅馬法，並心儀法國哲學家拉梅（Pierre de LaRamee (Peter Ramus)）的學說，後來長居瑞士，其思想來源主要是基督教信仰，理智及經驗，他將喀爾文教派的教義應用於政治研究，並以希伯來文探討政治理論，其理論反映清教徒思想，他的主要著作「正義論」（Dicaio-Lagiae Libritres, 1617）書中討論公私法的基本原則，並強調法律不過是法律概念與各種綜合法律範疇的實現，其學說可以說開現代歐洲觀念法學之先河。

　　阿爾圖秀斯也在德國霍奔大學（University of Herborn）教授法律，並經常應邀到荷蘭市政府備諮詢，他在政治理論方面的論文最為現代學者所熟知，但主要著作仍屬法律領域，他的《羅馬法理學》（Jurisprudence Romana, 1588），在法律系統化方面的努力是前人所不及的。他是第一個將「自然邏輯」運用於法律體系的結構上，同時也是倡導社會契約的先驅學者之一，他認為文明政府是由生活於一個有秩序的社

會中人相互協議而來的，其目的在求人民生活之便利、幸福與共同防衛，政府的權力須受一種基本法律的限制，此即自然法，其人民至上之主張，成為十六、十七世紀反對君主無限權力之嚆矢。

Aristotle （亞里士多德）

希臘哲學家，也是柏拉圖（Plato）的學生，亞歷山大大帝（Alexander the Great）的老師，亞里士多德博學多才，其著作含蓋廣博，如物理學、形而上學、詩歌、戲劇、音樂、邏輯學、修辭學、語言學、政治學、倫理學、生物學和動物學等。與柏拉圖和蘇格拉底相比，亞里士多德是西方哲學最重要的創建者之一，其著作是創造西方綜合體系哲學的第一人，內容包羅道德、美學、邏輯、科學、政治與形而上學。他的物理學觀點形成中世紀的學術基礎，其影響遠及文藝復興時期，最後才由牛頓的物理學所取代。亞里士多德的著作還包括最早出名的形式邏輯的研究（the earliest known formal study of logic），這些在十九世紀後期溶入現代的形式邏輯（Modern formal logic）。在形而上學方面，亞里士多德學派的哲學，對中

Aristotle
（亞里士多德，384-322 B.C.）

世紀的伊斯蘭與猶太傳統的哲學與神
學思想均有影響，也持續影響基督教
神學，特別是天主教的經院哲學傳統
（the scholastic tradition of the Catholic
Church）。亞里士多德全方位的哲學
也成為今日熱門的學術研究對象。雖
然亞氏也寫了許多優雅的論文與對話
錄（dialogues），可惜大部分的作品
現在已失傳，如今留傳下來的僅僅原
來作品的三分之一。

Aurelius, Marcus
（奧雷理，121-180）

Aurelius, Marcus （奧雷理）

　　羅馬皇帝（在位期間161-180），
他是羅馬最重要的斯多依噶學派的哲
學家。馬可斯奧雷理家族發祥於西班
牙南部哥多華（Cordoba）（西班牙
當時為羅馬帝國的一個行省），東南
方的一個小鎮烏庫比（Ucubi），其曾
祖父為羅馬元老院參議員，祖父為羅
馬貴族（Patrician），其父親（Marcus
Annius Verus）娶路其拉（Domitia
Lucilla）為妻，路其拉也是貴族（P.
Calrisius Tullus Ruso）的女兒。路其拉
生一子一女，一子即奧雷理，生於西
元121年4月，其父親維魯斯（Verus）
於執政官（praetorship）任內去世

（124），奧雷理年僅三歲，母親未再嫁人。因母親謹守貴族習慣，沒有花太多時間與奧雷理相處，奧雷理從小由保姆帶大。惟奧雷理稱頌母親教導他對宗教虔誠，飲食簡單，而避免過奢華生活。奧雷理父親過世後，由其祖父領養，教他養成良好品格，避免壞習慣。

像許多皇帝一樣，奧雷理花大半時間在聽取法律問題，諸如請願（petition）與聽訟（hearing disputes），他非常重視立法的理論與實務，一些法律專家稱他為「最精通法律的皇帝」。他對三個領域的法律最感興趣，即（1）奴隸的解放（the Manumission of slaves），（2）孤兒與未成年者（orphans and minos）的保護，（3）慎選城邦議員（the Choice of City Councillors）。這給他終生贏得哲學家皇帝之令譽（the reputation of a philosopher king）。

Aquinas, Thomas（阿奎那）

出生於羅馬與那不勒斯（Naples）間的羅格塞格（Roccasecca），其父親藍道福（Landolfo）為阿奎諾（Aquino）、貝爾卡斯特羅（Belcastro）和羅格塞格

Aquinas, Thomas
（阿奎那，1225-1274）

的伯爵，母親狄奧多拉（Theodora）為諾曼人後裔，那不勒斯的貴婦。阿奎那於1239年進入那不勒斯大學完成人文學教育。1243年父親逝世後，阿奎那不顧家人反對，加入聖多明各（St.Dominic）於1215年創立的布道兄弟會（Order of Preachers），又稱道明會（Dominican）為僧侶，在赴波隆那（Bolgna）途中為其兄弟所截，禁於家族城堡中一年有餘。1245年再度穿上道明會服，前往巴黎，在聖阿爾伯圖斯（St. Albertus Magnus）門下學習，1248年隨阿爾伯圖斯赴科隆，停留四年並祝聖為神父。1252年在巴黎大學講授聖經，1256年教授哲學及神學，1259年返回義大利，1265-67年在羅馬沙賓娜（Santa Sabina）之道明修院授課。1268年冬返回巴黎，1272年再赴義大利，執教於那不勒斯大學，1274年1月應教皇格利哥里十世（Pope Gregory X）之邀赴里昂（Lyon）參加教會大公會議，不幸病逝。

阿奎那是中古後期偉大思想家及作家，是西方中世紀以來最偉大的哲學家與神學家，是經院派哲學（Scholasticism）的代表人物，與托瑪斯學說之父（the father of Thomism），

其思想體系對西方世界影響甚鉅，特別是倫理學、自然法、形而上學與政治理論方面，許多現代哲學被認為多從他的觀念發展出來，他最重要的著作是《神學大全》與《駁斥異邦人士》等。

Augustine of Hippo（聖奧古斯丁）

基督教北非希波城教區的主教，西元354年出生於北非的薩迦斯特（Thagast），即現在的阿爾及利亞（Algeria），其父親（Patricus）為異教徒，母親（Monica）則為基督徒，許多學者相信奧斯古丁的先祖，包括北非的柏柏人（Berbers），拉丁民族與腓尼基人（Phoenicians），奧古斯丁家族在奧古斯丁出生前已屬羅馬人，他十一歲時被送往離家十九哩之遙的那米迪安（Numidian）小鎮讀書，熟讀拉丁文學。十五歲時讀西塞祿的對話錄（Cicero's dialogue），留下終生難忘的印象，並啟發他對哲學的興趣。十七歲赴迦太基（Carthage）繼續接受修辭學教育，這原是為培養基督徒的教育，可是奧古斯丁卻離開基督教會去追隨摩尼教（manichaean religion）的信仰。摩尼教是西元三世紀時由波斯人摩尼

Augustine of Hippo
（St. Augustine of Hippo,
聖奧古斯丁，354-430）

（Manes）所創，是一種新的宗教，流傳於北非、中東，甚至歐洲與亞洲部分地區。奧古斯丁在成為基督徒前，有九年時間是摩尼教的聽道者。

年輕的奧古斯丁一度過著放浪的生活，縱情女色，曾與一迦太基女子相愛十三年之久，並生下一子，名叫Adedatus，西元373-374年，奧古斯丁在薩迦斯特教文法（Grammer），次年搬到迦太基辦一所修辭學學校。383年回羅馬辦學校，此時已獲得顯著學術地位，384年準備從政，但由於過分熱衷摩尼教，使他沒被引薦或選拔，而只當一名最低層的查帳員（auditor），後來在米蘭受到主教安布洛斯（Ambros）的影響，使他的生命有了改變，而他母親也逼他離開摩尼教，並希望他娶妻生子。386年奧古斯丁聽到聖安東尼在非洲沙漠傳教的故事，給他很大的啟發，於是決心放棄修辭學的事業，放棄任何結婚的念頭，洵所謂放下屠刀立地成佛，他頓時轉向基督教信仰，矢志投身於侍奉上帝的傳教工作，因此在西元387年受洗為基督徒，專心於哲學和神學的研究。此時正當西羅馬帝國面臨分裂崩解之際，奧古斯丁乃發展出天主教的神都概念（the concept of the Catholic

Church, of the City of God），使與世俗的城市有別。此一思想深深影響中世紀的世界觀。

作為一個多產的作家，奧古斯丁的著作超過百種，惟大多為為基督辯護的神學著作，其中最為世人熟知的，除《神都》之外，就是《懺悔錄》（Confessions），記錄其早年生活的放蕩行為。另有《論三位一體》（On the Trinity），類似心理學的作品；以及《論意志的自由選擇》（on Free Choice of the Will），說明上帝給人類自由意志，而人類卻用來做壞事。綜觀奧古斯丁的哲學與神學推理，深受斯多依噶學派，柏拉圖學說，特別是羅馬的新柏拉圖哲學家普羅太那（Plotinus）著作的影響，使他成為古代思想轉到中世紀的中心人物。

Austin, John（奧斯丁）

十九世紀英國最卓越的法律哲學家，1790年出生於索夫克（Suffolk）的克利丁密爾（Creeting Mill），十七歲加入英國軍隊，服役於西西里（Sicily）與馬爾他（Malta），五年後離開軍隊，開始修習法律，1818年成為律師，由於

Austin, John
（奧斯丁, 1790-1859）

長期健康不佳工作不順，1825年放棄律師工作，而專心於法律科學的研究。1826年任倫敦大學法理學教授，1827-1828年在德國海德堡和波昂修習羅馬法及德國民法，1832年辭去倫敦大學教職，1833-1834年服務於政府刑法委員會，由於他的建議，使英國殖民政府與機關組織得到改善，此後移居國外。1848年重返英國。1832年出版其主要著作《法學之確定範圍》（The Province of Jurisprudence Determined），奠定其分析法學的領袖地位，對十九世紀之英國法學影響甚鉅。

奧斯丁的法學深受邊沁的功利主義法律觀念之影響，他以實在主義（positivism）的分析方法研究法律概念，他的法學理論主張「法律乃主權者之命令」，而以制裁的威脅來支持。他說在一個政治組織的社會裡，接受習慣性的服從，而不對其他任何人報以習慣性的服從，就是主權的定義。奧斯丁被公認為第一位在法律分析上，將實在法（Positive law）與實在道德（positive Morality）作區分之人。（其法學理論，詳參閱本書第五章。）

B

Bentham, Jeremy（邊沁）

　　英國功利主義的法學家，也是分析法學的奠基者，1748年出生於倫敦一個富有家庭，三歲便能讀拉丁文，被視為天才兒童。1760年十二歲時被父親送進牛津大學皇后學院（The Queen's College, Oxford），1763年取得學士學位，1766年得到碩士學位。邊沁雖受律師訓練，卻從未擔任律師工作，因為深受複雜的英國法律典章之困擾，他稱這些英國法律為「奸詐的惡魔」（the Demon of Chicane）。1792年繼承母親微薄的產業以及父親豐厚的遺產，而將其一生傾注於徹底批判及重建英國的每一項制度，包括經濟、宗教、政治及法律制度等偉大事業。由於英國當時的囚犯遭受殘酷無人道的待遇，使邊沁甚為反感，乃向其兄弟山姆（Sam）借用圓型監獄（The Panopticon）的設計，大約花費六年時間來發展並提升建造圓型監獄的觀念，他希望政府把它當成一座國家的感化院（National Penitentiary），因此和英國政府簽訂一份建造合約，這個概念對於後代的思想家有重大的影響，可惜建造圓型監獄計劃涉及國王與貴族權貴的自身利益，遭到反對與阻撓而作罷。但這

Bentham, Jeremy
（邊沁，1748-1832）

卻是邊沁許多法律與社會改革計畫的一環。

1823年邊沁協助創辦一本功利主義的刊物名曰《西敏寺評論》（Westminister Review），1826年協助創建倫敦大學，1832年病逝於倫敦。邊沁由一名律師轉向哲學的研究與科學實驗後，他找到了追求的目標，他的功利主義體系是把法律比喻為醫學，他說是一種立法者可以用來監看政治體質是否健康的社會醫學。他借用普利斯特來（Joseph Priestley）的名言「最大多數人的最大幸福」，將其擴充為衡量一切人類行為的價值標準。邊沁想創造一個完整的法律架構，一組描繪國家社會幸福的藍圖。他指出政府應努力增進功利的四個下層目標就是：安全、生存、富足與平等，進而達到他理想中的最高抽象理念和目標，即謀求「最大多數人的最大幸福」。這個觀念影響「福利主義」（Welfarism）的發展，他主張個人自由與經濟的自由，主張高利率（usury），主張教會與國家分離（the separation of Church and State），主張表達的自由（freedom of expression），主張婦女平權（equal rights for women），婦女有離婚的權利

（the right to divorce），同性戀行為除罪
（the decriminalising of homosexal acts），
並呼籲廢除奴隸制與死刑（Called for
the abolition of slavery and the dealth
penalty），以及廢除體罰（the abolition
of physical punishment）包括對兒童的體
罰。這些主張即使今天看來，仍極為先
進，深具遠見。

　　邊沁雖然強烈支持個人法律權利的
擴張，但反對自然法與自然權利觀念。
他的學生包括他的秘書與合作伙伴詹姆
斯米爾（Jame Mill, 1773-1836）及米爾
之子約翰米爾（John Mill, 1806-1873）
此二人皆英國哲學家與經濟學家，還
有法律哲學家奧斯丁（John Austin），
與現代社會主義創始人之一的羅伯歐
文（Robert Owen），邊沁也被描述為
倫敦學院的精神創造者（the spiritual
founder）。

Blackstone, William （布拉克斯頓）

　　英國法學家，法官和十八世紀托
利黨（Tory）（即保守黨）的政治家。
1723年出生於倫敦一個中產階級的
家庭，1738年進牛津培恩布魯克學
院（Pembroke College）讀書，得到

Blackstone, William
（布拉克斯頓，1723-1780）

民法學位後，接著於1743年成為牛津萬靈學院的研究生（a fellow of All Souls, Oxford），1746年擔任律師（a barrister），隨即捲入大學繁重的行政工作，擔任會計員，財務管理員，負責科林頓圖書館（Codrington Library）和華頓學院的建築（Warton building），他將學院所使用的複雜會計制度簡單化。1753年放棄律師業務，轉向從事一系列的英國法的演講，這些演講大為成功，使他賺進不少錢，也促成他1756年《英國法分析》的出版（the publication of An Analysis of the Laws of England in 1756）。1758年被確認為第一個傑出的英國法教授，接著又有一連串的成功的演講，其第二篇論文名為〈法律研究論文〉（A Discourse on the study of the Law）。1761年布拉克斯頓聲名鵲起，又成功地回到律師工作，並被選為英國保守黨（托利黨）的國會議員。1770年膺選為王座法庭法官（Justice of the Court of King's Bench），直到1780年逝世為止。

布拉克斯頓最輝煌的工作是法律評論（Commentaries），他在1770年、1773年、1774年、1775年、1778年乃至死後1783年出版四冊論文，主要是對英

國法提供一個全盤的觀察，不過都是著重實務的運用，他的主要著作是《英國法律評論》（Commentaries on the Laws of England），在美國受其影響的法學家與政治家為數甚多，包括美國最高法院大法官馬歇爾（John Marshall），威爾遜（James Wilson），約翰傑（John Jay），亞當斯（John Adams），肯特（James Kent）和林肯總統（Abraham Lincoln），而且經常被美國最高法院判決時所引述。

Bodin, Jean（布丹）

十六世紀法國最重要的政治思想家與國家主權論開山祖師的法律哲學家，1530年出生於法國西南部安茹省（Angers）附近一個殷實的中產階級背景的家庭。從小在安茹的卡米利特修道院（the Carmelite Monastery of Angers）受正規教育並成為見習修士（novice monk），其早年生活平淡無足述。1547-48年訪瑞士日內瓦（geneva），因其主張宗教寬容而捲入異端審判（involved in a heresy trial）被捕入獄，1549年獲釋後到巴黎，接受大學教育，那是一所深具人文傾向的學院，即後來

Bodin, Jean
（布丹，1530-1596）

的法蘭西法院（the College of France），有兩年期間在普列弗斯特（Juillaume Prevost）門下學習哲學。1550年代在土魯斯大學（University of Toulouse）修習羅馬法。1560年離開土魯斯，1561年取得巴黎地區檢察官資格，1562年爆發宗教戰爭（Wars of Religion），使他正式決定改為天主教信仰（Catholic faith），也繼續在巴黎鑽研法律與政治理論，並出版重要的史料編纂作品（Works on historiography），1569-70年正值第三次宗教戰爭期間，布丹被一群為逃避天主教狂熱份子迫害的人士指控他暗中支持宗教改革派，而再次被捕，監禁於巴黎。在1572年發生聖巴塞羅繆日大屠殺時（St. Bartholomew's Day massacre），布丹行蹤成謎。

布丹一生處於新教派改革的餘緒之中（during the aftermath of Protestant Reformation），中年以前深受宗教信仰之累，中年以後其觀念已接近政治思想。他曾寫反對法國宗教衝突的文章，終其一生，維持一個名義上的天主教徒，卻嚴厲批評教皇權威對政府的控制，而支持一個強而有力的中央集權的君主，作為黨派鬥爭的解毒劑。他的主權理論，旨在護衛君主的絕對權力，主

權是萬能的，其權力不可被分割，不可被分配。他研究自由與權威的平衡（the balance of liberty and authority），但在他的法律與政治理論裡沒有所謂「權力分立的學說」（no doctrine of separation of powers），他的權力中心觀點是主權必須高於黨派，亞里士多德的國家類型有六種，布丹只分為君主（monarchy），貴族（aristocracy）與民主（democracy）。他以主權歸屬分別國家的形態（國體），因此有人認為布丹是第一個能分別國體與政體的思想家。他對制定法與自然法之間的區別也做了說明，制定法（statute）是主權行使命令的結果，而依道德與衡平原則所產生的法（jus）是源於自然法，含有公平正義的意思。布丹以後的主權概念發展，分為兩個交流：一為絕對主義者（abolutists），另一為憲政主義者（constitutionists）。

Burke, Edmund（柏克）

1729年出生於愛爾蘭首都都柏林（Dublin, Ireland），其父親為地方律師，母親瑪莉（Mary）娘家姓Nagle，為羅馬天主教徒，是一個貧窮而有教養

Burke, Edmund
（柏克，1729-1797）

的家庭，柏克家族係由盎格魯－諾曼（Anglo-Norman） Burgh 姓而傳下來，其先祖隨著1171年亨利二世入侵愛爾蘭，而於1185年來到英格蘭。柏克在父親的信仰中長大，終其一生信奉英國國教（a practising Anglican）。柏克常自稱為「一個英國人」（an Englishman），他小時候有時會跟母親的家族遠離都柏林污濁的空氣來到黑水谷（Blackwater Valley），小時候在離都柏林大約三十哩的巴利托爾（Ballitore）的貴格會學校（Quaker School）讀書，1744年（15歲）轉到都柏林三一學院（Trinity College, Dublin），1747年他成立辯論社（Debating Club），稱為柏克社（Burke's Club），到1770年柏克社併入歷史社（Historical Club）形成學院的歷史學會（College Historical Society），是現在歷史上最古老的大學學生社團。柏克於1748年三一學院畢業後，其父親要他學法律，因此1750年柏克來到倫敦，進入Middle Temple 學院，不久放棄讀法律而去遊歷歐洲大陸，放棄法律後，柏克試著以寫作為生。

1757年柏克出版一篇美學論文：〈以哲學角度探討我人崇高與美麗觀念之源由〉（A philosophical Enquiry into the Origin of Our Ideas of the Sublime and Beautiful），此論文引起歐陸傑出思想家的注意，例如狄得羅（Denis Diderot）與康德（Kant），同年柏克與Robert Dodsley簽約撰寫《從凱撒到安妮皇后主政的英國史》（History of England from the time of Julius Caesar to the end of the reign of Queen Anne）。該書長達640頁，共四十萬言，事實上只寫到1216年，直到1812年才出版，書名曰：《英國史節略》（An Essay Towards an Abridgement of the English History）。

　　1757年3月12日柏克與鈕珍（Jane Mary Nugent）女士結婚，翌年生下一子理查（Richard），另一子克里斯多福（Christopher）夭折。就在這時候，柏克經介紹給愛爾蘭首席國務大臣漢彌爾頓（William Gerard Hamilton）當私人秘書。1765年柏克成為自由維新黨（Liberal Whig）的政治家，華生溫特華滋（Charles Watson-Went-Worth）的私人秘書，亦即洛金漢的侯爵（the Marques of Rockingham），同時也是當時大英的首相（Prime Minister of Great Britain）。同年（1765）柏克當選國會平民院議員，是輝格黨（Whig Party）的國會議員。他最為人樂道的是他支持美國殖

民地的革命事業，而後來卻反對法國大革命，使他成為維新黨（Whig）內的保守派，他在19世紀被讚為既是保守派也是自由主義者（both Conservatives and liberals），一般認為他是現代保守主義的哲學創造者（the philosophical founder of Modern Conservatism），也是古典自由主義的代表（a representative of Classical liberalism）。

Cardozo, Benjamin Nathan（卡多索）

Cardozo, Benjamin Nathan
（卡多索，1870-1938）

1870年出生於美國紐約，卡多索家族係猶太裔，宗教裁判時期離開伊比利半島（Iberian penisular）到荷蘭。卡多索家族認為其祖先來自葡萄牙，此種說法雖無法確認，但卡多索（Cardozo）、謝薩士（Seixas）與曼德斯（Mendes）卻是葡萄牙常見的姓氏。卡多索舉家於美國革命前從英國移居美國。卡多索有一個雙胞胎妹妹艾米莉（Emily），卡多索是以他叔父之名（Benjamin Nathan）為名，其叔父是紐約證券交易所的副總裁，1870年在一件謀殺案中喪生。其父親（Albert Cardozo）是紐約最高法院的一名法官，1868年因牽涉一件司法的貪

污醜聞而辭職，這件事導致紐約市律師公會的成立，其父親辭職後轉任執業律師，直到1885年逝世為止。

　　卡多索母親（Rebecca）於1879年去世，那時卡多索年紀尚小。1885年卡多索進哥倫比亞大學（Columbia University）讀書，1889年再入哥倫比亞法學院（Columbia Law School）深造，法學院原先的學程是兩年，在他就讀期間，學校教職團投票通過將學程延為三年，使他無力支付多出一年的額外負擔，因而離開學校，沒有拿到學位，1891年他通過律師考試，並與其兄長執行律師業務。1913年卡多索好不容易被選為十四年任期的紐約最高法院法官，於1914年就職。1917年被選為民主與共和兩黨的候選人名單，準備接任上訴法院任期十四年的法官。1926年又被選為首席法官（Chief judge），於1927年就任，直到1932年就任聯邦最高法院法官為止。

　　1921年卡多索將他在耶魯大學的演講稿結集出版《司法過程之本質》（The Nature of the Judicial process）一書，此書至今對法官仍有其價值。此外，他也寫了三本書，成為法界的典範。1932年胡佛總統（President Herbert Hoover）提名卡多索接替霍姆斯（Justice

Oliver Wendell Holmes）退休後的聯邦最高法院法官，經國會參議院一致口頭表決通過，於1932年3月10日出任新職。與布蘭代斯（Brandeis）和史東（Stone）法官，號稱三劍客（Three Musketeers），他們被認為是最高法院內的自由派，卡多索在聯邦最高法院僅六年，1937年年底到1938年初，因心臟病發於1938年7月9日逝世，享年68歲。他的許多劃時代的判決都是在紐約上訴法院十八年期間締造，被認為是對二十世紀美國普通法發展有重大影響的法學家。

Ciceor, Marcus Tullius（西塞祿）

Ciceor, Marcus Tullius
（**西塞祿**，106-43 B.C.）

　　西元前106年出生於離羅馬一百公里的小鎮阿皮奴（Arpinum），其父親是騎士團（equestrian Order）富裕的一員，與羅馬維持良好關係，但作為一個半入侵者（semi-invalid），使他無法進入公眾生活，為了彌補這個缺憾，西塞祿只好勤讀書。在羅馬歷史上所謂有教養或有文化的人，是指會講拉丁文與希臘文而言，西塞祿和他同時代的大部分人一樣，接受古希臘哲學、詩與史家的行誼教誨，使他成為那個時代最重要的演說家，他運用希臘的知識，將許

多希臘哲學的理論概念譯為拉丁文，為廣大羅馬聽眾翻譯希臘哲學作品，據希臘傳記作家普魯塔克（Plutarch）說，西塞祿是一個聰明絕頂，才華橫溢的學生，他的學識引起全羅馬的注意。麥克格蘭（Michael Grant）認為西塞祿對歐洲文學史與觀念的影響遠超過其他任何語言的散文作者（prose Writer），他將希臘哲學的主要學派介紹給羅馬人，開創一個拉丁哲學的語彙，而他自己就是一個語言學家、翻譯家與哲學家。十五世紀文藝復興的一切，就是西塞祿的復興與再生，它的權威與聲望出現於十八世紀的啟蒙運動，他影響了啟蒙時期的一些思想家，如洛克（John Locke），休姆（David Hume）和孟德斯鳩（Montesquieu）的著作。

　　西塞祿以演說和成功的律師名於世，而他自己卻相信政治事業才是他最重要的成就。他當執政官時期發生卡提來（Catiline）陰謀藉助外力攻擊羅馬，以推翻政府的事件，西塞祿不經正當程序，在西元前一世紀的混亂局面下，將五個謀反者處死，此事造成凱撒的獨裁，而西塞祿也因擁護回歸傳統的共和政府而與凱撒集團結怨，隨著凱撒於西元前四十四年的被刺身亡，他自己

也成為安東尼的敵人，在權力追逐的鬥爭中，西塞祿被安東尼一系列的演說攻擊，而被凱撒死後的羅馬第二個三雄統治集團（the Second Triumvirate）視為國之敵人而放逐，最後在西元前四十三年被謀殺死亡。

Coke, Edward（柯克，1552-1634）

Coke, Edward（柯克）

1552年出生於中產階級家庭，父親是律師，也是倫敦四個法學院協會中林肯協會的一員（Bencher of Lincoln's Inn），柯克母親也來自法律世家，其父親與祖父皆在諾福克（Norfolk）地區執業律師，其姊姊也嫁給王座法庭法官和律師托瑪斯哥第（Thomas Gawdy）。柯克父母生了八個孩子，柯克八歲時就讀於諾威奇自由文法學校（the Norwich Free Grammer School），修習修辭學與希臘荷馬（Homer）與維吉爾（Virgil）的著作。1567年離開諾威奇到劍橋三一學院（Trinity College）就讀三年，1570年離開三一學院，沒有得到學位。但研究修辭學與邏輯辯論法（rhetoric and dialecties），隨後到倫敦，成為克里福特（Chifford's Inn）法學院協會的一員，主要是學習法律的基本原理（the basics of the Law）。1578年任律師，參與幾個著名的案件，獲得足夠的政治奧援後，他到國會發展，他先充任首席法官，然後擔任平民院議長（speaker of the House of Commons）。身為首席法官時，柯克限制法官誓詞的使用，在邦罕博士案件裡（in the case of proclamations and Dr. Bonhamis case），他宣稱國王隸屬於法律之下（the King to be subject to the law），而國會法律若違反普通法的權利與理性（Common right and reason）則無效。這個行動終於導致他被轉到王座法庭當首席法官，但他成功地限制了叛逆罪的定義（the definition of treason），而宣告一項皇室的文件不合法，使他於1616年11月14日被解除王座法官職務。因為沒有機會重獲法官職位，於是轉向國會發展，他很快就成為反對黨的主要成員。在擔任國會議員期間，他提案制定獨占法，限制國王特許專利的權力，並發起通過權利請願法案（the petition of Right），這是一項被認為與1215年大憲章（Mega Carta, 1215）和1689年的權利法案（the Bill of Rights, 1689）並列為英國憲法基礎的三大支柱。1628年權利請願法案通過後，柯克就退休。在他1634年逝世前，完成了他

的「英國法律報告與制度」的修訂工作
（Reports and the Institutes of the Laws of
England），這是一項為現代人所津津
樂道的事，他的制度（Institutes）研究
被形容為我們的法律的基礎。

Democritus
（Democritos，**德謨克里多
斯**，460-370 B.C.）

Democritus（德謨克里多斯）

出生於希臘色雷斯（Thrace）的阿伯
得拉城（Abdera），那是愛歐尼的殖民
城市提俄斯（an Ionian Colony of Teos），
他生於第八十奧林匹亞時期（the 80th
Olympiad, 460-457 B.C.），惟確切時間
有不同說法，他自己說在希臘哲人安納
薩哥拉斯（Anaxagoras）年老時，他還
是年輕人。據說德謨克里多斯的父親經
過阿伯得拉前往波斯時，得到波斯國王
賽克西斯（Xerxes）贈與一筆財富，德
謨克里多斯後來繼承父親的遺產，使他
有機會周遊列國以滿足其求知慾。據說
其足跡曾到中國，甚至印度與北非伊
索比亞。從他寫到巴比倫（Babylon）
和梅羅伊（Meroe）（古代伊索比亞的
首府）的見聞來看，他應該到過北非
埃及，狄歐多魯斯西鳩拉斯（Dio-dorus
Siculus）就說他在埃及住了五年，而德

謨克里多斯自己也說，在他那時代沒有人比他走過更多的旅程，看到更多的國家，和遇到更多的學者，他特別提到埃及的數學，也讚揚埃及的知識。在他旅行期間認識了閃族人凱爾丁的魔法（Chaldean Magic），回到家鄉後，德謨克里多斯投入自然哲學的研究。他行旅遍希臘以求文化知識，在他的著作裡提及一些希臘哲學家，而他的財富也使他有能力購買希臘的著作。原子論的創立者盧西帕斯（Leucippus, the founder of the atomism）對他影響最大，他也讚美希臘哲學家安納薩哥斯，戴奧吉尼斯、列提亞斯（Diogenes Lacrtius），說他與希臘醫師希波克拉底（Hippcrates, 460-377 B.C.）結識做朋友，他也許認識蘇格拉底，不過德謨克里多斯自己卻說：「我來到雅典，沒有人認識我」。後來亞里士多德把他放在前蘇格拉底的自然哲學家裡（placed him among the pre-Socratic natural philosopher）。

德謨克里多斯有許多奇聞軼事，戴奧吉尼斯、列提亞斯說他為了專心於所追求的事物，刻意把自己變成眼盲而減少外物干擾，這也許是真的，因為德謨克里多斯晚年已失明。又有一說，德謨克里多斯生性開朗，永遠喜歡看到詼諧

的生活面，後來一些作者說他總是嘲弄愚蠢的人。他受到他同胞高度的評價，因為他所預言的事，常常證明是事實，這或許歸功於他的自然現象的知識，據西鳩拉斯說，德謨克里多斯九十歲逝世，大約在西元前370年，也有作者說他活到104歲，甚至說109歲。德謨克里多斯因受老師盧西帕斯原子論的影響，使他創立了宇宙的原子理論。此與十九世紀所理解的原子結構有部分相似，因此某些人認為他其實更像科學家而不像哲學家，許多人甚至認為德謨克里多斯是現代科學之父。

Dworkin, Ronald（德沃金，1931-）

Dworkin, Ronald（德沃金）

1931年出生於美國羅得島州，就讀於哈佛大學與牛津大學瑪達蓮學院（Magdalen College, Oxford），他是羅得島（Rhode Island）的學者，也是柯樂士（Rupport Cross）爵士的學生，在他完成牛津大學最後一年考試時，主考官對他的論文手稿印象深刻而引起注意。隨後德沃金上哈佛法學院並擔任美國第二巡迴上訴法院法官韓德（Hand）的秘書工作，韓德認為德沃金是他用過的最稱職的秘書，而德沃金也承認韓德對他

有巨大影響，後來德沃金也在紐約一家有名的律師事務所蘇利文與克倫威爾（Sullivan and Cromwell）工作，之後就當上耶魯大學的法學教授。1969年他辭去秘書工作後接任哈特（Hart）退休後所留下來的牛津大學法理學教授，並選為大學院的研究員。從牛津大學退休後，他成為倫敦大學的法理學教授，後又成為邊沁（Bentham）講座的法理學教授，但時間不久。2008年3月提出告別演說，他也同時兼仼紐約大學法學院的法學教授與哲學教授，直到1970年代後期。

德沃金先後執教於耶魯大學、牛津大學、倫敦大學等名校，因其在法律哲學與政治哲學方面的卓越貢獻，2007年獲得霍爾堡（Holberg）國際紀念獎（Holdberg International Memoral Prize），表彰他在人文學科方面的學術先驅地位。根據美國《法律研究學報》（The Journal of Legal Studies），他是二十世紀美國法律學者被引述第二多的學者，他的統合法律理論（theory of law as integrity）視法律為一個統合體，認為法官解釋法律應依一致性與地方的道德原則（Consistent and Communal Moral Principles）特別是公道與公平（justice and fairness）原則，他主張對美國憲法作道德的解讀（Moral reading of the United States Constitution），以及以詮釋的方法來理解法律與道德。他經常評論當代政治與法律問題，尤其是涉及美國最高法院的問題，也經常在紐約書評中（The New York Review of Books）發表意見，他的法律見解被認為是最具影響力的當代法律本質理論。

德沃金最著名的事蹟是他對哈特（Hart）法律實在主義的批評，並把最完全的批評意見載入他的《法律帝國》（Law's Empire）一書。他的法律理論是詮釋性的，無論如何，法律須從法律體系的制度史作結構性的詮釋，而認為人民所珍愛的道德原則往往是錯誤的，因此所有法官對法律的詮釋都必須從法律整合一體的觀念去理解，在這個方式下，德沃金認為人民的法律權利在任何情況下都是有爭議的，最好的解釋就包含在正確答案的議題上，他反對法官在困難的案件中有裁量的權力。他最感興趣與爭議的議題之一，就是法律適當的解釋將給一個答案，但這不是說每一個解釋都有相同的答案，亦即對什麼是正確的會有一致的看法，德沃金認為不僅法律的嚴格意義是充滿漏洞與不一致性

（full of gaps and inconsistencies），而且其他的法律標準（包括原則）也可能不足以解決一個困難的案件，在這種情況下，沒有任何一個可能的答案是正確的答案。

Epictetus（依比戴特）

Epictetus
（依比戴特，55-135）

西元55年出生於弗利幾亞（Phrygia）的希拉波里斯（Hierapolis），其父母給他取的名字已不可考，但「Epiktetos」這個字在希臘文裡單純是指「獲得」（acquired）之意思。依比戴特少年時在羅馬當奴隸，其主人是自由人，為尼祿（Nero）皇帝的秘書，依比戴特早年熱衷於哲學，得到其主人許可在魯夫士（Musonius rufus）門下學習斯多依噶派哲學，不知什麼原因變成跛腳，有人說他的腳是被其主人故意打斷，但也有說他從小就不良於行。大約在西元93年他獲得自由，開始在羅馬教哲學，那時羅馬皇帝寶米提安（Domitian）將所有哲學家趕出羅馬，依比戴特旅行到希臘伊比魯斯（Epirus）的尼可波里斯（Nicopolis）創辦哲學學校，他最有名的學生叫亞里安（Arrian），年輕時就

在他門下學習並將依比戴特演講筆記完成論文集，但也有人認為那些論文集原本就是亞里安的文章。亞里安形容他老師依比戴特是一個能言善道者，能吸引聽者感受他所講的道理，當時有很多人喜歡和他交談，哈得良皇帝（Emperor Hadrian）對他也很友善。依比戴特生活極其簡樸，幾乎身無長物，長久獨居生活，年老收養一朋友之子為兒子，由一婦女幫助照養。西元135年依比戴特逝世後，其殘肢被崇拜者以三千特拉姆（希臘貨幣）買走。依比戴特教人說，哲學是一種生活方式（philosophy is a way of life），而不只是理論的訓練，對他來說，外在的事件皆由命運所決定，超乎我人的控制，我人必須冷靜而不激情地接受任何橫逆之事，無論如何，每個人要對自己的行為負責，人們可以透過嚴格的自我訓練來檢查並控制自己的行為。人的痛苦來自試圖去控制無法控制之事物，來自忽視我們能力之內的事，作為宇宙城市的部分，我們有責任關心所有同胞，凡奉行這些信念者，必能得到快樂與心靈的和平。

Epicurus（伊比鳩魯）

　　出生於西元前341年，其父母皆生於雅典，父親是自由公民，在伊比鳩魯出生前十年（351 B.C.）遷移到愛琴海的薩模斯島（Samos）定居，伊比鳩魯小時曾在柏拉圖學派的教師潘費拉（Pam philus）門下學哲學四年，十八歲時到雅典服兩年兵役。亞歷山大大帝死後在薩模斯的雅典移民被趕到科洛風（Colophon）即現在土耳其東岸，服完兵役後，伊比鳩魯回到老家科洛風，在諾西費因（Nausiphanes）門下學習德謨克里多斯（Democritos）的哲學。西元前306年回到雅典前，伊比鳩魯在他家的花園創立一個名為花園（The Garden）的學校，以此為聚會場所，傳授其思想，他的許多觀念深受較早思想家的影響，特別是德謨克里多斯。不過他寧願說是自學而無師承。他所創學派因主張人要追求快樂，很容易變成享樂主義，因此追隨者不多。對伊比鳩魯而言，哲學之目的在得到快樂與寧靜的生活，所謂寧靜（ataraxia）是一種和平的寧靜，是一種免於恐懼（freedom from fear），身體上沒有痛苦，精神上沒有牽掛的無憂無慮的快樂，亦即追求內心的恬適，不為物役，不為情動的寧靜

Epicurus
（伊比鳩魯，341-270 B.C.）

E

生活。

　　伊比鳩魯說喜悅與痛苦乃是善惡的衡量尺度，死亡是肉體與靈魂的結束，因此不必恐懼。他不重視靈魂，認為神不會給人類賞與罰，宇宙是無限與永恆的。他像德謨克里多斯一樣，是一個原子論物理學家（atomist），他相信世界基本上是由一些肉眼看不見的飄浮在太虛的微小物質構成的，叫作原子（atoms）。世界上每一件事物之發生是原子碰撞（atom Colliding），反彈（rebounding）的結果，彼此糾纏在一起，而它們運動背後是沒有目的，沒有計劃的，相較於現代分子物理的研究（the modern study of particle physics），其理論與德謨克里多斯較早期的原子論是不同的。伊比鳩魯在科學與科學方法的發展上是一位關鍵人物，他堅持非經過直接的觀察與邏輯的演繹，不能相信任何事物，他的許多有關自然與物理學的觀念，預示了現代重要科學的概念。

Filmer, Robert（費爾墨）

　　1588年在英國東南部肯特州的東舒頓（East Sutton in Kent）出生，1604年進劍橋大學三一學院（Trinity College）讀書，英王查理一世（Charles I）即位時授與爵位。費爾墨因強烈支持查理一世，其家宅曾被國會中反查理的議員搶劫十次之多，而他本人也於1642年英國爆發內戰第二年（1643）被囚禁於里茲城堡（Leads castle）。費氏中年時，英王與平民院已啟爭端，他的著作助長了神聖權利黨極端派的主張（extreme section of the Divine Right Party），費爾墨的思想完全表現在其所著《君父論》（patriarcha）或國王自然權利說上（the natural power of King），這一本書主張君權神授，一個可靠的說法是在1642年英國內戰開始時已寫成，而1680年始出版，不過根據克里斯多福希爾（Christopher Hill）的說法，此書應早於1640年與1650年代，此書是以聖經舊約創世紀為其立論基礎，費爾墨說舊約創世紀說上帝一開始就將權力給予亞當（Adam），亞當對其子孫的生命與死亡有完全的控制權，亞當這個權力由諾亞（Noath）繼承，費爾墨引用諾亞的

Filmer, Robert
（費爾墨，1588-1653）

神話說，他航越地中海將舊世界的三大洲的統治交由其三子，即Shem，Ham和Japheth，而從彼等三人繼承開始，就擁有對家庭與奴僕的絕對權力，同樣的，這些君父權就是所有國王與統治者（不管是單一的君王或統治者集團）權威的來源，這些權力是絕對的，且建立在神聖的權利上（founded upon divine right）。費爾墨以此推論政府的治理權猶之於一個家庭由父親管理一樣，一國之君猶之於一家之長，其統治國家就是所有政府真正的來源與模式。國王有完全自由，不受所有人類的控制（free from all human Control），國王不受前任國王的限制，也不必為其負責，甚至不必為自己行為負責，天主（Lords）只對國王提出諮詢，而平民院只是執行並同意國會的法令，國王獨自就是造法者（the King alone is the maker of laws），其權力純粹出自他的意志。費爾墨認為人民審判或處置其國王，是一件駭人聽聞的事，他也嚴厲批評民主政治，認為古雅典的民主，事實上是一種「公道交易制度」（a justice-trading system），雅典人民從來不知道真正的公道，只知道暴民的意志（only the will of mob），古羅馬亦然，其公平的統治（ruled fairly）只

在帝國建立之後。

Finnis, John（芬尼斯）

　　1940年出生於澳洲，是澳洲知名
法律學者，哲學家，專長為法律哲
學。就讀於澳洲阿得雷德（Adelaide）
聖彼得學院（St. Peter's College）和阿
得雷德大學，他也是該大學聖馬可學
院（St. Mark's College）的一員，得到
碩士學位後，1962年獲得英國牛津大
學羅得獎學金（a Rhodes Scholarship）
完成博士學位，他是活在當世的最著
名法律哲學家之一，他的《自然法
與自然權利》（Natural law and Natural
Right）著作，被認為自然法哲學最後
的著作之一（one of the definitive Works
of Natural Law philosophy），是以牛津
學派（Oxonian）和天主教托瑪斯學
派（Catholic Thomistic）的哲學傳統為
目標，挑戰自十九世紀奧斯丁（John
Austin）和二十世紀哈特（H.L.A. Hart）
所主導的英國實在主義的法律哲學。
巴克爾（Stephen Buckle）說自然法與
自然權利捍衛基本的人類利益，諸如
生命（life）、知識（Knowledge）、
娛樂（play）、美感經驗（aesthetic

Finnis, John
（芬尼斯，1940-）

F

experience）、交際活動（sociability friendships）、實際理性（practical reasonableness）和宗教（religion），這些利益最後定義為：所有這些信仰稱為終極的關懷問題，亦即人類有關生存的切要問題。巴克爾認為芬尼斯提倡的這些基本利益是合理的，但當他要去具體規劃實際理性的要件時將會引起更多的爭論。派特森（Craig Paterson）也認為芬尼斯自然法倫理（natural law ethics）的著作會在新托瑪斯學派與分析哲學的圈子裡，造成爭論的根源，蓋自然法倫理觀念必須建立在從描述的陳述（即實然；is）裡產生規範的陳述（normative statement）（即應然；ought）的嘗試上，這會挑戰新托瑪斯學派與分析哲學兩方面的主要假設，這就是造成爭論的根源所在。芬尼斯也是出名的反同性戀觀點者，他認為同性戀乃是道德上的墮落（moral depraved），造成社會的退步（the degradation of society）。

Frank, Jerome（法蘭克，1889-1957）

Frank, Jerome（法蘭克）

　　1889年出生於美國紐約市，1909年美國芝加哥大學畢業，1912年得到芝加哥大學法學院法律學位，1912-1930年在

芝加哥擔任執業律師，1930-1933年轉任紐約市律師。他是法律哲學家，在美國法律唯實主義運動中（the legal realism movement）扮演主要角色。在羅斯福總統（president Franklin D. Roosevelt）政府新政計畫（New Deal）期間，法蘭克於1933年到1935年出任農業調整署的總顧問（general Counsel of the Agricultural Adjustment Administration）。1935年出任重建財政協會的特別顧問（special counsel to the Reconstruction Finance Association），1937年羅斯福總統任命法蘭克為證券交易委員會委員（Commissioner of the Securities and Exchange Commission）任期1937-41年，其間（1939-1941）並當委員會主席。

1941年2月羅斯福總統提名法蘭克為美國上訴法院第二巡迴區的法官（The United States Court of Appeal for the Second Circuit），同年三月獲參院同意。法蘭克被認為能高度勝任的法官，在公民自由的問題上，經常採取自由的立場，在法庭上有積極作為，直到1957年心臟病逝世於康耐狄克州的紐海文（New Haven）。法蘭克出版許多具影響力的著作，包括1930年出版的《法律與現代精神》（Law and theModern Mind），對法律唯實主義提出論辯，他強調心理力量在法律問題上的作用（the Psychological forces at work in legal matters），其他的重要著作，如1949年的《審判中的法院》（Courts on Trial），強調司法過程的不確定性與不可靠性（the uncertainties and fallibility of the judicial process）。

Gray, John Chipman
（格雷，1839-1915）

Gray, John Chipman （格雷）

為美國財產法學者，也是哈佛大學法學教授。畢業於波士頓拉丁學校（Boston Latin School），隨即進哈佛大學就讀，1862年得到法律學位，並執行律師業務，美國內戰期間在聯邦軍隊服役，1865年內戰結束後，在波士頓開律師事務所執行律師業務，同時在哈佛大學任教，先當講師，於1875年成為專任教授，1883年被提名為勞耶（Royall）講座的法學教授，達二十年之久。

1894年格雷獲頒耶魯大學榮譽法律博士學位，1895年哈佛大學榮譽法學博士，退休兩年後，於1915年2月25日逝世於波士頓。格雷有兩本著作，即《財產轉讓之限制》（Restraints on the Alienation of Property, 1883），和《反對永久物之規則》（The Rule againt Perpetuities, 1886）。他最有名的工作是他對普通法的觀察（his survey of the Common Law），其1909年的著作《法律的性質與淵源》（The Nature and Sources of the Law, 1909），非常有影響力，至今仍為美國法律學校所使用，並為許多法律刊物所引用。

Grotius, Hugo（格老秀斯）

　　1583年出生於荷蘭得夫特（Delft, Holland）一個顯赫家庭，其姓名源自拉丁文（Huig de Groot），其父親是個飽學之士，也是政治世家，他想把兒子培養成傳統的人文學者，而格老秀斯也的確天資聰穎，從小就是一個神童，八歲能作拉丁文詩，十一歲進萊頓大學（University of Leiden），十四歲大學畢業，1598年末滿十五歲就隨荷蘭政治家奧登巴內福爾特（Jan Von Oldenbarneveldt）出使法國，法王亨利四世對這位少年隨員印象極為深刻，並稱讚他為「荷蘭的奇蹟」。格老秀斯一年後離開法國，並得法國奧爾良大學（University of Orleans）法學博士學位。

　　1599年格老秀斯回到荷蘭，在海

Grotius, Hugo
（格老秀斯，1583-1645）

G

牙執行律師業務，兩年後（1601）被荷蘭議會選為該省官方史家（official historiographer）。1607年成為荷蘭省的首席檢察官，1613年擔任荷蘭省區鹿特丹（Rotterdam）代表與尼德蘭聯邦（Netherlands）的荷蘭代表，卻捲入激烈的宗教與政治鬥爭中，此時荷蘭人民大多支持喀爾文教派的改革者，以對抗受聯邦多數人和省長兼軍隊指揮官莫里斯（Maurice of Nassau）支持的正統喀爾文派。1618年莫里斯以武力鎮壓異議份子，格老秀斯被捕，並在次年（1619）被判叛國罪，終身監禁於盧文斯坦城堡（Loevestein Castle），後經由其妻協助，於探監時將其藏於裝書的箱子裡秘密攜出而逃離監牢。

格老秀斯逃到法國，受到熱情接待，1634年以瑞典大使身份出使法國，1645年獲准返回荷蘭，卻於瑞典回荷蘭途中死於羅斯托克（Rostock, Swedish Pomerania）。格老秀斯最有影響力的一本著作是1625年流亡法國期間在巴黎出版的《戰爭與和平法》（De jure belli ac Pacis），書中將自然法理應用到國家間的行為。格老秀斯稟賦極高，具有多方面的才華與興趣，他是一個哲學家、神學家、基督教護教家（Christian

apologist），劇作家和詩人，是十七世
紀最重要的自然法學家之一。

Gumplowicz, Ludwig（龔普羅維奇）

　　1838年出生於波蘭庫拉可夫
（Krakow），是波蘭社會學家，政治
科學家。龔氏在庫拉可夫大學學法
律，隨後成為律師與出版家。1875年
在格拉茨大學（Graz）教憲法與行政
法，1882年任副教授，1893年成為專
任教授，他很早就對壓迫的族群問題
（the problem of suppressed ethnic group）
感興趣。龔式出身猶太家庭，其出生
地庫拉可夫是前波蘭立陶宛聯邦國
的一個城市（a city of the former Polish-
Lithuanian Commonwealth）。當時波蘭
第一次被瓜分，後來成為奧匈帝國兼併
後的自由城市，或許跟自己的出生背景
有關，他一生為哈布斯堡帝國的少數族
群（Minorities in the Habsburg Empire）
發聲辯護，特別是為斯拉夫人發言。不
久就對社會衝突的形式感興趣，他的理
論從族群觀念出發，認為國家起源於不
可避免的衝突，而不是起源於人類的合
作或神靈的啟示。最初在國家出現以前
各族群之間發生衝突，當一個族群取得

Gumplowicz, Ludwig
（龔普羅維奇，1838-1909）

勝利時，就組成國家。這個國家變成勝敗兩族群的混合體，接著就在國與國之間產生衝突，引起戰爭，再次發生大規模的征服與同化過程，最後在國家之內形成各社會階級，彼此之間因利益而生衝突。法律即是由階級鬥爭中勝利者所制定，但並非基於任何抽象的公平正義觀念而制定法律。因此龔普洛維奇認為為歷史不過是一部衝突與鬥爭循環的過程，國家的制度是在不同的時間為不同的控制精英來服務。他預測一旦國家中少數階級統合起來，勢必爆發戰爭。龔普洛維奇的這種主張，被認為是一種社會的達爾文主義者（a social Darwinist），他的主要著作有1885年出版的《社會學大綱》和1887年的《社會學體系》是用波蘭文撰寫，其他作品都用德文寫成，龔氏罹患癌症，不堪病魔折磨，夫妻兩人於1909年8月20日同時服毒自殺身亡。

Hägerström, Axel（海格史脫姆）

　　1868年出生於瑞典維里達強可濱郡（Vireda Jonkoping County, Sweden），其父親為瑞典教會牧師。海格史脫姆就讀於瑞典烏波薩拉大學（Uppsala university），求學期間放棄神學，改以哲學為終身志業，1893年於該校任教，直到1933年退休。他攻擊當時主要的唯心主義哲學（philosophical idealism），而成為烏波薩拉實在主義哲學的創立者，這是英美分析哲學，也是維也納邏輯實證主義哲學在瑞典的對應學派（the Swedisk Counterpart of the Anglo-American Analytical philosophy as well as of the Logical Positivism of Vienna Circle），海格史脫姆也是斯堪地那維亞法律唯實主義運動的發起人。

Hägerström, Axel
（海格史脫姆，1868-1939）

　　法律唯實主義法學陣營，廣義說來，包括那些嚴格反對自然法概念的學者，他們相信法律概念，專門術語（terminology）與價值，必須建立在經驗、觀察與實驗之上，才足以稱為真實（real）。這個經驗的（empirical）或懷疑的（sceptical）的觀點，由唯實主義者（realists）所持有，可以和其他採取較理性觀點的哲學相對照，諸如英

國法學家哈特（H.L.A. Hart）所採取的較形式主義的方法。他們的看法是如此的概念只能透過先驗的推理或邏輯的應用（through the application of a priori reasoning or Logic only）才能成立。

　海格史脫姆被視為斯堪地那維亞法律唯實主義創立之父（the founding father），他的學生包括奧立佛克羅那（Karl Olivecrona）、阿爾弗羅斯（Alf Ross）和朗得斯特達特（Anders Villelm Lundstedt），也都採取同樣的觀點來表達西方法律的語言。由於他們對自然法的否定，使他們同時也反對人權的概念（the Concepts of human rights）。海格史脫姆曾受馬堡學派的新康德主義的影響（the Neo-Kantianism of the Marburg School），也完全反對形而上學，他認為「權利」（right）、「義務」（duty）這些字眼基本上沒有意義。因為不能做科學的印證與證實，這些概念可以影響或引導想得到權利或接受義務的人，但經不起事實的驗證，最後只是狂想（mere fantasis）。海格史姆認為所有價值判斷（Value judgement）只是在使用判斷時的一種情緒的表達而已。他這個觀點，造成許多批評者不滿，把他的哲學看成是價值的虛無主義

（Value nihilism）。海格史脫姆在他的
著作裡抨擊許多不同的字眼和法律概
念，以證明這些都經不起科學的驗證
與適用。

Hall, Jerome（霍爾）

　　美國印地安那大學（Indiana
University）法理學教授，他是以科際整
合（interdisciplinary）分析法律問題的
先驅學者，他相信合理性（rationality）
與道德性（morality）為法律之本質，
因而主張實在法之定義應予嚴格界
定為「實際的倫理性權力規範」，
（actual ethical power norms），而不包
括「純粹的權力規範」（sheer power
norms）。國家之制定法如果完全欠
缺倫理規範，即喪失法律之本質，
因此他提出「整合的法學概念」（an
Integrative Jurisprudence），主張法律乃
形式（form）、價值（Value）與事實
（fact）之結合，法律之價值成分並非
僅屬於主觀慾望與個人利益之表現，而
是可受理性之分析者。

　　霍爾雖於1992年逝世，但他的學術
影響甚大，他的著作仍經常為一些重要
大學的學報所引用。包括《哈佛法律評

Hall, Jerome
（霍爾，1901-1992）

H

論》（The Harvard Law Review）、《耶魯法律評論》（The Yale Law Review）、《德州法律評論》（The Texas Law Review）、《維吉尼亞法律評論》（The Virginia Law Review）、《密西根法律評論》（The Michigan Law Review）、《西北大學法律評論》（The Northwestern University Law Review）、《喬治城法律評論》（The Georgetown Law Review）、《哥倫比亞法律評論》（The Columbia Law Review）和《史丹佛法律評論》（The Stanford Law Review），這些知名大學教授團透過獎學金持續對霍爾的著作做研究，特別是以法律、社會和文化為中心的研究。

Hart, H.L.A.
（哈特，1907-1992）

Hart, H.L.A.（哈特）

　　二十世紀深具影響力的英國法律哲學家，牛津大學法理學教授，牛津布列斯諾（Brasenose College）學院院長。其1961年出版的《法律的概念》（The Concept of Law, 1961）被認為是二十世紀法學的經典之作。有關哈特之生平事蹟及其法學理論，詳參閱本書第七章）。

Hegel, Georg Wilhelm Friedrich（黑格爾）

1770年8月27日出生於德國西南部Württemberg 公爵管轄的斯圖加特（Stuttgart），其父親在Württemberg 公爵卡兒尤金（Karl Eugen）宮廷當稅收處秘書（secretary to the revenue office）。黑格爾三歲讀德國學校，五歲讀拉丁學校（Latin school），1776年（6歲）進斯圖加特大學預科學校。18歲就讀杜賓根大學（University of Tubingen）附設的新教神學院（Protestant seminary），並得到神學證書。隨即在柏恩（Bern）的一個貴族家庭當家庭教師（house tutor），此期間（1793-96）他完成一本書叫《耶穌生命》（Life of Jesus），書頁並標明「基督教的實在性」（The positivity of the Christian Religion），1799年再寫《基督教的精神》（The Spirit of Christianity），惟終其一生並未出版。

1801年黑格爾受其老友謝林（Schelling）的鼓勵任耶拿大學（Jena）不支薪的講師（unsalaried lecturer），1802年與謝林合辦一本刊物叫《哲學的批評》（Critical Journal of Philosophy），直到1803年謝林離開Wuttenberg 止。1808年透過尼桑瑪（Niethammer）的關係出任紐倫堡（Nuremberg）神學院院長，

Hegel, Georg Wilhelm Friedrich
（黑格爾，1770-1831）

H

直到1816年為止。在紐倫堡期間黑格爾出版《精神現象學》（Phenomenology of Mind）作為上課教材。該書描述人的意識從純意識開始，經自我意識，理性，精神與宗教，發展為絕對知識的過程（the evolution of consciousness from sense-perception to absolute Knowledge）。1811-1812年他出版《邏輯的科學》（the Science of Logic），1816年出版《哲學的科學百科全書》（Encyclopedia of the Philosophical Sciences），這本書是黑格爾對其全部哲學體系的闡述，此書分三部分，即「邏輯哲學」、「自然哲學」與「精神哲學」。此巨著出版於1816年，1827年和1830年再修訂。1820年出版《權利哲學的要素》（The Elements of the Philosophy of Right），這是黑格爾政治哲學的論述。後來陸續出版他早期生涯和在柏林期間的一些文章，包括哲學、歷史、宗教、美學和哲學史，都是他在課堂上對學生講課的筆記，於其死後出版。

1823-1827年是黑格爾講學的鼎盛時期，其聲名遠播，有關美學、宗教、哲學和歷史學的講演，都是黑格爾思想的成果。在歷史哲學的講述，他假定整個人類歷史是在精神上和道德上獲

得進展並逐步達到自知之明的過程。在哲學史的講述部分，以希臘哲學最為出色。黑格爾哲學體系的目的在將精神與自然，一般與個別，理想與現實等對立面統一起來，使成為綜合體，並對以前哲學上的一切偏見與矛盾兼容並蓄，既是觀念論也是實在論，無論保守派與革命派，有神論者與無神論者，均可從其著作中得到啟發，他的哲學著作是繼康德、費希特、謝林之後，標誌著德國唯心主義的登峰造極。

Hobbes, Thomas（霍布斯）

英國人稱為最偉大的思想家，1588年出生於英國威特夏爾（Wiltshire）的西港（Westport），現為馬梅茲柏（Malmesburg）的部分。霍布斯為早產兒，且生性害羞。據說他母親聽到西班牙無敵艦隊入侵的消息（the Coming invasion of the Spanish Armada），驚嚇而致早產。其父親原為西港附近的教區牧師，因毆打一名敵對的牧師而被迫逃亡，結果將三個孩子交由叔父（uncle Francis）教養。霍布斯四歲時就在西港教會接受古典語文訓練，接著就讀馬梅茲柏學校，十五歲（1603年）就讀牛

Hobbes, Thomas
（霍布斯，1588-1679）

津大學瑪達連學院（Magdalen Hall），研習傳統士林哲學（Scholastic），邏輯、與物理。五年後畢業取得文學士學位，之後經瑪達連校長推薦給卡文迪席（William Cavendish）（即後來的Devonshire之伯爵）當家庭教師，從此霍布斯與卡文迪席家族保持關係。

1610年霍布斯與其學生暢遊歐陸，在旅遊期間發現他在牛津大學學到的士林哲學與歐洲的科學與批評方法有顯著不同，這時他把目標放在細心研究古典希臘與拉丁的作家上，導致他於1628年翻譯了修思底斯（Thucydides）的偉大作品《披羅奔尼戰爭史》（History of the Peloponnesion War），其初版是由希臘文原稿譯成英文。1628年卡文迪席伯爵死於瘟疫，其遺孀辭退霍布斯的家教職，霍布斯離開卡文迪席家族，改當克里夫頓爵士（Gerrase Clifton）之子家庭教師。1631年霍布斯又從巴黎被召回負責教育卡文迪席年僅12歲的兒子（後來成為得凡夏爾三世伯爵）（Earl of Devonshire），長達七年之久。為了增廣哲學知識，霍布斯於1636年到義大利威尼斯拜訪天文學家伽利略（Galileo），並在巴黎加入以莫森修士（Marin Mersenne）為中心的學者與科

學家團體。1637年開始霍布斯就想成為哲學家與學者，在旅行期間開始受到伽利略物理運動與運動力學說的影響（The influence of the physical doctrine of motion and physical momentum），伽利略將運動預設為物體的自然狀態，所有物體都在運動中，靜止只是運動受到限制而已。霍布斯受此啟發，產生一個全面性的構想，認為不只是物理自然如此，就是感情、情緒與意志的內在領域到市民社會都可以從基本運動法則的幾何演繹法加以解釋。1637年他帶著這個構想回到英國，當時英國局勢已瀕臨內戰。1640年當短期國會結束之時（the end of the Short parliament），他寫了一本推動絕對王權的短篇論文，名為《法律、自然與政治要素》（The Elements of Law, Nature and Politic），這篇論文並未出版，而是以手抄本的方式在所認識的朋友間流傳。十年後（1650年）修改為兩篇論文正式出版，即《人性論》（Of Human Nature）與《政體論》（De Corpore Politico）。

1640年長期國會（the Long Parliament）召開之時，霍布斯擔心其論文可能惹禍，而逃到巴黎，直到十一年後（1651年）再回到英國。在巴黎期間，他

撰寫對笛卡兒第一哲學沉思錄的批評（Critique of the Meditations on First philosophy of Descartes）。1642年出版其政治理論的主張《論公民》（De Cive），這一年英國爆發內戰，霍布斯為喚起大英國群眾的注意，撰寫最著名的作品《巨靈篇》（Leviathan），以英文撰寫，直到1651年才在倫敦出版，這是一部擁護絕對王權政府的著作，強烈聲明要將教會隸屬於公民權威統治之下，惟霍布斯與主張君權神授的費爾墨（Filmer）不同，不是從君王世襲的立場來維護王權，而是以政府能提供每個個體保護為立論基礎，亦即一個絕對權威的政府可以保護人民，使人民獲致和平。1646年霍布斯曾短暫擔任流亡在外的英國王子（即後來的查理二世）的數學老師，也曾將其《巨靈篇》手稿呈獻英王、查理二世即位後，霍布斯於1651年返回英國，卻未得英王眷顧，一生鬱抑不得志，1679年10月霍布斯因膀胱疾病引起中風，於12月4日逝世。

Holland, Thomas Erskine（霍爾蘭）

　　十九世紀英國法律哲學家，也是
十九世紀後半葉英國分析法學的領導
人物之一。1835年7月17日出生於英國
布萊頓（Brighton），先就讀於布萊頓
學院（Brighton College），再進牛津大
學，1863-1874年執業律師，1874年回
到牛津大學，隨後成為牛津大學萬靈
學院（All Souls College）的國際法教授
與學院研究員。霍爾蘭著述甚豐，包
括經常被引用的法律哲學名著《法學
基本要素》（Elements of Jurisprudence,
1880），該書前後出版十三版，最後一
版於1924年。其每一次修訂在英國法中
都是最重要的改變，他以不斷修訂其推
理材料的方式來為法律下定義，隨時注
意社會發展之情勢與法律之變遷，而避
免完全依賴奧斯丁（Austin）的主權概
念來為法律下定義，他的法律定義簡單
明瞭，他說：「法律乃人類行為的一般
規則，管轄的對象僅限於人的外部行為
（external acts）」，他堅決反對把政治
權威的規則看成法律，這是他奧斯丁的
法律概念最大不同之所在。

Holland, Thomas Erskine
（霍爾蘭，1835-1926）

Holmes, Oliver Wendell Jr.
（霍姆斯，1841-1935）

Holmes, Oliver Wendell Jr. （霍姆斯）

1841年3月8日出生於美國麻州波士頓（Boston, Massachusetts），為作家兼醫師之子。1861年從哈佛學院畢業後，加入陸軍服役，經三次重傷後，於1864年以榮譽中校官階退伍。1866年自哈佛法學院畢業，在波士頓執業律師，並開始寫作及演說，隨後成為美國法律評論（American Law Review）之編輯，1870-73年間在哈佛擔任憲法及法理學講師，1872年與出身劍橋的狄克絲威爾（Fanny Bowditch Dixwell）女士結婚。1882年被任命為麻州最高法院法官，1899年成為首席法官。1902年羅斯福總統任命其擔任美國聯邦最高法院法官，直到1932年6月，任期長達三十年。霍姆斯在最高法院法官任內，當時多數法官主張管制經濟的許多州法律屬違憲，其理由為各該州法律未依正當程序即剝奪商人財產，認為係違反憲法修正案第十四條。惟霍姆斯獨排眾議，主張憲法上並無禁止合理管制經濟的條文。過去最高法院對於州際貿易國會立法權之詮釋，係採取比憲法修正案第五條之正當程序更為嚴格之限制，在1918年的罕默控達根哈特（Hammer V. Dagenhart）一案中，多數法官主張一項禁止在州際間

運送未達法定年齡之孩童所製造商品之
州法律，係屬違憲，他們認為該州法律
之目的在管制運送，實際上卻企圖規範
屬地方事務之童工。霍姆斯提出不同意
見書，引用最高法院曾確認國會得制定
限制跨州運酒法案之判決。他說「……
站在法院立場，吾人不可僅允許州政府
依法禁止烈酒，卻不准州立法禁止那些
被殘害生命者所製造的產品」。

霍姆斯同時也清楚表達支持言論自
由，在1919年「亞布拉姆控聯邦政府」
（Abrams V. United States）一案中，法
院曾依1917年之「聯邦間諜活動法案」
（Federal Espionage Act）針對個人因出
版小冊子嚴厲批評美國，而為有罪之
判決。霍姆斯再度提出他的不同意見
書，認為美國憲法是一種實驗的（an
experiment），如同所有生命都是一種
實驗的（as all life is an experiment），他
說思想自由不僅要包含我們所同意的思
想，也要包含我們所不同意、厭惡的
思想，言論意見表達的自由，受聯邦
與州憲法保障，並單純的宣布為一項
普通法可以為害的特權（a Common law
privilege to do harm），除非在表達意見
時會形成一種「明顯而立即之危險」
（a clear and Present danger）而造成某種

立法機關已適當禁止的傷害。

　　1925年在最高法院對吉特羅（Benjamin Gitlow）因出版《左翼宣言》（Left Wing Manifesto）及其他倡導以不法手段推翻政府之文件，而被認定有罪判決，霍姆斯再次重申此一見解，並在不同意見書中寫道：「出版品並未對國家本有權遏阻之實際災禍產生「明顯而立即之危險」。當霍姆斯到80歲時，其不同意見之多，使他被稱為「偉大的異議者」（The Great Dissent），就其任職最高法院三十年期間，在5950個附有意見的案件中，他其實只撰寫173份反對意見，還不到3%，其所提不同意見是具有高品質之司法及文學水準的，這在今日看來，似不再令人詫異。自1936年以來，此一概念已形成憲法上老生常談之共識。他的聲譽大部分歸功於其莊嚴的個人丰采，和文質彬彬的態度，以及那份屬於知識份子的孤高氣質，使他成為二十世紀美國家喻戶曉的法學家，對後來美國法律思想有極大的影響，他承襲詹姆斯（William James）的實用主義（pragmatism）與批判的法律研究（critical legal study），在1920年代與1930年代發起了法律唯實主義運動（legal realist movement），是美國史上少數最偉大的法官之一。

James, William（詹姆斯）

美國第一個傑出的心理學家及哲學家，也是美國實用主義哲學的創導者，1842年出生於紐約亞士特（Astor），其父為神學家亨利詹姆斯（Henry James, 1811-82）。詹姆斯小時候曾在巴黎研習藝術，受教於韓特（William Morris Hunt），1861年進哈佛大學勞倫斯科學院（Lawrence Scientific School of Harvard University）學習化學和比較解剖學，而後就讀哈佛醫學院，中途曾兩次輟學，一次是1865年參加自然科學家阿加西斯（Louis Agassiz）的動物學研究，遠赴巴西亞馬遜河作科學的探險，為期八個月。另一次是1867年到德國十八個月研習生理心理學。詹姆斯在德國期間，因病不能進行實驗工作，但在法國與德國廣泛閱讀書籍，並於柏林大學修習，1869年取得醫學博士學位，但從未行醫。詹姆斯不但在科學方面表現優異，其德文、法文的文學素養亦極為出色。

1873年詹姆斯開始在哈佛大學擔任解剖學與生理學的講師，1876年為心理學助理教授，1881年為哲學助理教授，1885年升為專任教授（Full professor），他訓練出許多早期美國心理學研究所

James, William
（詹姆斯，1842-1910）

J

的師資。他的第一本書是書評，評論
《北美洲評論》（The North American
Review）和各種哲學刊物。他在法國
的哲學概論發表文章，使他成為知名
的哲學家，後來又以心理學家聞名於
世。1878年在美國麻州劍橋與吉本絲
（Alice Howe Gibbens）女士結婚。同年
開始專心於心理學論著的撰寫，花了12
年時間，於1890年完成《心理學原理》
（Principles of Psychology），全書分上
下兩冊，共一千二百頁，此書主要歸納
十九世紀心理學的全貌，也有一些他自
己的發現。這本書十分暢銷，因其內容
廣泛精確，且風格活潑，兼具科學性與
文學性，書成後被譯成法文、德文、義
大利文與俄文，多年來始終是一流的心
理學教科書。

　　詹姆斯在其心理學原理和其他著作
中，強調思考是個人化而主觀的，他堅
決反對機械論與決定論（determinism）
而認為心靈的活動不是盲目的機械性
（mechanicalism）和決定性的，神經活
動的目的是為了達成行為的目的，意識
是為了行為而存在，在意志選擇對何種
刺激反應的過程中，心智經由神經和
細胞的運作，使個體能夠適應環境及生
存，這是詹姆斯心理學和實用主義哲學

的中心思想。

詹姆斯在《宗教經驗的多樣性》（The Varities of Religious Experience, 1902）一書中，始終依循實用推理的原則，直到1907年出版《實用主義：某種舊思考方式的新名稱》（Pragmatism: A New Name for Some Old Ways of thinking, 1907），他借用皮爾斯（Charles Sanders Peirce）在1878年使用過的「實用主義」名詞，但皮爾斯只提出一種方法，詹姆斯則對這個理論進行詳細的敘述。他說「實用主義」（Pragmatic）是一種方法，能確定一項推論是否足以信賴。基本上，實用主義是檢驗假設的科學方法，那些能被理解和證實的，才是真實的觀念。他認為真理是相對的，真理來自觀念，事實使觀念成為真理，但一個觀念也可被解釋為錯誤的。詹姆斯的實用主義假設一個永遠不斷變化的宇宙，唯有在完全被創造的固定宇宙之中才有絕對的真理，在這樣的世界中，所有事情從一開始就被預定，這不是我們所經驗的世界。我們所經驗的世界是多元的（pluralistic），未來仍不確定。在這個多元的世界中，有一個更高層的心靈，與我們不相連續，無論這個心靈有多巨大，也不一定擁有絕對的力量，因此我

們所處的世界是危險而不穩定，需要人類鼓起勇氣建立更好的社會秩序。總之，詹姆斯是道德家，是高尚而優雅的文藝家，但不是形而上學家，他的實用主義出版後，被認為美國最傑出的哲學家。1907年從哈佛退休後，繼續寫作、演講，其一生著作等身。1910年心臟病發逝世於新罕布夏州的巧克魯（Chocorua New Hampshire）。

Kant, Immanuel
（康德，1724-1804）

K

Kant, Immanuel（康德）

十八世紀德國唯心主義時代最偉大的哲學家，其著作對西方世界具有重要影響。1724年出生於東普魯士的科尼斯堡（Königsberg）（今位於俄羅斯境內的Kaliningrad），其父為馬鞍匠（harnessmaker），母親出生於紐倫堡（Nuremberg），其祖父從蘇格蘭移民到東普魯士，因此其父親仍把家庭的姓氏拼音為英文的Cant，而不是德文的Kant。由於從小在虔誠的宗教家庭中長大的關係，加強了康德的宗教信仰與人道精神。他曾在腓列德力中學（Collegium Friedericianum）接受拉丁文教育，1740年（16歲）進科尼斯

堡大學（University of Königsberg）學哲學、數學和物理學，並旁聽神學課程。他研究來布尼茲和伍爾夫的哲學（the philosophy of Leibniz and Wolff），他的老師馬丁克奴桑（Martin Kuntzen）是理性主義者，對英國哲學與科學的發展甚為熟悉，因而介紹康德認識牛頓的新數學物理（New Mathematical physics of Newton）。1746年康德父親逝世，中斷他的學業，而在科尼斯堡附近的一個小鎮當家庭教師，並繼續完成學業。1747年出版第一部哲學著作《活力真實鑑定的思考》（Thoughts on the True Estimation of Living Forces），這段期間，康德思想漸趨成熟。1755年出版短篇論文《形而上學知識第一原則的新說明》（A New Explanation of the First Principles of metaphysical Knowledge），並匿名出版其名著《自然通史與天體論》（General History of Nature and Theory of the Heavens），這篇論文提出星雲的假設（the Nubular hypothesis）並演繹出太陽系（solar system）由一大片氣體雲形成（formed from a large cloud of gas），他藉此解釋太陽系的秩序，這些假設給天文學（astronomy）打開新視野，這一年康德同時獲得博士學

K

位，而擔任科尼斯堡大學講師，教授邏輯學、形上學、道德哲學、自然神學、人類學、物理學、地文學。1770年康德提出其就職論文（the Inaugural Disertation）《論感性與知性世界形式與原理》（On the form and principles of the Sensible and Intelligble World），就任科尼斯堡大學邏輯與形上學教授後，有幾年停頓未出書，直到1775年起連續完成多部哲學的經典作品，例如1781年的《純粹理性批評第一版》（First edition of the Critique of Pure Reason），1783年的《未來形上學導論》（Prelegomena to any Future Metaphysics），1785年的《自然科學的形上學基礎》（Metaphysical Foundations of Natural Science），1788年的《實踐理性批判》（Critique of Pratical Reason），1790年的《判斷力批判》（Critique of Judgement）和權利科學（The Science of Right），1793年的《純粹理性界限內的宗教》（Religion Within the Limits of ReasonAlone）及1797年的《道德形上學基礎》（Foundations of the Metaphysics of Morals）。

康德的批判哲學是長期思想發展的結果，這段期間，他曾接連受到來布尼茲與伍爾夫、牛頓、洛克（John

Locke）、休姆（David Hume）和盧梭（Jean Jacques Roussau）的影響。1760年代初，康德仍接受德國傳統的獨斷理性哲學，來布尼茲和伍爾夫的理性論主導康德的思想，認為從概念分析本身就能得到事物本質的真正知識，而在洛克與休姆的影響下，康德逐漸理解，離開經驗的邏輯運作，雖能組成知識，卻無法增添任何知識內容，休姆否認因果的原則，但康德仍將因果性與實據視為自然的原則。由於休姆的經驗哲學的影響，康德放棄了形而上學，而發展出自己的批判哲學，其批判方法，康德稱為先驗方法（Transcendental method），他認為所有的科學都預設一些所謂「先驗的綜合」（synthetic a priori）判斷，它們可以像經驗判斷一樣提供知識內容，而判斷之所以是經驗的，在於它們是必然普遍有效。綜觀康德一生，日常生活嚴格自律，保持很好體力，故能長期持續寫作，從1746年起到1804年逝世，康德寫作期間長達五十八年，著作多達35本，內容含蓋哲學、邏輯學、倫理學、人類學、天文學、物理學、神學、道德哲學及法學等，是18世紀德國惟心主義的開創者，其思想對後世的影響歷久不衰。

Kelsen, Hans
（凱爾遜，1881-1973）

Kelsen, Hans（凱爾遜）

　　二十世紀最重要的法學家之一，對法理學與公法學有卓越的貢獻。1881年出生於奧匈帝國統治時期的布拉格（Praque），父母親皆猶太人，凱爾遜三歲時舉家遷到維也納，求學時代，先就讀維也納大學預科，而後在維也納大學攻讀法律，1906年得到博士學位，1911年取得教師資格，先在維也納大學擔任公法與法律哲學講師，同時出版其第一部書《公法理論的主要問題》（Main Problems of the theory of Public Law）。1912年與邦蒂女士（Margarete Bondi）結婚，育有二女。1919年成為維也納大學公法與行政法專任教授，並在維也納創辦一份《公法學報》（Journal of Public Law）。1920年應首相雷諾（Chanceller Karl Renner）之請，負責起草一部奧地利新憲法，隨即出任憲法法院終身法官，1925年在柏林出版《國家的一般原理》（General Theory of the State），後因憲法法院的一些職位引起糾紛，凱爾遜被視為社會民主黨份子，而於1930年辭去憲法法院法官，轉任科隆大學（the University of Cologne）教授，1933年納粹執政，凱爾遜離開科隆遷往瑞士日內瓦，在研究所任國際法

教授，直到1940年移居美國。

　　1941年凱爾遜任哈佛法學院霍姆斯講座教授，1945年到加州柏克萊大學擔任政治學專任教授，1953-54年任美國海軍戰爭學院國際法訪問教授，1973年逝世享壽92。（有關凱遜的純粹法學理論，詳參閱本書第六章。）

Kohler, Josef（柯勒）

　　1849年出生於德國歐芬堡（Offenburg），是德國知名法學家，曾在歐芬堡和拉斯塔特（Rastatt），佛萊堡（Freiburg）和海德堡（Heidelberg）大學讀書，1873年獲得法學博士學位，1874年被任命為曼海姆（Mannheim）法官，1878年為Wurzburg大學教授，1888年為柏林大學教授。他是社會法學派的早期代表之一，此學派強調法律的社會目的，他1908年的法學著作《法律哲學》是以黑格爾的歷史哲學為基礎，研究司法理論，因此被稱為「新黑格爾學派」的代表。

Kohler, Josef
（柯勒，1849-1919）

　　柯勒認為法律是一種生活規範，以規範人類之生活。法律不僅是以往文化的產物，而是企圖把過去文化的結果，適應於現代文化的產物，亦即法律

負有文化傳遞之功能，我們應以人類力量的進步與觀念之發展來解釋，而解釋法律要本諸社會學的觀點，而不是尋求立法者個人意思或意志。柯勒對社會法學的最大貢獻是他將某一特定時期，特定社會的文化，給予法理的假設，亦即假設某特定時期特定文化中法律的基本原理，藉以組成一種衡量公平正義的標準，並創立理想，以為立法的準據與學理的闡揚，他這個觀念為龐德所採納而成為其社會利益綱目的基本原則。柯勒不僅是十九世紀末二十世紀初，德國著名的法學家，同時也是作家、詩人，其著作涵蓋比較法律史、民法、法律哲學、國際法、藝術史和詩集。

Loke, John（洛克）

1632年8月29日出生於英國索莫塞特的萊因頓（Wrington, Somerset）教堂附近的一個小茅屋，其父親名字也叫約翰（John），是一位溫和的地主和索莫塞特的鄉林律師，並當治安法官（Chew Magna）的秘書，及1642-46年英國內戰期間反理查一世國會軍的騎兵隊長（a captain of Calvary for

Loke, John
（洛克，1632-1704）

Parliamentarian forces），其父母皆屬清教徒（puritans），因此洛克出生時就受洗，洛克出生後全家搬至賓士福特（Pensford）的市場小鎮（the market town），洛克就在貝路頓（Belluton）的一個都鐸式鄉村房屋中長大。

　　1647年（15歲）在亞歷山大波普漢（Alexander Popham）的資助下，被送到倫敦有名的西敏寺學校（Westminister School）讀書，波普漢是國會議員，也是洛克父親參加國會軍時的一個司令。在西敏寺學校完成學業後，繼續進牛津大學基督學院（Christ Church, Oxford），院長歐文（John Owen）是牛津大學副校長，洛克對那時的大學課程感到厭惡，他發現現代哲學的作品，如笛卡兒（Rene Descartes）的著作遠比大學所開的古典教材有趣，於是透過在西敏寺學校認識的朋友勞華（Ricard Lower）的介紹去學醫學和實驗哲學（experimental philosophy）。1656年洛克得到學士學位，1658年得碩士學位，而1664年得到醫學士學位，在這段期間洛克已廣泛的學習醫學，並與著名的科學家及思想家共事，例如波義耳（Robert Boyle），威利士（Thomas Willis），胡克（Robert Hook）和勞華

（Richard Lower）。1666年洛克遇到
貴族院議員庫柏（Lord Antony Ashley
Cooper），他是夏夫特斯柏里的第一伯
爵（Ist Earl of Shaftesburg），他到牛津
來治療肝病，對洛克的醫術印象深刻，
說服洛克當他醫療隨從之一員。洛克於
是在1667年搬到夏夫特斯柏里在倫敦的
家，當伯爵的私人醫師。在倫敦期間，
洛克在席典漢（Thomas Sydentham）指
導下恢復醫學研究，而席典漢對洛克的
影響則在自然哲學。洛克以他的醫學知
識為伯爵做肝腫瘤的切除手術非常成
功，救了夏夫特斯柏里一命，因此在
1671年出任卡羅來納貴族的秘書並出任
貿易與農作委員會的秘書。而夏夫特
斯柏里是英國輝格黨（維新黨）運動
（the Whig Movement）的創始人，對洛
克政治觀念影響很大，1672年夏夫特斯
柏里出任英國首相，洛克也捲入政治。
1675年夏夫特斯柏里失勢後，洛克也遠
赴法國當家庭教師與醫療隨從，1679年
回到英國。

洛克回到英國期間完成了《政府兩
論》著作（Two Treaties of Government），
當時有人說這部書是為捍衛1688年
的光榮革命而作，今天一般認為是
在反對費爾墨（Robert Filmer）與霍

布斯（Thomas Hobbes）所倡導的絕
對君主（absolute monarchy），而主
張政治的正當性基礎在人民的同意
（Individual consent as the basis of political
legitimacy），他有關自然權利的觀念與
政府的統治基礎學說，在英國史上頗具
革命性。1683年在被強烈懷疑涉及黑麥
之家的陰謀（the Rye House Plot）而逃
亡荷蘭。在荷蘭期間花很多時間重新寫
作。1689年光榮革命結束後，隨著奧倫
治公爵之妻（William of Orange's wife）
回到英國，而他大部分的著作都在逃亡
荷蘭期間完成。

　　1704年洛克逝世，埋葬於海拉瓦
（High Laver）鄉村教堂的院裡，洛克
一生未婚，也無子女，其一生遭遇英國
的復辟（the English Restoration），倫敦
的大瘟疫（the Great Plague of London）
與倫敦大火（Great fire of London），而
英國憲政上的專制與國會民主，都在洛
克年幼時發生。（有關洛克的政治與法
律思想，詳參閱本書第三章。）

Llewellyn, Karl
（盧威林，1893-1962）

Llewellyn, Karl（盧威林）

　　美國傑出的法律學者，1893年出生於西雅圖，成長於紐約布魯克林（Brooklyn），就讀於耶魯學院與耶魯法學院，並任《耶魯法律評論》主編。1914年第一次世界大戰爆發時盧威林在巴黎索邦大學（Sorbonne）留學，因對德國表示同情而自動請纓參加德國軍隊，只因拒絕放棄美國籍而被拒入伍，後來還是獲准參加普魯士第78步兵團，並在第一次戰役時受傷，旋被升為士官，並獲頒二等鐵十字勳章（The Iron Cross, 2nd class），之後在紐倫堡療傷十個星期，被遣回美國，繼續在耶魯大學就讀。當1915年3月美國宣布參戰後，令人驚奇的事，盧威林又想加入美軍，但由於他曾參加德國軍隊而被拒。1925年盧威林加入哥倫比亞法學院教授團，直到1951年。後來又加入芝加哥大學法學院。他在哥倫比亞大學法學院時成為主要的法律學者，也是當時正興起的美國法律唯實主義運動的健將。盧氏於1962年2月因心臟病逝世。（有關盧威林的法律觀念，詳參閱本書第九章。）

L

M

Maine, Henry James Sumner（梅因）

1822年8月15日出生於英國，是英國法學家和法律史專家，研究比較法，特別是古代法（原始法）和人類學法學，是現代法律社會學的鼻祖。梅因1840年就讀劍橋大學的潘布洛克學院（Pembroke College），後來成為劍橋大學的知名學者，1842年他的詩集獲得校長的金牌獎（the Chancellor's Gold Medal for Poetry），1844年得到克拉文獎學金（Craven scholarship），以最優等成績畢業於劍橋大學，不久得到三一學院的導師資格（tutorship at Trinity Hall），被任命為國王講座，教授民法。隨後又當三年律師，1852年成為倫敦大學四學院（the Inns of Court）的講師。開始在倫敦幾個法學院講授羅馬法。這些講稿成為他最重要的著作《古代法》（Ancient Law 1861）的材料。古代法的出版使他聲名大噪，他在該書序言裡指出：「……人類最早的一些觀念，反映在古代法裡，顯示出這些古代觀念與現代思想的關係」。1869年梅因出任牛津大學新近成立的科帕斯克利斯提學院（Corpus Christi College）的首席歷史與比較法學教授。1871年出

Maine, Henry James Sumner
（梅因，1822-1888）

版在牛津的講稿名曰：〈東西方的鄉村社區〉。（Village Communities in the East and the West）。1875年出版《早期的制度史》（Early History of Institutions, 1875），1883年出版「早期的法律與習慣」（Early Law and Custom），所有這些著作說明了古老時期的社會現象與法律發展的過程和政治觀念的關係。1877年梅因已是劍橋大學三一學院的大師級人物，但由於健康不佳的關係，1887年離開了劍橋，1888年3月因癌症病逝於法國坎城（Cannes）。

在政治活動方面，梅因曾擔任英國的殖民地印度總督委員會的一員（1863-1869），負責編纂印度法律。在印度期間也擔任過加爾各達大學的副校長（Vice-Chancellor of the University of Calcutta）。

Marshall, John
（馬歇爾，1755-1835）

Marshall, John （馬歇爾）

1755年出生於美國維吉尼亞州威廉斯堡（Williamsburg, Virginia），是美國開國元勳傑佛遜（Thomas Jefferson）的遠房表弟，但不像傑佛遜、麥迪遜（James Madison）及門羅（James Monroe）等卓越的維吉尼亞人那樣主

張各州分權，馬歇爾是一個聯邦主義者，他很早就確信美國需要一個強而有力的中央政府。他自1801年到1835年任美國聯邦最高法院院長，對美國憲法的形成與司法審查制度的建立有極其深遠的影響。在美國歷史上唯一可與他媲美的最偉大法官，只有霍姆斯（Oliver Wendell Holmes）。在美國獨立戰爭期間他以軍官身分參與幾場重要戰役，戰爭結束後成為維吉尼亞州律師界的領導者之一，他曾任職維吉尼亞州眾議院（1782-90年及1795-96年）。1800年第一次拒絕擔任陸軍部長後，即被當時總統亞當斯（John Adams）任命為國務卿，1801年1月20日被任命為聯邦最高法院院長。他在1803年的馬伯里控麥迪遜一案中（Marbury V. Madison）確立了聯邦法院有權宣告國會所通過的法律無效的原則，這是美國司法審查權（Judicial Review）的由來，美國歷史上沒有一位法學家像馬歇爾一樣，在國家法律和政府中留下如此深刻的印記，他的工作表現證明他是一位政治家，而不是狂熱份子，是一位經驗主義者，而不是教條主義者，更是一位司法領導者，而不是暴君。

M

Olivecrona, Karl（奧立佛克羅那，
1897-1980）

Olivecrona, Karl（奧立佛克羅那）

　　1897年出生於瑞典，是瑞典法律哲學家也是律師，1915-20年就讀於瑞典烏波薩拉大學（Uppsala）修習法律，是海格史脫姆的學生（a pupil of Axel Hägerström），也是斯堪那維亞法律唯實主義的精神領袖（the spiritual father of Scandinavian legal realism），是國際知名的瑞典法律理論家，在朗德大學（Lund University）教授程序法（procedural law）和法律哲學。其著作強調心理因素對法律觀念的重要性，他在法律理論方面最重要的著作是1939年初版的《法律作為事實》（Law as Fact, 1939）（1971年再版時內容完全不同），該書強調「壟斷性力量」（a monopoly of force）作為法律根本基礎的重要性。第二次世界大戰期間，他的政治立場是主張在國際關係上，需要一個壓倒性的強制力量（overwhelming coercive power）來保證國際秩序，他確信歐洲需要一個無可挑戰的控制力量來確保和平與統一（an unchallengeable controlling force to ensure its peace and unity），他認為德國單獨就能提供這個條件，在戰爭最暗淡的時候，他出一本小冊子叫《英國或德

國》（England or Germany），認為英國將喪失其歐洲的領導地位，未來需要接受德國做盟主。

奧立佛克羅那在斯堪地那維亞的法律唯實主義運動上，強調「法律作為事實」（Law as fact）間接有助於創立法律社會學的研究氛圍，不過他的學生Per Stjernquist作為一個左傾的自由派（a left-leaning liberal）卻完全反對他的監督者的政治立場（supervisor's politics），Stjernquist成為法律社會學的先驅，1960年代成為瑞典大學的主題。

奧立佛克羅那的主要法學著作有《法律作為事實》、《英國或德國》、《法律有可能是一種社會學的解釋嗎？》（Is a Sociological Explanation of Law Possible?）以及《貨幣單位問題》（The problem of the Monetary Unit 1957）。

P
Paton, George Whitecross（佩頓）

出身澳洲的法律學者，墨爾本大學教授兼副校長，1902年出生於澳大利亞維多利亞省的吉隆（Geelong, Victoria），1914年-1920年受教於墨爾本蘇格蘭學院（Scotch College, Melbourne），1921-25年就讀於墨爾本大學，1925年得到

Paton, George Whitecross
（佩頓，1902-1985）

維多利亞省羅得獎學金（the Rhodes Scholarship），1926年赴英國牛津大學馬達連學院（Magdalen College）就讀，1926-29年得到碩士學位，1931年與愛麗絲華生小姐（Alice Watson）結婚，育有四個子女。

1927年佩頓執業律師，同時在倫敦經濟學院（London school of Economics）擔任法律講師，1931年為墨爾本大學法理學教授，1943年成為法律學院的院長（Dean of the Faculty of Law），1951年任墨爾本大學副校長，直到1968年退休為止。退休後又出任澳紐刑法學會會長（1969-1971）。其主要著作有《法理學教科書》（A Text Book of Jurisprudence, 1946）該書出版於1946年，並多次修訂，此書得到史溫尼獎（Swiney-prize），這是英國為獎勵最優秀法學著作，每五年一次的獎項，此書在澳洲與其他地方都是許多學生必讀的法理學教科書。

Plato（柏拉圖）

出生地與時間並不清楚，有一種說法是他出身有權勢的貴族家庭，根據古代資料，大多數現代學者相信他出生於雅典（Athens）或愛其那（Agina），在西

Plato
（柏拉圖，424/423-348/347 B.C.）

元前429年至423年之間，其父親追溯他的祖先是雅典國王科得魯斯（Codrus）和美蘭薩斯（Melenthus）的美錫尼亞國王（the King of Messenia）。柏拉圖的母親佩里克提翁（Perictione），其家族亦自誇與著名的雅典立法者和抒情詩人索倫（Solon）有關係。除了柏拉圖外，其父母還生二男二女。柏拉圖的姓氏源於希臘文的Platytes（即英文的Bredth）即寬闊的意思，因為他口才便給，同時其前額寬闊，故以此身上特徵為姓氏。

柏拉圖是古典希臘哲學家與數學家，蘇格拉底的學生，哲學《對話錄》（philosophical dialogue）的作者，也是西方第一個研究高深學問的雅典學院的創立者，他與蘇格拉底和學生亞里士多德，號稱古希臘三大哲學家，他們為西方哲學與科學奠下基礎。柏拉圖的《對話錄》是以蘇格拉底的生活與思想為依據，建立起博大精深的哲學體系，具有強烈的倫理性質，此對話錄性質猶之於中國孔子的《論語》，是由孔子門生記述孔子日常生活中對門生提問的各種問題作出答覆的記錄。柏拉圖《對話錄》內容，基本上自理性出發，其目的在建立以理念（Idea）為內容的絕對世界，將倫理與道德原則相連結，從而有利於

糾正雅典社會的道德淪喪。柏拉圖的人情世故與練達，充分表現在他的蘇格拉底的對話錄中，其對話錄共有36篇，書信13篇，用來教導廣泛的主題，包括哲學、邏輯、倫理學、修辭學、數學，後人公認柏拉圖是西方哲學最重要的奠基者，他的哲學思想可謂極廣大而致精微。（其有關政治與法律哲學之主張，詳參閱本書第二章。）

Protagoras
（波達哥拉斯，490-420 B.C.）

Protagoras（波達哥拉斯）

生於古希臘色雷斯（Thrace）的亞伯得拉（Abdera），在柏拉圖《對話錄》〈波達哥拉斯〉篇裡提到波達哥拉斯比當時的蘇格拉底（Socrates），波羅地鳩斯（Prodicus）和希皮亞斯（Hippias）年紀為大，大到可以當他們的父親。這說明波達哥拉斯出生時間不會晚於西元前490年。在《對話錄》〈孟諾〉（Meno）篇中，波達哥拉斯死時大約70歲，因此被推定為大約西元前420年，他在雅典甚為出名，而成為培里克利（Pericles）的好朋友（培里克利是西元前五世紀雅典最偉大的政治家，大將軍和演說家）。據蓋特流士（Aulus Getlius）說，波達哥拉斯原本是一個挑夫，以挑工為生，有

一天哲學家德謨克里多斯（Democritus）看到他以細繩捆一小堆薪柴和自己綁在一起，如此完美而合乎幾何學的精確，顯露出他是一個數學的天才（mathematic prodigy），因而將他帶到德謨克里多斯的家裡，教他哲學。

波達哥拉斯是蘇格拉底前的希臘哲學家，柏拉圖在《對話錄》中提到他是當時雅典許多詭辯家（sophist）之一，柏拉圖稱讚他開創了專業詭辯家或德行導師（teacher of Virtue）的角色。他有名言說，「人為萬物之尺度」（Man is the measure of all things），這個觀念在當時引起許多爭辯，在那時確是革命性的觀念，因為與其相對的其他哲學學說都認為宇宙係建立在某些客觀的事物上，超出人的影響（universe was based on something objective, outside the human influence）。波達哥拉斯卻認為沒有所謂的自然正義存在，國家與法律理論係建築於個人主張之上，每一個人各有獨立的觀念，人為萬物之尺度，國家與法律皆由於功利而產生，係人為所創造，隨人意而改變，正義與否，純由人為而定。就是這個主張引起蘇格拉底，柏拉圖與亞里士多德的反對，而發展出以自然理念為基礎的道德哲學。

Pound, Roscoe
（龐德，1870-1964）

Pound, Roscoe（龐德）

1870年出生於美國中部內不拉斯加州（Nebraska）的林肯鎮（Lincoln），就讀於內不拉斯加大學，攻讀植物學。1888年獲得學士，1889年得到碩士學位，成為內不拉斯加學術會的一員。1889年在父親要求下，在哈佛大學讀法律，只讀一年而未獲學位，但1898年繼續在內不拉斯加大學攻讀植物學，而獲得植物學博士學位。此後成為美國傑出的法律與教育學者。1916-1936年擔任哈佛大學法學院長，長達20年，《法律研究學報》（The Journal of Legal Studies）稱他為二十世紀最有名望的法律學者。

龐德對社會法學的傳統貢獻匪淺，他的社會法學理論強調法律發展過程中與社會發展的關係至為重要，反之亦然。他最著名的理論是將法律概念化為社會工程（social engineering）。根據他的說法，立法者的角色乃是企圖利用法律工具來解決社會問題的一個社會工程師。

（有關龐德的事略及其社會法學理論，詳參閱本書第八章。）

Pufendorf, Samuel Von（普芬道夫）

德國法學家，政治哲學家，經濟學家，政治家和歷史學家，1632年出生於薩克遜選侯區（the Electorate of Saxony）的道夫切姆尼茲（Dorfchemnitz），父親（Elias Pufendorf）是馬丁路德教派的牧師。普芬道夫原名為薩繆爾普芬道夫（Samuel Pufendorf），1684年被封爵才改名為（Baron Samuel Von Pufendorf），不過直到1694年他逝世前幾個月才正式襲男爵。普芬道夫先就讀葛利瑪（Grimma）公爵的學校，而後被送往萊比錫大學（University of Leipzig）學神學，他對學校那種狹隘而教條式的教法，頗為反感，不久就放棄學神學，改學公法。1656年普芬道夫離開萊比錫，轉到耶拿大學（University of Jena），與數學家魏傑爾（Erhard Weigel）建立密切友誼，受魏傑爾的影響而發展自己獨立的人格，並在其影響下，開始閱讀格老秀斯（Hugo Grotius），霍布斯（Thomas Hobbes）與笛卡兒（Rene Descartes）的著作。

1658年離開耶那到駐丹麥哥本哈根的瑞典大使家當家庭教師，後因瑞典與丹麥爆發戰爭，普芬道夫受牽連被捕，監禁八個月。在此期間，他致力於自

Pufendorf, Samuel Von
（普芬道夫，1632-1694）

P

然法的研究。1660年發表《法學知識要義》兩卷，書中闡發格老秀斯與霍布斯的自然法思想。1661年獲得海德堡大學（University of Heidelberg）教授，講授自然法與國際法，此後二十年是他一生中最有成果時期。1672年發表關於自然法與國際法的巨著《自然與族類法》共八卷。將其學說建立在作為社會生物的人之存在上，他的民法原理，刑法原理和憲法原理都依循此原則寫成。1687年成為瑞典斯德哥爾摩皇家史官，1687年又發表《論基督教在市民生活中的地位》。他的思想通過他的信徒在北美洲也得到廣泛傳播，1694年心臟病發逝世於柏林。

Ross, Alf（羅斯）

丹麥法律學者與法律哲學家，也是國際法學者。他是有名的斯堪地那維亞（北歐）法律唯實主義的代表人物。1899年出生於丹麥哥本哈根，1917年高中畢業，1922年法律系畢業，隨即擔任律師工作。1923年開始歐洲遊學之旅，先後訪問法國、英國和奧地利。1928-29年到瑞典烏坡薩拉大學（Uppsala）讀書，1929年獲得哲學學位。1935

Ross, Alf
（羅斯，1899-1979）

年任教於哥本哈根大學（University of Copenhagen）教授憲法，1953年出版《論法律與公道》（On Law and Justice），書中明白指出「沒有一個先驗的效力給予法律特別的地位」（there is no a priori validity to give the law some special position），經驗才是一個指導方針（Experience served as a guideline）。他說：法律規則既非真實，也非錯誤（the legal rule is neither true nor false），而是一指令（a directive），進一步說，規範是指導法官，而不是指導市民（the norm is directed at judges rather than citizens），在這一個思路上，他反對自然法的方法。他說自然法就像一個妓女，人人可用（Like a harlot, natural law is at the disposal of everyone），意識形態是不能靠訴諸自然的規則就能存在的，事實上，每一個自然權利的最後根據是藏在私人直接的睿智裡，一個明白的沈思默想（an evident Contemplation），一個直覺（an intuition），而我的直覺不就如你的直覺一樣好嗎？證據是真理的一個標準（evidence as a Criterion of truth），它超越任何主觀之間的控制力量，證據之門為不受限制的創意和教條開放著。

Roussau, Jean-Jacques
（盧梭，1712-1778）

Roussau, Jean-Jacques（盧梭）

　　十八世紀偉大的哲學家、作家、音樂作曲家和浪漫主義的啟蒙者，也是政治思想家。他的政治哲學影響法國大革命，也對現代的政治、社會與教育思想產生深遠影響。1712年出生於瑞士日內瓦（當時為日內瓦共和國），那時日內瓦屬於新教喀爾文教派（Calvinism）胡格諾（Huguenot）共和國的城市國家（City state）。盧梭常以他的喀爾文教家庭為榮。他的家庭屬於中產階級，在市政上有投票權，終其一生，他在著作上的簽名，常寫著「日內瓦公民盧梭」（Jean-Jacques Roussau, Citizen of Geneva）。理論上，日內瓦由男性的投票公民採取民主的治理方式，但只有少數人享有投票權。事實上，這個城市是由一個稱為「小市議會」（little Council）的隱密行政委員會（a secretive executive committee）操控，那是由25個富裕的家庭成員組成的。盧梭的父親（Issac）並未在市裡，他是一個鐘錶匠（Watchmaker）曾受良好教育，也喜愛音樂。盧梭的母親蘇珊（Suzanne Bernard Roussau）是喀爾文教會牧師的女兒。

　　盧梭出生九天後，其母親因產褥熱

（puerperal fever）而病逝，盧梭由其舅父舅母撫育。五、六歲時其父親鼓勵他讀書，每天晚上飯後與父親閱讀一些冒險故事，經常通宵達旦的閱讀到天明始就寢。不久之後，盧梭放棄那些逃避現實的書，改讀希臘傳記作家蒲魯塔克（Plutarch）所寫的希臘羅馬貴族的傳記。1722年盧梭十歲時，其父親與一富有的地主發生法律糾紛，而離開日內瓦到尼昂（Nyon）（在柏恩（Bern）境內），盧梭寄居舅母家。不久，盧梭便開始其近20年的流浪生活。13歲時在一個公證人家當學徒，然後當雕刻工。1728年（16歲）離開日內瓦，加入薩伏衣（Savoy）的天主教教士家，教士介紹他認識29歲的華倫夫人（Francoise-Louise de Warens），她是新教背景的女貴族，剛和丈夫分手，而被皮得蒙（Piedmont）（義大利西北部一省）國王雇用來招攬新教徒改入天主教。華倫夫人與盧梭會面後，使盧梭放棄日內瓦公民身份轉為天主教，盧梭在遇見華倫夫人前，流連在義大利，一度當僕人，秘書與家庭教師，現在依靠華倫生活，並叫華倫「媽咪」，華倫夫人為他安排正式音樂課程，所以盧梭後來能以抄寫樂譜為生並能創作音樂。盧梭20歲時，

華倫把他當情人，但同時也把男友史都華（Steward）帶回家住，盧梭不能忍受這種錯亂的性愛關係，而得到憂鬱症，25歲時盧梭得到母親遺留的一筆小財產，他用一部分償還華倫夫人對他的財務支持。27歲那年在里昂（Lyon）找到一份家庭教師職。

1742年盧梭搬到巴黎1743-44年擔任法國駐威尼斯大使蒙泰格（Comte de Montaigue）的榮譽秘書，這個經歷使他終生喜愛上義大利音樂，特別是歌劇，後來他寫了一齣《鄉村占卜者》的歌劇（Le Devin du Village），1752年在法王路易十五（King Louis XV）御前演出。1745年盧梭再次遇見百科全書派的狄德羅（Diderot）並建立起友誼，1750年經狄德羅的鼓勵，盧梭參加狄戎學院（Academic de Dijon）舉辦的關於科學與文藝的復興是否使道德淳化問題的論文徵文。盧梭以〈論科學與藝術〉一文獲首獎，此時也為狄德羅主編的《百科全書》撰寫全部音樂條目。1755年其第二篇論文〈論人類不平等之由來〉，雖未得獎，其思想體系已備。1756年後盧梭隱居六年，潛心著述，1761年發表小說《新愛路伊絲》（New Heloise），內容根據他年少時與華倫夫人間的綺麗回

憶，這一年因為與百科全書派的達朗
伯（D'Alembert）所寫的日內瓦條目看
法不同，而與百科全書派完全決裂。
1762年完成《愛彌兒》（Emile）（有
關教育的思想），以及最能代表他政
治哲學的《社會契約論》（Du Control
Social），這兩本書被法國議會查禁，
他先後流亡瑞士和美國。1764年開始撰
寫《懺悔錄》（Confessions），1767年
又回到法國，其所編《音樂辭典》此時
出版。1778年7月2日清晨在散步中爆發
腦溢血逝世。

Salmond, John William（沙爾孟）

　　法律學者，紐西蘭法官，1862年出
生於英國諾森伯蘭（Northumber Land）
的北謝爾德（North Shield），其父親
（William Salmond）是基督教長老教會
的牧師與教授，1876年全家移民紐西蘭
的但尼丁（Dunedin），沙爾孟1876-79
年就讀但尼丁俄塔哥男子高中（Otago
Boys High School），1882年畢業於俄塔
哥大學，先後得學士與碩士學位，後
來又得到英國劍橋大學基爾克來斯特
（Gilchrist）獎學金進入法學院讀書，

Salmond, John William
（沙爾孟，1862-1924）

畢業後成為研究員。

　　1887年回到紐西蘭，擔任律師與最高法院法官，1897年擔任南澳洲阿得雷德大學（University of Adelaide）法學教授。1906年回紐西蘭接任維多利亞大學院（Victoria University College）法學教授。1907年任法律起草室顧問（Counsel to the law Drifting office），四年後（1911）接任副檢察長（Solicitor General）；1912年出任國王法律顧問，1918年授封爵位，1920年被任為紐西蘭最高法院法官。1921年沙爾孟代表紐西蘭出席美國華盛頓海軍會議（1921年11月至1922年2月），回到紐西蘭後恢復他的司法職務，卻不幸於1924年11月19日心臟病發逝世於紐西蘭首都威靈頓（Wellington）。

　　沙爾孟主要著作有：《法理學或法律理論》（Jurisprudence or The Theory of the Law, 1902）（此書1914年獲得史溫尼金杯獎（Swiney Gold Cup）。另外《民事侵權法》（The Law of Torts, 1907）以及《契約法原理》（principles of the Law of Contracts, 1927），這兩本書也被認為是法律的經典之作。

Savigny, Friedrich Carl Von（薩維尼）

十九世紀德國法學界最有影響力，最受尊敬的法律哲學家，是現代德國民法體系和法學理論的創始人，也是德國歷史法學派的創立者。薩維尼1779年2月21日出生於法蘭克福（Frankfurt）一個貴族家庭。1795年進馬堡大學（University of Marburg），接受兩位知名教授的教導，其一為安東包爾教授（Anton Bauer），他是德國刑法改革的先驅學者，另一為魏斯教授（Philipp Friedrich Weiss），他是以中古法學的知識聞名。薩維尼求學期間也和其他德國學生一樣流行遊學，他走訪了許多大學，諸如著名的耶那（Jena）、來比錫（Leipzig）和海爾（Halle）大學，而後於1800年回到馬堡大學取得博士學位。

Savigny, Friedrich Carl Von

（薩維尼，1779-1861）

1803年薩維尼發表著名的占有法（The Law of Possession），1808年應巴伐利亞政府之邀到蘭茨胡特大學（University of Landshut）教羅馬法。1810年應邀到新成立的柏林大學任羅馬法教席，不久就成為該校最有名的教授之一。1814年正當德國朝野掀起應否仿效法國拿破崙法典，制定一部適合德國民族的統一法典之論辯，薩維尼此時發表了一篇〈論我們這一代對立法與法學

之任務〉的小冊子，駁斥主張編訂統一法典的提議。1815年與Karl Friedrich Eichhorn 和Johann Friedrich Ludwig Goschen，共同創辦《歷史法學研究雜誌》（Journal of historical legal studies）並開始出版其《中世紀羅馬法史》共七卷中的第一部，到1831年完成最後一卷，這部巨著是近代研究中世紀法律的基礎。1817年薩維尼被任命為普魯士樞密院一員（a member of the department of Justice in the State Council），1819年出任柏林上訴法院法官，1820年出任修訂普魯士法律大臣，1842年終止教授的一切活動，1848年的歐洲二次革命，終止他的政治生涯，1850年出版自己的著作集，受到全德國尊為現代法學大師與創立者。1851-53年出版《論契約法》兩卷（Treatise on Contracts），1861年10月25日逝世於柏林。

Seneca, the younger
（辛尼加，4 B.C. - A.D. 65）

Seneca, the younger （辛尼加）

羅馬斯多依噶哲學家（Roman Stoic philosopher）、政治家、戲劇作家。出生於西班牙南部一個高度羅馬化的城市哥多華（Cordoba），據現代傳記作家葛里芬女士（Miriame Griffin）關

於辛尼加傳記的最新修訂版指出，辛尼加較正確的出生時間應在西元前四年至一年之間，而於西元五年居住羅馬，辛尼加自己說他母親牽著他的手來到羅馬，因此葛里芬確定他到羅馬時還很小。辛尼加的父親叫老辛尼加（Luicius Annaeus Seneca "the elder"）。葛里芬說他家庭可能從義大利北部的古國伊特魯里亞（Etruria）或更近東部的伊利里亞（Illyria）遷徙過來，他母親叫哈爾維亞（Helvia）。辛尼加在羅馬接受修辭學訓練，並被傳授希臘化時期的斯多依噶哲學。他自己說從小身體衰弱，由他舅母照護。西元16年到31年住過埃及，西元31年回到羅馬，並在舅母協助下爭取到第一個法官職（Magistracy），西元38年卡里鳩拉（Caligula）當皇帝第一年，辛尼加和皇帝產生嚴重衝突，皇帝留下他的生命。西元41年克勞狄亞（Claudius）繼卡里鳩拉為羅馬皇帝後，在他第三任妻子瑪莎莉娜（ValeriaMessalina）慫恿下，指控辛尼加和卡里鳩拉妹妹利維拉（Julia Livilla）通姦，而將辛尼加放逐到科西嘉（Corsica）。

辛尼加在放逐期間潛心哲學與自然的研究。西元49年克勞狄亞的第四任妻

子（Agrippina the Younger）將辛尼加召回羅馬當他12歲的兒子尼祿（Nero）的家庭教師，克勞狄亞於西元54年逝世，尼祿即位。西元54-62年辛尼加任尼祿與柏魯斯（Burrus）的顧問，第一年時尼祿對辛尼加言聽計從，是一個有作為的皇帝。西元65年發生皮索尼安陰謀（the Pisonian Conspiracy）暗殺尼祿事件，辛尼加被指為共謀，被迫自殺，據作家羅馬史家泰西塔斯（Tacitus）說辛尼加將自己浸入蒸氣浴池淹死。

Socrates
（蘇格拉底，469-399 B.C.）

Socrates（蘇格拉底）

古典希臘雅典的哲學家，被認為是西方哲學的創立者，也是一個謎樣的人物，他之被後人認識，主要是透過後來的許多古典作家，特別是他的學生柏拉圖與賽諾芬（Xenophen）的著作及他同時代的亞里士多芬尼斯（Arristophanes）（雅典詩人兼喜劇作家）的戲劇，讓後人認識蘇格拉底這個人物的存在。柏拉圖許多篇對話錄是有關蘇格拉底生活於古代的記述。透過柏拉圖《對話錄》，蘇格拉底倫理學的貢獻最為人津津樂道。在柏拉圖哲學裡的蘇格拉底，他名字被借用為蘇格拉底的

反諷法（Socratic irony）和蘇格拉底方法論的概念。後者（方法論）至今仍普遍作為廣泛的討論範圍的工具。那是一種教學類型（type of pedagogy），也就是以一系列的問題引導出個別的發問，同時也鼓勵對問題發揮立即的根本識見（fundamental insight）。

柏拉圖哲學裡的蘇格拉底，在知識與邏輯領域也有重要且永久的貢獻，他的觀念與方法，至今仍為許多西方哲學提供堅實的基礎。根據柏拉圖的說法，蘇格拉底的父親叫蘇弗洛尼斯可士（Sophroniscus），是一個磨石匠，母親腓娜雷底（Phaenarete）是一位產婆。蘇格拉底與桑提比（Xanthippe）結婚，生了三個孩子。蘇格拉底在世時究竟以什麼謀生，並不清楚，古籍上似乎認為他沒有工作。而賽諾芬說蘇格拉底只專注於他認為最重要的藝術（雕刻）工作，或討論哲學，亞里士多芬尼斯則說他以教學和開辦辯論學校的收費生活，但在柏拉圖《對話錄》裡說，蘇格拉底公開否認接受學生的束脩，後來的資料指出蘇格拉底擅於磨石工作（Stonemasony），這項技藝傳之於父親。據說蘇格拉底雕刻過希臘三女神（Three Graces）。

柏拉圖的許多對話錄也提到蘇格拉底在雅典與斯巴達的披羅奔尼的三次戰役中參加軍隊作戰，而且表現英勇。雅典原是希臘各城邦的盟主，但在披羅奔尼戰爭中被斯巴達及其同盟打敗後，開始式微。

　　雅典民眾開始懷疑民主政治是否為有效率的政府形式。蘇格拉底也開始批評民主政治，一些學者解釋他後來被審判，正表明雅典的政爭已到了肉搏戰的地步。蘇格拉底稱讚主要對手斯巴達，而與雅典的政治與社會格格不入，他試圖改變雅典人的公道觀念，而被視為國家的牛鬼蛇神，認為他腐蝕雅典青年的心靈與對神的不虔敬，這也是他獲罪的根本原因，最後被判飲鴆而死，後世學者認為他是替罪羔羊，他的死淨化了雅典的不幸。

Stammler, Rudolf（史丹姆勒，1856-1938）

Stammler, Rudolf（史丹姆勒）

　　德國法律哲學家，生於赫斯（Hesse）的阿爾得菲爾德（Aldefeld）。先後任教於馬堡大學（Marburg）（1882）和基森（Giessen）（1884）、海爾（Halle）（1885）和柏林大學（1916-1923），史丹姆勒的學說在尋

求把法律哲學引向一種新康德主義的現代化自然法，主張一個理性而誠實的人，在自然狀態下可以本能創制法律，亦即純粹理性在法律理論中的體現，而與法律理想的探求作一區分。換言之，是把純粹形式定義的法律概念與實現公平正義的法律理念區分開來，和十九世紀大多數法律哲學家不同的是，他強調法律應符合理想，但這些理想並非一成不變，而是可能反映特定時間與地點的社會，並與之協調一致。史丹姆勒學說在二十世紀初期，對德國、西班牙和拉丁美洲的法律哲學影響甚鉅。在美國，龐德的社會法學理論亦受其影響。有關史丹姆勒的法律理論，詳參閱本書第三章（新康德學派的自然法理論）。

Thibaut, Anton Friedrich Justus（提堡）

　　德國法學家與音樂家，1772年出生於漢諾威（Hanover）的海默林（Hamelin），其父親為漢諾威軍隊的軍官，是法國新教胡格派的後代。提堡先就讀於海默林和漢諾威，再進哥廷根大學（University of Gottingen）讀法理學，後來到科尼斯堡（Königsberg）

Thibaut, Anton Friedrich Justus
（提堡，1772-1840）

在康德門下學習哲學，再到基爾大學（University of Kiel）得到法學博士學位。1798年在基爾大學擔任民法教授，同年發表《法學理論的論文集》（Collection of Essays on the Theory of Law），他主張沒有歷史就無法解釋並說明法律。1802年回到耶拿（Jena），花三年時間撰寫其主要著作《羅馬法制度》，1806年在海德堡大學任教授，1814年德國人民有鑒於拿破崙法典在德意志的許多邦的土地施行，朝野為謀國家之統一與復興，對於應否仿效法國法典而編纂一部德意志的統一法典，爭論甚烈，時任海德堡大學教授的提堡乃發表一篇〈論德國編纂法典之重要〉論文，卻遭受當時任柏林大學法理學教授的薩維尼為文反駁。從此德國不再有訂定統一法典之議。1819年提堡出任新成立的巴登議會（Baden Parliament）上議院議員，同時為離婚法庭的成員。1834年為德意志聯邦仲裁法院成員之一。提堡不僅是德國著名的法學家，也是一位莊重的音樂研究者，1825年他寫過《論音樂藝術的純潔性》，1877年被譯成英文（Purity of Music）。1840年逝世於海德堡。

Ulpian（阿爾比安）

羅馬法學家和帝國官員，其正確
的出生年代與地點，不甚清楚，不過
依其著作創作時間推斷，應在西元211
年與222年期間，他最早的公眾生涯是
在帕皮尼安（Papinian）屬下當一名財
務稽核員（asscessor），帕皮尼安是一
位老法學家，當時是羅馬皇帝塞普提
米斯、塞維魯（Septimius Sevrus）在位
時期（193-211）的執政官。阿爾比安
給帕皮尼安的著作進行註釋。後來出
任卡拉卡拉（Caracala）皇帝祈禱時的
司儀官，並在塞維魯亞歷山大（Sevrus
Alexander）皇帝在位時（222）當執政官，
直到西元228年被下屬官員謀殺為止。

Ulpian
（阿爾比安，170-228）

阿爾比安以清晰優美的風格寫了
大量的法律著作，其著作為拜占庭皇帝
查士丁尼一世（Justinian I）不朽的《查
士丁尼彙編》（Justinian's Digest）（西
元533年完成）的全部內容提供了三分
之一的材料。他是當時各種思想主張的
編輯者與注釋者，雖不是一位有獨創
性的法律思想家，卻留下許多傑出的著
作，他的主要著作為評注薩賓派的民法
（Ad Sabinum a Commentary on just civil）
超過50卷，還有未完成的《民法與告

U

示》（Ad edictum, a Commentary on the Edict）（83卷），另有包含29種名稱的著作，名為《阿爾比安的某些章節》（Domitii Ulpiani Fragmenta）。

U

 ViewPoint 15　　　　　　　　社會科學類 PF0116

西洋法律哲學導論

作　　者／羅成典
責任編輯／鄭伊庭
圖文排版／陳姿廷
封面設計／王嵩賀

發 行 人／宋政坤
法律顧問／毛國樑　律師
印製出版／秀威資訊科技股份有限公司
　　　　　114台北市內湖區瑞光路76巷65號1樓
　　　　　電話：+886-2-2796-3638　傳真：+886-2-2796-1377
　　　　　http://www.showwe.com.tw
劃撥帳號／19563868　戶名：秀威資訊科技股份有限公司
　　　　　讀者服務信箱：service@showwe.com.tw
展售門市／國家書店（松江門市）
　　　　　104台北市中山區松江路209號1樓
　　　　　電話：+886-2-2518-0207　傳真：+886-2-2518-0778
網路訂購／秀威網路書店：http://www.bodbooks.com.tw
　　　　　國家網路書店：http://www.govbooks.com.tw
圖書經銷／紅螞蟻圖書有限公司
　　　　　台北市114內湖區舊宗路2段121巷19號（紅螞蟻資訊大樓）
　　　　　電話：+886-2-2795-3656　傳真：+886-2-2795-4100

2013年4月BOD一版
定價：430元
版權所有　翻印必究
本書如有缺頁、破損或裝訂錯誤，請寄回更換

國家圖書館出版品預行編目

西洋法律哲學導論 / 羅成典著. -- 一版. -- 臺北
市：秀威資訊科技, 2013.04
　　面； 公分. -- (社會科學類)
BOD版
ISBN 978-986-326-083-7 (平裝)

1. 法律哲學

580.1　　　　　　　　　　　102002975

讀者回函卡

感謝您購買本書，為提升服務品質，請填妥以下資料，將讀者回函卡直接寄回或傳真本公司，收到您的寶貴意見後，我們會收藏記錄及檢討，謝謝！
如您需要了解本公司最新出版書目、購書優惠或企劃活動，歡迎您上網查詢或下載相關資料：http:// www.showwe.com.tw

您購買的書名：＿＿＿＿＿＿＿＿＿＿＿＿＿＿＿＿＿＿＿＿＿＿＿

出生日期：＿＿＿＿＿年＿＿＿＿＿月＿＿＿＿＿日

學歷：□高中 (含) 以下　　□大專　　□研究所 (含) 以上

職業：□製造業　□金融業　□資訊業　□軍警　□傳播業　□自由業
　　　□服務業　□公務員　□教職　　□學生　□家管　　□其它＿＿＿

購書地點：□網路書店　□實體書店　□書展　□郵購　□贈閱　□其他

您從何得知本書的消息？

　□網路書店　□實體書店　□網路搜尋　□電子報　□書訊　□雜誌
　□傳播媒體　□親友推薦　□網站推薦　□部落格　□其他＿＿＿＿＿＿

您對本書的評價：(請填代號　1.非常滿意　2.滿意　3.尚可　4.再改進)

　封面設計＿＿＿　版面編排＿＿＿　內容＿＿＿　文／譯筆＿＿＿　價格＿＿＿

讀完書後您覺得：

　□很有收穫　□有收穫　□收穫不多　□沒收穫

對我們的建議：＿＿＿＿＿＿＿＿＿＿＿＿＿＿＿＿＿＿＿＿＿＿＿

＿＿＿＿＿＿＿＿＿＿＿＿＿＿＿＿＿＿＿＿＿＿＿＿＿＿＿＿＿＿＿

＿＿＿＿＿＿＿＿＿＿＿＿＿＿＿＿＿＿＿＿＿＿＿＿＿＿＿＿＿＿＿

＿＿＿＿＿＿＿＿＿＿＿＿＿＿＿＿＿＿＿＿＿＿＿＿＿＿＿＿＿＿＿

11466
台北市內湖區瑞光路 76 巷 65 號 1 樓

秀威資訊科技股份有限公司　　　收

BOD 數位出版事業部

┈┈┈┈┈┈┈┈┈┈┈┈┈┈┈┈┈┈┈┈┈┈┈┈┈┈┈┈┈┈┈

（請沿線對折寄回，謝謝！）

姓　　名：＿＿＿＿＿＿＿＿＿　年齡：＿＿＿＿　性別：□女　□男

郵遞區號：□□□□□

地　　址：＿＿＿＿＿＿＿＿＿＿＿＿＿＿＿＿＿＿＿＿＿＿＿＿

聯絡電話：(日) ＿＿＿＿＿＿＿＿＿＿　(夜) ＿＿＿＿＿＿＿＿＿＿

E - m a i l：＿＿＿＿＿＿＿＿＿＿＿＿＿＿＿＿＿＿＿＿＿＿＿＿